民事案件案由规定理解适用与案例指引

婚姻家庭卷

张小洁◎ 编著

中国法制出版社
CHINA LEGAL PUBLISHING HOUSE

目 录

一、婚姻家庭纠纷

二、继承纠纷

一、婚姻家庭纠纷

（一）婚约财产纠纷

【案由判定】

婚约，亦称订婚或定婚，是男女双方以结婚为目的而作出的事先约定。现实生活中，婚约虽然并非结婚的必经程序，但作为一种重要的民事习惯其对人们的社会生活仍产生重要影响。虽然婚约对当事人并无法律约束力，解除婚约也不需要诉诸法律程序，但解除婚约往往会因向对方索还彩礼而产生财产纠纷，即所谓婚约财产纠纷。

【适用提示】

适用本案由时，需要注意其与夫妻财产约定纠纷的区别。夫妻财产约定纠纷是已婚夫妻或者拟结为夫妻的当事人，基于订立的夫妻财产约定协议而产生的纠纷。一般而言，夫妻财产约定协议具有法律约束力，而婚约财产纠纷所涉及的财产约定不具有法律约束力。

【权威判决】

杨清坚诉周宝妹、周文皮婚约财产纠纷案（《最高人民法院公报》2002 年第 3 期）

裁判要旨：《中华人民共和国婚姻法》第八条规定："要求结婚的男女

双方必须亲自到婚姻登记机关进行结婚登记。符合本法规定的，予以登记，发给结婚证。取得结婚证，即确立夫妻关系。未办理结婚登记的，应当补办登记。”由此可见，只有履行了结婚登记手续，才能在法律上确认夫妻关系。最高人民法院在《关于人民法院审理未办结婚登记而以夫妻名义同居生活案件的若干意见》（以下简称若干意见）第三条规定：“自民政部新的婚姻登记管理条例施行之日起，未办结婚登记即以夫妻名义同居生活，按非法同居关系对待。”因此，双方未办结婚登记，而是按民间习俗举行仪式“结婚”，进而以夫妻名义共同生活，构成同居关系，这种关系不受法律保护，应当依法予以解除。

同居生活期间的财产处理，根据若干意见第十条的规定，解除非法同居关系时，同居生活期间双方共同所得的收入和购置的财产，按一般共有财产处理。同居生活前，一方自愿赠送给对方的财物，可比照赠与关系处理。

案情：

原告（反诉被告）：杨清坚，男，1961 年 3 月 6 日出生，住台湾省台北市×路。

被告：周宝妹（反诉原告），女，1975 年 8 月 3 日出生，住厦门市集美区×镇×村。

被告：周文皮（反诉原告），男，1942 年 9 月出生，住厦门市集美区×镇×村，系周宝妹之父。

原告（反诉被告）杨清坚与被告（反诉原告）周宝妹、周文皮返还财物纠纷一案，本院受理后，被告提起反诉。本院依法组成合议庭并合并开庭进行了审理，于 1999 年 1 月 29 日作出了（1999）集民初字第 9 号民事判决，因原告杨清坚、被告周宝妹、周文皮不服，上诉于厦门市中级人民法院，厦门市中级人民法院于1999年5月25日作出（1999）厦民终字第122号民事裁定发回本院重审，本院依法另行组成合议庭，且不公开开庭进行了审理。原告杨清坚的特别授权代理人洪宗明、被告周宝妹及其特别授权代理人蔡辉燕到庭参加诉讼，原告杨清坚、被告周文皮未到庭参加诉讼。本案理已审理终结。

原告（反诉被告）杨清坚诉称，1998年8月，其经人介绍与被告周宝妹认识，后经双方父母同意，被告周宝妹同意与其结婚。1998年9月24日，原告杨清坚支付给两被告现金人民币（下同）230000元作为聘金（有两被告签收的收据为证）。然，被告收取聘金后却不愿与原告结婚。后原告多次向两被告追讨聘金，未果，故其向法院提起诉讼，请求判令两被告返还聘金230000元并承担本案诉讼费用。

被告（反诉原告）周宝妹、周文皮辩称，被告周宝妹确于1998年8月经人介绍于原告，并经双方父母同意，愿意嫁给原告杨清坚。1998年9月24日其收取原告杨清坚聘金200000元和婚礼费用30000元。后被告周宝林与原告杨清坚在厦门正式举行婚礼，婚礼结束后双方在上海共同生活。在上海期间，双方感情尚好，被告周宝妹照顾原告的生活起居。而原告违反承诺，以各种理由搪塞、拒绝与被告周宝妹办理结婚登记手续。由于原告毁约、毁婚在先，原告应赔偿被告周宝妹青春、名誉损失费200000元，并对其今后的生活作出安排。此外聘金是原告赠与被告及其家里的，而且已花去大半，被告没有返还原告聘金的义务。

经审理查明，1998年8月，原告杨清坚与被告周宝妹经人介绍认识，后经双方父母同意，原告杨清坚与被告周宝妹同意结婚。1998年9月24日原告杨清坚支付给两被告230000元作为聘金，两被告收取聘金后，开具一张收据给原告收执，收条上写明“兹因本人周宝妹于98年9月24日嫁与台湾杨清坚先生，收其结婚聘金人民币贰拾叁万元正，如有反悔，愿如数退还，空口无凭，特立此据。收款人：周文皮、周宝妹”字样。当天中午，由女方出钱在黄鹤楼办婚宴按民间风俗举行婚礼。当晚，双方住进厦门东海大酒店。三日后，双方回娘家，在厦门好清香酒家宴客。1998 年 9 月 26 日后被告周宝妹随杨清坚到上海，住在杨清坚在上海的别墅，双方以夫妻相称，共同生活，被告周宝妹也与原告的父亲杨庆顺彼此以公公和儿媳名义相称。1998 年 11 月 24 日，被告周宝妹与原告发生争执，返回厦门。过后原告与周宝妹多次协商返还聘金未果，便向法院提起诉讼，请求法院判令被告返还聘金 230000 元。庭审中，被告答辩其结婚费用共花费 174000 元，但未提供相关证据。

另查，原、被告在上海期间，原告方从原告在龙海的投资厂送了一部原告所有的先锋 90 的摩托车至被告家中，但当时未言明是赠与还是借用，庭审中，被告无法就赠与还是借用的提供证据。本案在审理过程中，被告周宝妹提出反诉，要求原告赔偿其青春和名誉损失费 200000 元，原告（反诉被告）杨清坚答辩：反诉原告的反诉请求没有法律依据，请求驳回反诉原告的反诉请求。

在庭审中，本院曾主持双方当事人进行调解，原告杨清坚的特别授权代理人及其原告的父亲曾表示考虑到被告方在婚礼上也花费了一些费用，同意被告方一次性返还 150000 元，而被告周宝妹仅同意返还 20000 元。

以上事实，有下列证据予以佐证：（1）1998 年 9 月 24 日被告周宝妹、周文皮收取原告杨清坚 230000 元聘金的收条；（2）原告杨清坚与被告周宝妹的结婚照和宴请宾客的照片；（3）被告周宝妹住在上海青年会宾馆和返回厦门的机票凭证；（4）原告提交的单身证明；（5）双方当事人的陈述及庭审笔录等。

本院认为，原告杨清坚、被告周宝妹虽然按民间风俗举行订婚结婚仪式，并且，以夫妻名义共同生活，但未按法律规定办理结婚登记，根据最高人民法院《关于审理未办结婚登记而以夫妻名义同居生活案件的若干意见》第三条“自民政部新的婚姻登记管理条例施行之日起，未办理结婚登记即以夫妻名义同居生活，按非法同居关系对待”的规定，应认定双方为非法同居关系。非法同居关系不受法律保护，应予解除。从原告提供的证据看，原告给付被告 230000 元聘金是自愿的附条件的赠与。根据最高人民法院《关于人民法院审理未办结婚登记而以夫妻名义同居生活案件的若干意见》第十条的规定“同居生活前，一方自愿赠送给对方的财物可以比照赠与关系处理”的原则，该聘金的性质应以赠与关系处理。但是原、被告双方是以结婚为目的，故其为附条件的赠与协议，因数额较大，且双方同居时间短，以无偿的赠与来认定不予返还，是不合情理的。对这种附条件的赠与行为因结婚的目的没有实现，故赠与行为尚未生效，现原告要求返还，是合法、合情、合理的，但返还款项的多少应依据被告在“结婚”行为中的费用而酌情返还。庭审中，因被告花费的费用无法查实，而原告在庭审中曾表示同意被告返还 150000 元，考虑到系原告处分自己合法权益的行为，本院应予准许。

此外关于原告在庭审中增加诉讼请求，要求被告返还先锋 90 摩托车，因被告无法举证证明是原告自己愿赠与还是向原告借用的，故应予准许。

反诉原告要求反诉被告赔偿青春费、精神损失费 200000 元，没有法律上和事实上的依据，不予采纳。

综上，根据《中华人民共和国民法通则》第六十二条、第九十二条，最高人民法院《关于贯彻执行民事政策法律若干问题的意见》第十八条，最高人民法院《关于人民法院审理未办结婚登记而以夫妻名义同居生活案件的若干意见》第十条，最高人民法院《关于人民法院审理离婚案件处理财产分割问题的若干具体意见》第十九条之规定，判决如下：

一、被告（反诉原告）周宝妹、周文皮应于本判决生效之日起一个月内返还原告（反诉被告）杨清坚聘金人民币150000元，并将先锋90摩托车一部归还原告。

二、驳回反诉原告周宝妹、周文皮的反诉请求。

本案案件受理费11470元（本诉受理费5960元、反诉受理费5510元），原告（反诉被告）杨清坚负担1450元，被告（反诉原告）周宝妹、周文皮负担10020元。

如不服本判决，可以判决书送达之日起十五日内，向本院递交上诉状，并按对方当事人的人数提出副本，上诉于厦门市中级人民法院。

【参考案例】

1. 未办理结婚登记但举办了结婚仪式所收受的彩礼应予返还

——伊某金诉索某辉等婚约财产纠纷案

权威刊载：国家法官学院《中国审判案例要览》（2009年民事审判案例卷）

案　　号：青海省大通回族土族自治县人民法院（2008）大长民初字第153号

裁判要点：双方当事人在未办理结婚登记手续的情况下以夫妻名义同居生活，且同居时间较短，给予彩礼一方有权要求收受彩礼一方按照习俗返还其已给付的彩礼。

案情：

原告：伊某金，男，青海省果洛州玛沁县德尔尼铜矿职工，住该矿。

被告：索某辉，男，大通回族土族自治县×镇×村。

被告：索某顺，女，大通回族土族自治县×镇×村。

原告诉称：2007 年 12 月中旬，经媒人柴某仁、柴某鹏介绍，原告伊某金与被告索某顺自愿订下了婚约。随后，被告索某辉向原告伊某金要彩礼约 30 000 元，其中现金 20 800 元（自愿给付 800 元、订婚 3 200 元、送干礼 16 600 元、回门 200 元），三金 5 506. 50 元（黄金项链 1 条 15. 36 克 3 456 元、黄金耳环 1 付 6. 5 克 1 462. 50 元、黄金戒指 1 枚 2. 39 克 588 元），衣服等约 4 000 元。2008 年 1 月 31 日原告借资 15 000 元与索某顺举行了结婚仪式，但未办理结婚登记手续。随后我与索某顺同居生活 22 天，2008 年 3 月 5 日索某顺将我的母亲打骂了一顿，说什么“家里穷没有房子住”等话，便跑出家门返回娘家，后我邀上人共同去叫，又遭到被告的谩骂拒绝，还说“永远别来叫，在法庭上见”。被告的行为给我们一家在精神上沉重的打击，在经济上造成了巨大的困难，故起诉要求二被告返还彩礼等 45 000 元，并承担本案的诉讼费。

被告辩称：被告索某辉、索某顺未作书面答辩，在庭审中辩称，原、被告双方自愿，订婚时原告所给付的钱物是原告赠与的，不应返还，三金在原告家，没有必要返还，衣服的钱包括在干礼里面，不应重复返还，原告借钱与索某顺举行婚礼与我们没有关系，此款也不应返还。

青海省大通回族土族自治县人民法院经公开审理查明：被告索某辉与索某顺系父女关系。原告伊某金与被告索某顺经他人介绍于 2008 年 1 月 31 日在未办理结婚登记手续的情况下举行婚礼后以夫妻名义同居生活，同居前双方订婚时原告伊某金送给被告索某辉、索某顺现金各 800 元、3 200

元，送彩礼时原告伊某金送给被告索某辉、索某顺现金16 600元，黄金项链1条、黄金耳环1付、黄金戒指1枚，价值5 506.50元，给被告索某顺及其家人买衣物等花去现金约4 000元，同居后被告索某顺回娘家原告伊某金给付现金200元。后因琐事原告伊某金与被告索某顺之间产生矛盾，被告索某顺于2008年4月4日返回娘家居住。被告索某顺的陪嫁物现有被子2床、毛毯2条、洋娃娃1个、大衣1件、手机1部。现原告伊某金向本院起诉要求被告索某辉、索某顺返还所送彩礼等45 000元，并承担本案的诉讼费用。

双方当事人对上述事实均予以认可，但就彩礼中的黄金项链、黄金耳环、黄金戒指在哪方当事人家中有争议，且无确切证据证明。

上述事实有下列证据证明：

1. 双方当事人陈述，证明订婚礼金数额、彩礼内容以及陪嫁物品和数量。

2. 双方当事人陈述，证明被告陪嫁物被子2床、毛毯2条、洋娃娃1个、大衣1件、手机1部在原告家中。

青海省大通回族土族自治县人民法院经审理认为：原告伊某金与被告索某顺未办理结婚登记手续以夫妻名义同居生活时间较短，原告伊某金所送彩礼数额较大，被告索某辉、索某顺理应返还，但原告伊某金所称的给被告索某顺的家人买衣物、回门等花去的费用属于赠与，不应返还，所称的为举办婚礼花去的15 000元也不应返还。被告索某顺现有的陪嫁物被子2床、毛毯2条、洋娃娃1个、大衣1件、手机1部应该退还给被告索某顺，被告索某辉、索某顺提供不出其余陪嫁物及黄金项链、黄金耳环、黄金戒指均在原告伊某金家的证据，其辩称的不必返还的理由不予采信。故原告伊某金要求被告索某辉、索某顺返还彩礼的部分诉讼请求应予支持。

青海省大通回族土族自治县人民法院依照最高人民法院《关于适用〈中华人民共和国婚姻法〉若干问题的解释（二）》第十条第一款第（一）项和《中华人民共和国民事诉讼法》第一百二十八条之规定，作出如下判决：

一、被告索某辉、索某顺返还给原告伊某金彩礼现金2万元；

二、被告索某顺现有的陪嫁物被子2床、毛毯2条、洋娃娃1个、大衣1件、手机1部归其所有。

以上款物于本判决生效之日起10日内给付清。

如果未按本判决指定的期间履行给付金钱义务，应当依照《中华人民共和国民事诉讼法》第二百二十九条之规定，加倍支付迟延履行期间的债务利息。

案件受理费925元，减半收取462.5元，由被告索某辉、索某顺负担，462.5元退还给原告伊某金。

2. 婚前给付彩礼导致给付人生活困难的，离婚时应酌情返还

——杨某丽诉赵某亮婚约财产纠纷案

权威刊载：最高人民法院中国应用法学研究所《人民法院案例选（月版）》2010年第1辑（总第13辑）

案　　号：内蒙古自治区通辽市科尔沁区人民法院（2008）科民初字第948号

裁判要点：女方结婚前收取的彩礼部分用于购置结婚用品或者日常生活开支的，在离婚诉讼中，男方请求返还全部彩礼的，法院可依据相关法律及司法解释，应当酌情予以适当返还，而不应当全部返还。

【办案依据】

《中华人民共和国民法通则》（2009年8月27日）

第六十二条　民事法律行为可以附条件，附条件的民事法律行为在符合所附条件时生效。

第九十二条　没有合法根据，取得不当利益，造成他人损失的，应当将取得的不当利益返还受损失的人。

第一百零六条　公民、法人违反合同或者不履行其他义务的，应当承担民事责任。

公民、法人由于过错侵害国家的、集体的财产，侵害他人财产、人身的，应当承担民事责任。

没有过错，但法律规定应当承担民事责任的，应当承担民事责任。

第一百三十四条　承担民事责任的方式主要有：

（一）停止侵害；（二）排除妨碍；（三）消除危险；（四）返还财产；（五）恢复原状；（六）修理、重作、更换；（七）赔偿损失；（八）支付违约金；（九）消除影响、恢复名誉；（十）赔礼道歉。

以上承担民事责任的方式，可以单独适用，也可以合并适用。

人民法院审理民事案件，除适用上述规定外，还可以予以训诫、责令具结悔过、收缴进行非法活动的财物和非法所得，并可以依照法律规定处以罚款、拘留。

《中华人民共和国婚姻法》（2001年4月28日）

第三条　禁止包办、买卖婚姻和其他干涉婚姻自由的行为。禁止借婚姻索取财物。

禁止重婚。禁止有配偶者与他人同居。禁止家庭暴力。禁止家庭成员间的虐待和遗弃。

《最高人民法院关于适用〈中华人民共和国婚姻法〉若干问题的解释(二)》(2003年12月25日)

第十条 当事人请求返还按照习俗给付的彩礼的，如果查明属于以下情形，人民法院应当予以支持：

(一)双方未办理结婚登记手续的；

(二)双方办理结婚登记手续但确未共同生活的；

(三)婚前给付并导致给付人生活困难的。

适用前款第(二)、(三)项的规定，应当以双方离婚为条件。

《最高人民法院关于人民法院审理离婚案件处理财产分割问题的若干具体意见》(1993年11月3日)

19. 借婚姻关系索取的财物，离婚时，如结婚时间不长，或者因索要财物造成对方生活困难的，可酌情返还。

对取得财物的性质是索取还是赠与难以认定的，可按赠与处理。

【地方性规范文件】

《上海市高级人民法院关于适用最高人民法院婚姻法司法解释(二)若干问题的解答(二)》

二、如何判断彩礼？

答：司法解释(二)中涉及的彩礼，具有严格的针对性，必须是基于当地的风俗习惯，为了最终缔结婚姻关系，不得已而为给付的，其具有明显的习俗性。因此，人民法院对于当事人诉请返还彩礼的案件，应当根据双方或收受钱款一方所在地的当地实际及个案具体情况，确定是否存在必须给付彩礼方能缔结婚姻关系的风俗习惯，否则只能按照赠与进行处理。不能适用司法解释（二）第十条的规定。

三、可诉请返还彩礼的当事人范围如何把握？

答：由于实践中，彩礼的给付人和接受人并非仅限男女双方，还可能包括男女双方的父母和亲属，这些人均可成为返还彩礼诉讼的当事人。

对于实践中可能存在的以男女双方为原、被告的彩礼返还诉讼或在涉及彩礼返还的离婚诉讼中，由于彩礼给付实际就是以男女双方为利益对象或代表，被告提出原告不是实际给付人或自己不是实际接受人的抗辩，人民法院对此抗辩可不予采信。

四、彩礼给付后，男女双方仅形成同居关系，为此，给付彩礼的父母或亲属依司法解释（二）第十条第（一）项的规定要求对方返还彩礼的，能否支持？

答：根据司法解释（二）第十条第（一）项的规定，男女双方未办理婚姻登记的，彩礼应当返还。实践中男女双方可能基于对法律规定的不了解而仅形成同居关系，但是法院释明相应法律规定后，男女双方基于感情可能愿意补办登记，若人民法院简单地判决返还彩礼反而有失公平或容易引发矛盾。因此在审理上述情形的彩礼返还案件时，人民法院应根据个案实际情况，必要时可以向同居的男女双方释明法律规定，在其不补办结婚登记的情况下，可判决返还。

五、应当返还的彩礼范围如何把握？

答：虽然根据司法解释（二）第十条的规定，当符合条件时，已给付的彩礼应当予以返还。但在实际生活中，已给付的彩礼可能已经用于购置双方共同生活的物品，事实上已经转换为男女双方的共同财产，或者已在男女双方的共同生活中消耗。因此，我们在处理涉及彩礼返还的案件时，就应当返还的范围而言，要根据已给付的彩礼的使用情况，是否在男女双方共同生活中发生了必要的消耗，婚姻关系或同居关系存续期间的长短等具体事实综合把握。在处理方式上也应当灵活运用，特别是当彩礼已转化为共同生活的财产时，可将彩礼的返还与分割共同财产一并考虑，在分割中体现彩礼的返还。

（二）离婚纠纷

【案由判定】

离婚是指夫妻双方依照法定条件和程序解除婚姻关系的法律行为。离婚必须要遵守法律规定的条件和程序，经过婚姻登记机关的批准，或者向人民法院提起诉讼后由人民法院判决准予离婚，才发生离婚的法律效力。具有夫妻关系的男女，任何一方要求解除婚姻关系向人民法院提起诉讼适用离婚纠纷案由。离婚纠纷往往涉及夫妻财产分割和子女抚养问题，审判实践中均将其归入“离婚纠纷”案由项下。

【适用提示】

适用本案由时，要注意其与婚姻无效的区别。婚姻无效是对违法的、自始不具有法律效力的婚姻关系的否定，离婚则是对合法有效婚姻关系的解除；另外，请求宣告婚姻无效的主体并不限于当事人，也包括其他利害关系人，而离婚的主体只能是婚姻当事人。

【权威判决】

莫君飞诉李考兴离婚纠纷案（《最高人民法院公报》2011年第12期）

裁判要旨：婚姻当事人之间为离婚达成的协议是一种要式协议，即双方当事人达成离婚合意，并在协议上签名才能使离婚协议生效。双方当事人对财产的处理是以达成离婚为前提，虽然已经履行了财产权利的变更手续，但因离婚的前提条件不成立而没有生效，已经变更的权利人的财产仍属于夫妻婚姻存续期间的共同财产。

案情：

原告：莫君飞，女，汉族，31岁，住广东省怀集县×镇×居委会。

被告：李考兴，男，汉族，34岁，住广东省怀集县×镇城南×居委会。

原告莫君飞因与被告李考兴发生离婚纠纷，向广东省怀集县人民法院提起诉讼。

原告莫君飞诉称：原告与被告李考兴于2002年上半年经人介绍相识，2003年3月双方登记结婚，同年10月21日生育一子李序宇。由于婚前双方缺乏了解，草率结合，婚后双方性格完全不合，被告性格自私、多疑，把妻子当作“个人财产”。原告作为一名教师，见到同学、同事或学生家长时，难免要互谈几句，但被告对原告的正常交往均干涉限制，且对原告恶言相向，甚至侮辱原告人格。平日里，原、被告之间很少谈心，原告得病，被告也漠不关心，双方根本无法建立应有的夫妻感情。2007年暑假，原告为了家庭生活及缓解夫妻矛盾，向被告提出外出做家教，遭到被告的反对，并经原告母亲出面制止原告外出，被告声称“如果要外出家教，必须先办离婚手续”等等。由于原、被告夫妻感情不断恶化，双方曾于2010

年 5 月协议离婚，但因财产等问题协商未果。2010 年 7 月，被告为在离婚时霸占夫妻共有财产，以欺骗手段将（2006）第 0036 号土地使用证范围内的土地使用权全部变更给被告。2010 年 8 月初，被告将原告赶出家门，并将家里的门锁全部换掉，原告被迫在外租房与儿子共同生活。原、被告的夫妻感情彻底破裂，无和好可能，原告坚决要求离婚。原、被告在夫妻关系存续期间的财产有价值 15 万元坐落在怀城镇育秀居委会的宅基地［（2006）第 0036 号土地使用证范围内的土地使用权］及电器、家具等，应依法分割处理。为此，原告特向法院提起诉讼，请求：1. 判决原告与被告离婚；2. 儿子李序宇由原告抚养，抚养费用由原、被告共同承担；3. 依法平分夫妻共同财产（价值约 15 万元）；4. 本案受理费由被告负担。

被告李考兴辩称：原告莫君飞与被告经人介绍相识后，经一年的自由恋爱，双方对对方的性格已完全了解，应有牢固的婚前基础。婚后，双方生育有儿子李序宇，被告通过人事关系两次为原告调动工作。在 2009 年 12 月原告因病住院 15 天，被告每天陪护至原告康复，可见夫妻感情深厚、牢固。原、被告还有和好可能，被告坚决不同意离婚，请求法官多做原告的思想工作，使原告放弃离婚念头，挽救原、被告的婚姻关系。

广东省怀集县人民法院一审查明：原告莫君飞与被告李考兴于 2002 年上半年经人介绍相识，2003 年 3 月双方登记结婚，同年 10 月 21 日生育一子李序宇。婚后，原、被告的夫妻感情较好。2007 年暑假，李考兴阻止莫君飞外出做家教，双方发生言语争执。之后，夫妻关系时好时坏。2010 年 5 月，莫君飞草拟离婚协议一份交给李考兴。李考兴答应如果儿子由其抚养和夫妻存续期间购买的宅基地（使用权登记为女方，价值 20 万元）归男方所有，愿意去办离婚手续。同年 7 月，原、被告双方到土地管理部门将原登记在莫君飞名下的（2006）第0036号《土地使用证》范围内的土地使用权全部变更于李考兴名下。但是，李考兴反悔，不同意离婚。同年8月初，莫君飞搬离家中在外租屋居住，并向法院提起诉讼，请求判决准许离婚，并分割共同财产。

广东省怀集县人民法院主持调解，因原告莫君飞要求离婚，被告李考兴则不同意离婚，调解未果。

本案一审的争议焦点是：原告莫君飞与被告李考兴草拟的离婚协议是否生效，变更后的财产是否仍是夫妻共同财产。

广东省怀集县人民法院一审认为：原告莫君飞与被告李考兴经人介绍相识并恋爱，双方经一段时间相互了解并自愿登记结婚，双方具有较好的感情基础。婚后，原、被告在生活和工作上能相互扶持，双方有一定的夫妻感情；原、被告生育的儿子尚年幼，从双方诉讼中反映的情况可知，现儿子极需父母的爱护，双方离婚，对儿子会造成伤害，因此，莫君飞主张离婚的诉讼请求，不予支持。

对于双方当事人是否达成离婚协议的问题，法院认为，离婚协议是解除夫妻双方人身关系的协议，是一种要式协议，必须经双方当事人签名确认才能生效，即双方在协议上签名是其成立的必要条件。否则，即使有证人在场见证，证明双方达成离婚合意，但由于一方没有在离婚协议上签名确认，在法律上该离婚协议是没有成立的。原告莫君飞于2010年5月草拟离婚协议一份交给被告李考兴，虽然李考兴口头答应离婚，且双方履行了共同财产分割的部分，可以认定双方对离婚达成了初步合意，但是由于李考兴并没有在协议上签名导致离婚协议欠缺合同成立的要件，且事后李考兴反悔不愿离婚，因此不能根据仅有一方签名的离婚协议判决双方离婚。

对于双方当事人在离婚前作出的财产处理问题，法院认为，本案离婚协议是属于婚内离婚协议。所谓婚内离婚协议，是指男女双方在婚姻关系存续期间，以解除婚姻关系为基本目的，并就财产分割及子女抚养问题达成的协议。婚内离婚协议是以双方协议离婚为前提，一方或者双方为了达到离婚的目的，可能在子女抚养、财产分割等方面作出有条件的让步。在双方未能在婚姻登记机关登记离婚的情况下，该协议没有生效，对双方当事人均不产生法律约束力，其中关于子女抚养、财产分割的约定，不能当然作为人民法院处理离婚案件的直接依据。原告莫君飞与被告李考兴在协议离婚过程中经双方协商对财产分割进行处理，是双方真实意思表示，并且已经进行了变更登记，但由于李考兴并未在离婚协议上签名，达不到离婚协议的成立要件，因此，该婚内离婚协议无效，即按该协议所进行的履行行为也可视为无效。故，虽然（2006）第0036号《土地使用证》范围内的土地使用权变更在李考兴名下，但该土地使用权还是莫君飞和李考兴婚姻存续期间的共同财产，与原来登记在莫君飞名下的性质是一样的。

综上，只要双方珍惜已建立的夫妻感情，慎重对待婚姻家庭问题，做到互相尊重、互相关心，夫妻是有和好可能的。据此，广东省怀集县人民法院依照《中华人民共和国民事诉讼法》第一百二十八条，《中华人民共和国婚姻法》第三十二条第二款的规定，于2010年12月2日判决：

驳回原告莫君飞的离婚诉讼请求。

案件受理费人民币150元，由原告莫君飞负担。

一审判决后，原告莫君飞与被告李考兴均没有提起上诉，判决已经生效。

【参考案例】

1. 起诉前签订的离婚协议书，不能直接作为法院判决当事人离婚的依据

——周某芬诉周某速离婚纠纷案

权威刊载：最高人民法院中国应用法学研究所《人民法院案例选》2005 年第 4 辑（总第 54 辑）

案　　号：福建省安溪县人民法院（2004）安民初字第 114 号

裁判要点：起诉前签订的离婚协议书，不能直接作为法院判决当事人离婚的依据，可以作为夫妻感情确已破裂的辅助证据。

案情：

原告：周某芬，女。

被告：周某速，男。

原告周某芬与被告周某速系同村村民。1989 年 3 月，原、被告经他人介绍后按农村风俗举行婚礼，以夫妻名义开始同居生活。1990 年 5 月 5 日生育长子周文斌，1994 年 8 月 8 日生育次子周文城。原告于 1994 年 9 月 15 日采取女扎节育措施。原、被告均没有到婚姻登记机关补办结婚登记手续。自 1996 年以来，因感情不和，双方经常吵架，并开始分居至今。2004 年 2 月 15 日，原、被告双方自愿签订了协议书，该协议书约定：（1）原、被告双方自愿离婚；（2）婚生长子周文斌由被告负责抚养并承担抚养费，婚生次子周文城由原告负责抚养并承担抚养费；（3）婚后共同建置的财产归被告所有，原告自愿放弃。由此，原告于 2004 年 4 月 15 日向安溪县人民法院提起诉讼。本案在审理过程中，安溪县人民法院依法征询原、被告的婚生长子周文斌的意见，周文斌表示愿意跟随被告一起生活。因被告没有到庭参加诉讼，本案未能组织原、被告双方进行调解。

安溪县人民法院经审理认为，原、被告双方于1989年3月以夫妻名义开始同居生活，至1994年2月1日已符合婚姻法规定的结婚的实质要件，构成事实婚姻，应确认其婚姻效力。婚后，由于夫妻感情不和，原、被告分居已满7年，致夫妻感情确已破裂。原、被告签订的离婚协议书，系双方当事人的真实意思表示，可以作为原、被告夫妻感情确已破裂的辅助证据。原告自愿放弃婚后与被告共同建置的财产，共同建置的财产归被告所有，这属于当事人自行处分自己的民事权利，应予准许。原告请求离婚，符合法定条件，应予支持。被告经合法传唤，无正当理由拒不到庭参加诉讼，本院依法缺席审理。依照《中华人民共和国民事诉讼法》第一百三十条，《中华人民共和国婚姻法》第三十二条、第三十六条第一款、第二款，《最高人民法院关于适用中华人民共和国婚姻法若干问题的解释（一）》第五条第（一）项、第二十二条，《最高人民法院关于人民法院审理未办结婚登记而以夫妻名义同居生活案件的若干意见》第六条，《最高人民法院关于人民法院审理离婚案件处理子女抚养问题的若干具体意见》第五条、第十条，《最高人民法院关于民事诉讼证据的若干规定》第二条、第三十四条第一款之规定，判决：

一、准许原告周某芬与被告周某速离婚。

二、婚生长子周文斌由被告周某速负责抚养并承担抚养费；婚生次子周文城由原告周某芬负责抚养并承担抚养费。

三、本案案件受理费50元，由原、被告各负担人民币25元。

宣判后，原、被告均未提起上诉。

2. 夫妻一方下落不明满两年，经公告查找确无下落，对方起诉离婚的，应认定夫妻感情确已破裂

——许某桂诉李某离婚纠纷案

权威刊载：国家法官学院《中国审判案例要览》2001年民事审判案例卷

案　　号：上海市长宁区人民法院（2000）长民初字第968号

裁判要点：无民事行为能力人的离婚案件由法定代理人进行诉讼。

夫妻一方下落不明满两年，经公告查找确无下落，对方起诉离婚的，应认定夫妻感情确已破裂。

案情：

原告：许某桂，男，1964年3月25日出生，上海好朋友彩印包装厂有限公司工作，户籍地本市长宁区×路×号×室，现住上海市第六人民医院。

被告：李某（曾用名李某燕），女，1969年10月25日出生，户籍地本市长宁区×路，现下落不明。

原告许某桂与被告李某离婚一案，本院受理后，依法组成合议庭，公开开庭进行了审理。本案审理中，为确定原告系植物人状态是否有民事行为能力，本院遂委托司法部司法鉴定科学技术研究所对原告的精神状态进行鉴定及行为能力评定。该所于2000年5月24日作出鉴定结论，被鉴定人许某桂患有电击伤所致植物人状态；被鉴定人许某桂在本案中应评定为无民事行为能力。鉴于原告之妻下落不明、原告之子又尚未成年，故本院依法确定原告之母滑雪珍为原告的法定代理人。2000年5月25日，本院向被告公告送达民事起诉状副本及开庭传票，被告在公告期限届满后未到庭应诉，亦无书面答辩意见。原告许某桂的法定代理人滑雪珍、委托代理人顾敏霞到庭参加了诉讼。本案现已审理终结。

原告许某桂诉称，与被告婚后初期，关系尚可。自1993年起，被告热衷搓麻将且彻底不归；1995年，被告离家出走、至今未回。后自己于1999年8月12日下午被220V电流击中，经上海市第六人民医院抢救后诊断为植物人状态，昏迷至今。现双方的夫妻关系已名存实亡，故要求与被告离婚。

被告李某（曾用名李某燕）未到庭应诉，亦无书面答辩意见。

经审理查明，原、被告于1989年自行相识恋爱，1991年1月18日登记结婚，1991年11月19日生育一子名许某杰。双方恋爱期间及婚后初期，关系尚可。自1993年起，被告热衷搓麻将后，经常彻夜不归，双方为此常发生矛盾。1995年，被告离家出走，后一直无音信。

原告于1999年8月12日下午被220V电流击中，当即被送往上海市第六人民医院抢救治疗，后该院对原告诊断结论为植物人状态。现原告仍住院治疗，尚处于昏迷状态。原告住院治疗期间，其起居生活均由其母及兄妹负责照料。现原告的法定代理人以原告的名义起诉来院，要求与被告离婚。

上述事实，有结婚证复印件、长宁区陶家宅居民委员会及何家宅居民委员会书面证明、户籍资料、劳动能力鉴定表、司法部司法鉴定科学技术研究所鉴定书及原告法定代理人的陈述为证。

本院认为，原、被告婚后初期，关系尚可。不久，被告于1993年热衷搓麻将且彻底不归后，双方产生矛盾。自1995年起，被告擅自离家出走，下落不明数年；现经本院公告查找又确无下落。原告于1999年8月12日下午遭电流击中、处于植物人状态时，被告亦未尽妻子义务，故应认定为原、被告的夫妻感情确已破裂。现原告要求与被告离婚，应予准许。原告的法定代理人在本案诉讼中对原、被告所生之子抚育权问题未提出主张，考虑到原告目前系无行为能力人，其监护权尚未明确，故本院对子女抚育权问题不予处理。关于原、被告的夫妻共同财产及住房问题，原告的法定代理人明确表示在被告尚未出现时不予分割，日后另行主张，并无不当，可予准许。依照《中华人民共和国婚姻法》第二十五条之规定，判决如下：

一、准予原告许某桂与被告李某离婚。

二、案件受理费人民币50元，由原告许某桂负担。

如不服本判决，可在判决书送达之日起十五日内，向本院递交上诉状，并按对方当事人的人数提出副本，上诉于上海市第一中级人民法院。当事人上诉的，应在递交上诉状次日起七日内按本判决确定的一审案件受理费同等金额向本院预交上诉受理费。逾期不交的，按自动撤回上诉处理。

3. 夫妻一方受伤致残无法维持夫妻关系的，准予离婚

——舒某诉李某敏离婚纠纷案

权威刊载：国家法官学院《中国审判案例要览》2000年民事审判案例卷

案　　号：海南省海口市振东区[①]人民法院（1999）振民一初字第229号

裁判要点：夫妻一方因交通事故受伤致残，无法维持夫妻关系的，准予离婚，另一方应适当给予经济帮助及抚养费。

案情：

原告：舒某，女，1969年3月8日出生，江苏省南京市人，无业。

被告：李某敏，男，1956年9月20日出生，海南省海口市人。

原告舒某诉称：我与被告于1992年在上海认识，后双方建立恋爱关系。1994年2月18日登记结婚。婚后，夫妻感情甚好。1996年2月生育孩子李某婷。1996年7月12日晚，我在南京回家途中惨遭车祸，致使我丧失左腿，伤残右腿，属二级伤残。被告得知此事后，不仅没有关心照料我，

① 现为海口市美兰区。

而且抛妻弃女，一去不回。至今三年的时间，被告无任何音讯，也从未给付伤残的妻子及孩子生活费。被告未尽法定的责任和义务，其行为丧失了做人的起码良知，对我身心造成极大伤害，夫妻关系已名存实亡。特诉请法院判令我与被告离婚，女儿归我抚养，被告每月支付孩子抚养费、教育费人民币500元至孩子独立生活止。目前被告资产雄厚，鉴于我是一位截肢残疾人，请判令被告一次性支付我生活补助费人民币20万元。夫妻共同财产待查清后另案起诉。

被告李某敏未作答辩。

海南省海口市振东区人民法院经公开审理查明：原告与被告于1992年在上海认识后恋爱，1994年2月18日双方在海口市振东区人民政府婚姻登记处自愿登记结婚。结婚初期夫妻感情甚好，于19%年2月7日育有一女孩李某婷。原告称其在19%年7月12日晚，在南京市中央路被一辆桑塔纳小轿车撞倒，造成左腿高位截肢，右腿伤残，属二级伤残；车祸后七日被告才赶到南京看望原告，但车祸第九日被告就借故去了上海，一去不回，对原告及未满周岁的女儿从未关心和照顾；原告因交通事故人身伤残，已支付治疗费、手术费等费用23万多元，该交通事故人身损害赔偿纠纷一案在南京市高级人民法院审理中。至今原告与被告分居三年，被告杳无音信。原告于1999年7月5日向本院提起诉讼。在诉讼期间，本院于1999年8月20日向被告送达开庭传票，定于1999年8月30日公开开庭进行审理，但被告经本院合法传唤后，无正当理由拒不到庭参加诉讼。1999年8月19日，原告以其残疾，且路途遥远为由向本院提出无法到庭参加诉讼，同时原告提交了表示原意离婚的书面意见。

上述事实有下列证据证明：原告提供的结婚证，证明原告与被告具有合法的婚姻关系；原告提供的由中国残疾人联合会颁发的残疾人证，证明原告系残疾人；

原告的书面意见一份，证明原告表示愿意和被告离婚；原告的陈述。

海南省海口市振东区人民法院认为：原、被告系自主自愿登记结婚，婚后夫妻感情好，并生有一女。但自1996年7月原告因交通事故受伤致残后，被告一去不回，未尽丈夫义务关心、体贴原告，为原告排忧解难，更未尽父亲的义务，对未满周岁的孩子未予照顾和抚养，这是极不负责任的行为，并严重伤害了双方的夫妻感情。分居三年来，被告杳无音讯，原、被告夫妻关系已无法维持，感情确已破裂，故原告诉请离婚，本院予以支持。关于女儿李某婷的抚养问题，由于女儿出生后一直随母亲一起生活，被告一直未尽抚育义务，故女孩由原告抚养有利于孩子的健康成长，被告应支付女儿的抚养费。原告因交通事故致残，独立生活困难，且无其他经济来源，故依照法律规定，被告应给予原告适当的经济帮助。对于夫妻共同财产，原告要求查清后另案起诉，符合法律规定，予以支持。

海南省海口市振东区人民法院依照《中华人民共和国婚姻法》第二十五条第二款、第二十九条、第三十条和《中华人民共和国民事诉讼法》第一百三十条之规定，缺席判决如下：

一、准予原告舒某和被告李某敏离婚。

二、双方婚育女孩李某婷归原告抚养，被告每月给付孩子抚育费人民币500元，至孩子独立生活为止。

三、被告给予原告经济帮助费人民币10万元，并于判决发生法律效力之日起6个月内付清。

案件受理费50元，由原告负担。

【办案依据】

《中华人民共和国婚姻法》（2001年4月28日）

第三十一条 男女双方自愿离婚的，准予离婚。双方必须到婚姻登记机关申请离婚。婚姻登记机关查明双方确实是自愿并对子女和财产问题已有适当处理时，发给离婚证。

第三十二条 男女一方要求离婚的，可由有关部门进行调解或直接向人民法院提出离婚诉讼。

人民法院审理离婚案件，应当进行调解；如感情确已破裂，调解无效，应准予离婚。

有下列情形之一，调解无效的，应准予离婚：

（一）重婚或有配偶者与他人同居的；

（二）实施家庭暴力或虐待、遗弃家庭成员的；

（三）有赌博、吸毒等恶习屡教不改的；

（四）因感情不和分居满二年的；

（五）其他导致夫妻感情破裂的情形。

一方被宣告失踪，另一方提出离婚诉讼的，应准予离婚。

第三十九条 离婚时，夫妻的共同财产由双方协议处理；协议不成时，由人民法院根据财产的具体情况，照顾子女和女方权益的原则判决。

夫或妻在家庭土地承包经营中享有的权益等，应当依法予以保护。

第四十条 夫妻书面约定婚姻关系存续期间所得的财产归各自所有，一方因抚育子女、照料老人、协助另一方工作等付出较多义务的，离婚时有权向另一方请求补偿，另一方应当予以补偿。

第四十一条 离婚时，原为夫妻共同生活所负的债务，应当共同偿还。

共同财产不足清偿的，或财产归各自所有的，由双方协议清偿；协议不成时，由人民法院判决。

《最高人民法院关于适用〈中华人民共和国婚姻法〉若干问题的解释(一)》(2001年12月25日)

第一条　婚姻法第三条、第三十二条、第四十三条、第四十五条、第四十六条所称的“家庭暴力”，是指行为人以殴打、捆绑、残害、强行限制人身自由或者其他手段，给其家庭成员的身体、精神等方面造成一定伤害后果的行为。持续性、经常性的家庭暴力，构成虐待。

第二条　婚姻法第三条、第三十二条、第四十六条规定的“有配偶者与他人同居”的情形，是指有配偶者与婚外异性，不以夫妻名义，持续、稳定地共同居住。

第二十二条　人民法院审理离婚案件，符合第三十二条第二款规定“应准予离婚”情形的，不应当因当事人有过错而判决不准离婚。

第二十三条　婚姻法第三十三条所称的“军人一方有重大过错”，可以依据婚姻法第三十二条第二款前三项规定及军人有其他重大过错导致夫妻感情破裂的情形予以判断。

第二十四条　人民法院作出的生效的离婚判决中未涉及探望权，当事人就探望权问题单独提起诉讼的，人民法院应予受理。

第二十九条　承担婚姻法第四十六条规定的损害赔偿责任的主体，为离婚诉讼当事人中无过错方的配偶。

人民法院判决不准离婚的案件，对于当事人基于婚姻法第四十六条提出的损害赔偿请求，不予支持。

在婚姻关系存续期间，当事人不起诉离婚而单独依据该条规定提起损害赔偿请求的，人民法院不予受理。

第三十条　人民法院受理离婚案件时，应当将婚姻法第四十六条等规定中当事人的有关权利义务，书面告知当事人。在适用婚姻法第四十六条时，应当区分以下不同情况：

（一）符合婚姻法第四十六条规定的无过错方作为原告基于该条规定向人民法院提起损害赔偿请求的，必须在离婚诉讼的同时提出。

（二）符合婚姻法第四十六条规定的无过错方作为被告的离婚诉讼案件，如果被告不同意离婚也不基于该条规定提起损害赔偿请求的，可以在离婚后一年内就此单独提起诉讼。

（三）无过错方作为被告的离婚诉讼案件，一审时被告未基于婚姻法第四十六条规定提出损害赔偿请求，二审期间提出的，人民法院应当进行调解，调解不成的，告知当事人在离婚后一年内另行起诉。

《最高人民法院关于适用〈中华人民共和国婚姻法〉若干问题的解释（二）》（2003 年 12 月 25 日）

第七条　人民法院就同一婚姻关系分别受理了离婚和申请宣告婚姻无效案件的，对于离婚案件的审理，应当待申请宣告婚姻无效案件作出判决后进行。

前款所指的婚姻关系被宣告无效后，涉及财产分割和子女抚养的，应当继续审理。

第八条　离婚协议中关于财产分割的条款或者当事人因离婚就财产分割达成的协议，对男女双方具有法律约束力。

当事人因履行上述财产分割协议发生纠纷提起诉讼的，人民法院应当受理。

第九条　男女双方协议离婚后一年内就财产分割问题反悔，请求变更或者撤销财产分割协议的，人民法院应当受理。

人民法院审理后，未发现订立财产分割协议时存在欺诈、胁迫等情形的，应当依法驳回当事人的诉讼请求。

（三）离婚后财产纠纷

【案由判定】

离婚后财产纠纷是指男女双方离婚后涉及的财产分割纠纷，主要包括以下几种情形：一是当事人双方离婚时，未对婚姻关系存续期间的夫妻财产进行分割，离婚后对于财产的分割问题产生的纠纷；二是当事人协议离婚时达成了财产分割协议，离婚后因履行上述财产分割协议而发生纠纷，由此提起诉讼的，人民法院应当受理；三是男女双方协议离婚后一年内就财产分割问题而引发纠纷，一方请求变更或者撤销财产分割协议的，人民法院应当受理；四是婚姻关系存续期间存在而在离婚时未分割的其他财产引发的纠纷。

【适用提示】

适用本案由时，要注意其与离婚纠纷的区别。离婚纠纷是男女双方在解除婚姻关系的过程中所涉及的纠纷，主要围绕合法有效的婚姻关系的解除进行。而离婚后财产纠纷是在婚姻关系解除后而由此产生的一系列关于财产分配的纠纷问题。

【权威判决】

欧某某诉李某某离婚后财产纠纷案（广东省河源市中级人民法院（2014）河中法民一终字第634号）

审判要旨：离婚后进行财产分割，要对财产是否是夫妻共同财产做出区别。

案情：

上诉人（原审被告）：欧某某

被上诉人（原审原告）：李某某

上诉人欧某某因与被上诉人李某某离婚后财产纠纷一案，不服广东省东源县人民法院（2014）河东法民一初字第147号民事判决，向本院提起上诉。本院于2014年11月3日立案后，依法组成合议庭进行了审理，现已审理终结。

原审法院查明：原、被告于2001年11月22日结婚，婚后生有两个小孩。2003年，原告与被告在东源县船塘镇圩镇新建路建造了一栋三层楼房，2008年12月9日办理《房地产权证》（证号为粤房地证字第C5346×××号），该《房地产权证》载明："权属人为欧某某，土地使用权性质为国有，土地使用权类型为出让，面积96.4平方米"。2013年1月4日，原告以夫妻感情破裂为由向法院提起离婚诉讼，原审法院于2013年6月25日作出（2013）河东法民一初字第50号民事判决，判决准予原被告离婚，但对争议房产没进行分割。原告对此不服而向河源市中级人民法院提出上诉，河源市中级人民法院作出（2013）河中法民一终字第471号民事判决，驳回上诉，维持原判。原、被告离婚诉讼期间，房屋经深圳市鹏信资产评估土地房地产估价有限公司评估，价值总额为315500元。2014年3月28

日，原告向法院提起诉讼，要求与被告平均分割争议房产，本案诉讼费由被告承担。

另查明，被告的两个哥哥也在原、被告争议房屋侧边各自建有一栋面积基本相同的三层楼房，平常各自家庭在自己房屋居住，户籍也已分开。

原审法院认为，本案是离婚后财产分割纠纷，争议焦点是坐落在东源县船塘镇新建路的房产（粤房地证字第C534×××号），是夫妻共同财产还是家庭共有财产？第一，该房屋是在原、被告婚姻关系存续期间兴建的，被告认为该房是拆除老房后栋一边改建，所用土地属农村宅基地，并提供了船塘村委会证明，但《房地产权证》中载明的土地使用权性质为国有，根据最高人民法院《关于民事诉讼证据的若干规定》第七十七条的规定，《房地产权证》的证明力大于村民委会证明的效力；另外，被告认为他父母及兄弟未分家，故该房不是夫妻共同财产，是家庭共有财产，但被告的两个哥哥在被告建房之前均已另建房屋并搬入居住，户籍登记中显示，被告的两个哥哥各自均为户主；第三，被告认为他父母为对建涉案房有出资，但未提供有关证据予以证实，应承担举证不能的法律后果，即使有出资，因建房时原被告已结婚，依法也应认定为对原被告双方的赠与，并不能改变房屋的所有权属。综上所述，被告认为双方争议房屋为家庭共有财产的理由不成立，证据不足，法院不予采信。原被告争议房屋系夫妻关系存续期间建造，《房地产权证》登记的权属人为被告且无其他共有人，依法应认定为夫妻共同财产。原告要求与被告平均分割争议房产的请求，符合法律有关规定，应于支持。至于房屋的价值，双方同意以原评估价315500元为准，法院予以准许。

原审法院依照《中华人民共和国婚姻法》第十七条、最高人民法院关于适用《中华人民共和国婚姻法》若干问题的解释（二）第二十二条第二款，最高人民法院《关于民事诉讼证据的若干规定》第七十七条第一款第（二）项和最高人民法院《关于人民法院审理离婚案件处理财产分割问题的若干具体意见》第二条第（一）项、第八条、第十三条的规定，于2014年9月15日作出判决如下：

一、坐落在东源县船塘镇圩镇新建路三层楼房（《房地产权证》证号为粤房地证字第C5346×××号）是原告李某某与被告欧某某夫妻共有财产。

二、该房屋归被告欧某某所有。

三、被告欧某某应在判决生效后十五日内给付原告李某某房屋补偿款人民币157750元。

本案诉讼费880元（原告已预交），由原、被告各负担440元。

上诉人欧某某不服原审判决，向本院提起上诉，请求：撤销原审判决，依法改判确认争议财产系家庭共有财产，在改判分割共同财产时应保留父母的份额，驳回被上诉人不合理的诉讼请求。主要事实与理由：原审判决认定坐落在东源县船塘镇船塘村委会三小组67号房屋属于夫妻财产是错误的。被上诉人在一审中也没有提供任何证据证明被上诉人出资建造房屋，原审法院对争议房屋的权属没有深入调查了解，对房屋出资建造的实际情况更是没有提及，对其父母建造的养老房屋，在未得到父母的同意下就认定为赠与，这是严重的认定事实错误。事实上，其在三兄弟中年龄最小，当时建房主要是父母出资，建好后一楼门店也是父亲出租，父母跟随其生活，帮忙带小孩，认定夫妻共同财产问题应充分考虑这个事实。

被上诉人李某某答辩称，原审判决认定事实清楚，适用法律正确，应予维持。针对上诉人的上诉理由，我提出三点答辩意见，首先争议房屋不是由老房拆建，没有占用上诉人的宅基地，而是我与上诉人在结婚后共同出资建造。其次，上诉人没有证据证明房屋是其父母出资建造，而且上诉人三兄弟分了家，各自都建造了一栋楼房。再次，上诉人在婚姻存续期间有婚姻不忠行为，存在过错，夫妻共同财产应少分或不分。

本院经审理查明，原审查明的事实属实，本院予以确认。

本院认为，本案是离婚后财产纠纷。本案的争议焦点是：涉案争议房屋应如何分割。根据本案各方当事人的上诉及答辩意见，针对上述焦点，本院作如下评判：

争议房屋的价值经过第三方评估机构评估，上诉人与被上诉人均同意以原评估价315500元为准，应予准许。上诉人欧某某提出争议房屋是家庭共有财产，在分割夫妻财产时应照顾其父母的份额，经本院在调解时做双方当事人的工作，双方均同意由上诉人支付130000元给被上诉人了结本案纠纷，但在付款方式上无法达成一致意见。本院综合本案各方面的实际情况，确认坐落在东源县船塘镇圩镇新建路三层楼房应归上诉人欧某某所有，由上诉人欧某某支付房屋分割款130000元给被上诉人李某某。至于上诉人提出的其他上诉请求，理由不充分，本院予以驳回。

综上所述，上诉人的部分上诉理由成立，对应的上诉请求应予支持。原审判决实体处理不当，本院予以纠正。依照《中华人民共和国民事诉讼法》第一百七十条第一款第（二）项之规定，判决如下：

一、撤销广东省东源县人民法院（2014）河东法民一初字第147号民事判决。

二、坐落在东源县船塘镇圩镇新建路三层楼房（《房地产权证》证号：粤房地证字第C5346×××号）归上诉人欧某某所有。

三、上诉人欧某某应于本判决生效后30日内支付房屋分割款人民币壹拾叁万元（¥130000.00元）给被上诉人李某某。

如未按本判决指定的期间履行给付金钱义务，应当依照《中华人民共和国民事诉讼法》第二百五十三条之规定，加倍支付迟延履行期间的债务利息。

本案二审受理费880元由上诉人欧某某负担。

本判决为终审判决。

【参考案例】

1. **离婚时隐瞒夫妻共同财产的，应再次分割**

——唐某辛诉乔某云离婚后财产纠纷案

权威刊载：国家法官学院《中国审判案例要览》（2004年民事审判案例卷）

案　　号：山东省济南市中级人民法院（2003）济民五终字第327号

裁判要点：离婚后当事人在解除婚姻后可就新发现的尚未分割的共同财产利益另行起诉。法院根据相关规定进行分割。

案情：

原告（被上诉人）：唐某辛，男，1927年出生，济南人，山东省艺术学院退休职工，住济南市历下区×路。

被告（上诉人）：乔某云，女，1938年出生，济南人，济南制锁总厂退休职工，住济南市市中区×小区。

一审中原告诉称：其经人介绍与被告相识结婚，双方均系再婚。被告于2002年3月19日起诉要求与原告离婚，经济南市历下区人民法院调解，双方离婚。在财产问题上，被告以其无住房、生活困难为由，要求原告向其支付补助金60 000元。后原告了解到被告故意隐瞒了其在济南市王官庄小区3区1号楼5单元3××室，现要求分割该套住房。

一审中被告辩称：原告依据调解协议支付给我60 000元是房产分割补偿金。我在与原告离婚诉讼中不存在隐瞒住房的问题。原告主张分割的位于济南市王官庄小区3区1号楼5单元3××室是我在与原告离婚后，因无自己的住房而个人购买的财产，并非与原告在婚姻关系存续期间的共同财产。请求驳回原告的诉讼请求。

济南市市中区人民法院经公开审理查明：原、被告于1996年经人介绍相识，于同年12月27日登记结婚，双方均系再婚。双方婚姻基础较好，婚初感情亦可，后因家务琐事产生矛盾，被告于2002年3月19日向济南市历下区人民法院起诉要求与原告离婚，经法院主持调解，双方自愿达成离婚协议如下：(1) 乔某云与唐某辛离婚；(2) 财产中壁挂空调1台、冰柜1台、热水器1台、彩电2台、大小沙发1组、暖风机1台、抽油烟机1台归唐某辛所有；(3) 坐落于济南市历下区文化东路76号楼1单元402室房屋产权归唐某辛所有，唐某辛于2002年5月23日前一次性向乔某云支付房屋补偿款60 000元；案件受理费1 500元由唐某辛负担。协议签订后，原告按约定支付给被告房屋补偿款60 000元。1999年11月15日，被告在参加第二次房改时交纳定金10 200元，该定金后转为第四期房改定金。第四期房改是自2001年7月1日开始，现仍在进行中，被告填写了第四期济南市居民购买现有住房申请表，该申请表上未注明填写时间，“配偶姓名”栏内填写了“离异”，所购房屋是本市王官庄小区3区1号楼5单元3××室，该房屋应付价款为49 483.04元。2002年9月16日，济南市房产管理局同意给被告发放房屋所有权证。2002年9月25日，被告补交购房款39 283.04元，并交纳逾期付款利息1 101.89元，合计补交购房款40 384.93元。济南市住房制度改革办公室关于房改购房的政策作出如下解释：《济南市出售公有住房实施细则》（济房改字［1996］2号）规定，“申请购买公有住房的居民，在提出申请后10日内，向产权单位预交购房定金”，由于房改出售公有住房量大，手续较多，时间较长，对此，房改政策确定了预交定金的规定，交纳购房定金后（开具公有住房出售收入凭证的）视为进入购房程序，售房单位按售房程序办理个人购房的审核、结算、发证手续，缴纳购房定金后，尚未领到房屋产权证的，由其合法继承人代为履行以后的手续，并按继承法的规定办理继承手续。原告主张购房定金和购房款是从原、被告共同收入中支付的；被告主张定金是用其前夫留下的钱交纳的，而购房款是用原告婚后支付的60 000元支付的。被告主张对所争房屋的情况曾告知过原告，原告对此予以否认。被告未提供有效证据证实其该主张。2003年2月18日，济南新永基房地产评估交易有限公司评估本市王官庄小区3区1号楼5单元3××室房屋的价值为102 000元。

济南市市中区人民法院认为：被告乔某云因参加房改而于2002年9月取得所有权的本市王官庄小区3区1号楼5单元3××室房屋，因其填写的购买现有住房申请表上未注明时间，故无法从该申请表上确定参加房改的具体时间。在第二期房改时，乔某云曾于1999年11月15日交纳该房屋定金10 200元，因乔某云未能参加该期房改，该部分定金转为第四期房改定金。因第四期房改自2001年7月1日即已开始，而乔某云所填写的购买现有住房申请表上亦未注明填写日期，故应认定乔某云自第四期房改开始之日即2001年7月1日即已参加房改。根据济南市住房制度改革办公室关于房改购房的政策解释，乔某云在交纳购房定金后，即视为进入购房程序，参加房改的房屋即由房改人所拥有。原、被告于2002年5月经济南市历下区人民法院调解离婚，故乔某云参加房改的时间是在双方婚姻关系存续期间。乔某云虽然主张购房定金是以其前夫留下的钱交纳的，但因原告唐某辛不予认可，而购房定金10 200元是在原、被告婚姻关系存续期间交纳的，且乔某云未提供有效证据证实购房定金是从个人财产中支付，故该部分购房定金应认定为是乔某云以原、被告婚姻关系存续期间的共同收入所交纳。唐某辛虽然主张被告后来所交的购房款40 384.93元是以原、被告的共同收入支付，但因乔某云对此予以否认，并主张是以其个人在离婚后的财产交纳，而且乔某云交款的票据上载明的交款时间是2002年9月25日，是在原、被告离婚后，因此该部分款项，应认定为乔某云在婚后用其个人财产所交纳。综上所述，乔某云取得房屋所有权的本市王官庄小区3区1号楼5单元3××室房屋是原、被告婚后的共同财产。乔某云虽然主张曾将双方诉争房屋的有关情况告知唐某辛，但因唐某辛不予认可，且乔某云又未提交有效证据证实其与唐某辛在济南市历下区人民法院调解离婚时已将诉争的房屋有关情况告知唐某辛，致使双方未能对该房屋进行处分，乔某云的该种行为具有隐藏夫妻共同财产的性质，故唐某辛在与被告乔某云离婚后又以被告隐藏夫妻财产为由要求对该房屋进行分割，于法有据。唐某辛现有住房居住，故该房以分给乔某云居住并由乔某云给予唐某辛房屋所有权补偿为宜。因乔某云有隐藏共同财产的行为，故对诉争的房屋乔某云应少分，即乔某云应多给予唐某辛房屋所有权补偿。因乔某云于2002年9月25日交款40 384.93元是其个人财产，故该款应从评估的房屋价值中予以扣除，余款61 615.067元是原、被告的共同财产。结合被告对该房屋的隐藏行为，以唐某辛分得其中的34 000元为宜。

山东省济南市市中区人民法院根据《中华人民共和国婚姻法》第四十七条第一款的规定，判决如下：

一、位于本市市中区王官庄小区3区1号楼5单元3××室房屋归被告乔某云所有。

二、被告乔某云于本判决生效之日起十日内给付原告唐某辛房屋补偿费34 000元。

三、驳回原告其他诉讼请求。

案件受理费2 400元，原、被告各负担1 200元；评估鉴定费3 000元，原、被告各负担1 500元。

上诉人诉称：原审法院判决上诉人支付给被上诉人房屋补偿费34 000元没有事实和法律依据，认定争议房屋是上诉人、被上诉人婚后的共同财产是错误的，认定上诉人参加房改的时间是在双方婚姻关系存续期间没有事实依据。上诉人不存在隐藏共同财产的行为，王官庄小区3区1号楼5单元3××室是上诉人同被上诉人离婚后取得，本案争议房屋只有在上诉人离婚后才能参加房改购买，不可能是共同财产。

被上诉人唐某辛请求维持原判。

济南市中级人民法院经审理查明：在济南市居民购买现有住房（集资建房）申请表中，“申请人姓名”处为乔某云，“配偶姓名”处为离异，“所购住房地址”为王官庄小区3区1号楼5单元3××室，“工龄折扣额”和“工龄调整额”处均为“0”。另查明，济南市市中区王官庄小区3区1号楼5单元3××室系上诉人乔某云与已去世的前夫共同承租的公房。上诉人乔某云与被上诉人唐某辛在婚姻关系存续期间使用双方的工龄折扣购买了双方已协议分割给被上诉人的现住房：坐落于济南市历下区文化东路76号楼1单元402室。

济南市中级人民法院认为：位于济南市市中区王官庄小区3区5单元的3××室系上诉人乔某云的个人财产，不存在隐藏夫妻共嗣财产的行为。但购房定金10 200元是使用上诉人与被上诉人的夫妻共同财产交纳，应予分割。理由是：

根据《济南市出售公有住房实施细则》第四十七条的规定：具有本市市区城镇常住户口的居民，均可向房屋产权单位申请购买现承租的住房。居民购买公有住房坚持自愿原则，以户为单位（夫妇双方分立户口，分别租住公有住房的合并计算），每户限购一次。而上诉人乔某云与被上诉人唐某辛在婚姻关系存续期间已使用双方的工龄折扣购买了被上诉人的现住房：坐落于济南市历下区文化东路76号楼1单元402室，故上诉人虽于1999年11月15日交纳了第二期房改的定金10 200元，但其当时并不具备参加该期房改的资格，因此该定金后转为第四期房改定金。上诉人乔某云填写的济南市居民购买现有住房（集资建房）申请表中虽未注明填写时间，但“配偶姓名”栏内填写了“离异”，且“工龄折扣额”和“工龄调整额”处均为“0”。由此可知上诉人只能在离婚后才能参加房改购买位于济南市市中区王官庄小区3区5单元的3××室，且已不能享受工龄折扣等优惠政策。离婚调解协议中分割给被上诉人所有的住房是上诉人与被上诉人婚姻关系存续期间以双方的工龄折扣购买，既然双方协议将此房分割给被上诉人，其理应给予上诉人相应的财产补偿费60 000元，这与本案并非同一法律关系。故应认定位于济南市市中区王官庄小区3区1号楼5单元的3××室是上诉人在离婚后购买的个人住房，应归上诉人所有；既然如此，上诉人也不存在隐藏共同财产的行为。

购房定金10 200元是上诉人与被上诉人于婚姻关系存续期间交纳，上诉人虽主张在该期间双方经济独立，但未提供相应证据证实其主张，故对此款应加以分割，上诉人应将定金的一半5 100元给付被上诉人。

山东省济南市中级人民法院依照《中华人民共和国民事诉讼法》第一百五十二条、第一百五十三条第一款第（三）项、第一百五十八条之规定，判决如下：

一、维持济南市市中区人民法院（2002）市民初字第3910号民事判决的第一条、第三条及诉讼费、评估鉴定费的负担。

二、变更济南市市中区人民法院（2002）市民初字第3910号民事判决的第二条为：上诉人乔某云于本判决生效之日起十日内给付被上诉人唐某辛5 100元。

二审案件受理费2 400元，上诉人乔某云负担360元，被上诉人唐某辛负担2 040元。

2. 夫妻一方离婚后偿还了夫妻共同债务的，若其对债务的发生不存在合意，也未因其受益，则有权向另一方追偿

——陈某芳诉叶某锋离婚后财产纠纷案

权威刊载： 最高人民法院民事审判第一庭《民事审判指导与案例》2010年第4辑（总第44辑）

案　　号： 浙江省温州市中级人民法院（2008）温民一终字第175号

裁判要点： 夫妻共同债务的效力可以从两个方面分析：从外部关系上看，一旦构成夫妻共同债务，则夫妻双方对债务承担连带清偿责任。从内部关系上看，夫妻双方对债务的发生可能具有合意，也可能不具有合意，双方的过错程度也可能是不同的。因此，在内部关系上，夫妻对其共同债务的责任承担是不同的。如果夫妻一方对债务的发生不存在合意，也未因债务获得利益或其他利益，那么离婚后偿还了夫妻共同债务的一方，则有权向另一方追偿。

案情：

原告：陈某芳

被告：叶某锋

洞头县人民法院经审理查明：2007年9月4日叶某彬（案外人）起诉

叶某锋要求偿还2006年12月30日经双方结算的“接近开关”外壳货款108000元，该案在审理时追加陈某芳为共同被告。2007年11月21日本院作出（2007）洞民二初字第81号民事判决：一、叶某锋于判决生效之日起十日内支付叶某彬货款108000元；二、陈某芳对上述款项的支付负连带责任。陈某芳不服提起上诉，温州中院作出（2008）温民二终字第58号判决：驳回上诉，维持原判。此后本院启动执行程序，陈某芳于2008年4月30日支付一半货款55250元。

本院于2007年5月24日受理陈某芳与叶某锋离婚纠纷案，2007年12月20日作出（2007）洞民一初字第159号民事判决，判决双方离婚并对财产和债务进行分割，但对上述债务未作处理，明确该债务承担以中院（2008）温民二终字第58号判决为准。

2008年5月6日，陈某芳以“叶某彬诉叶某锋买卖合同是发生在夫妻双方分居之后，已生效的判决已认定双方分居之后叶某锋的外加工付款，陈某芳不应承担”为由，向洞头县法院提起诉讼。要求判令叶某锋偿还其代付的债务款55250元。

叶某锋辩称：陈某芳支付叶某彬一半货款55250元，是依生效判决应当履行的还款义务，无权要求其返还。请求驳回陈某芳的诉讼请求。

洞头县人民法院认为：本案实质上是离婚后双方对债务承担的纠纷。双方争议的焦点是叶某彬起诉的货款108000元是否属于夫妻共同债务，陈某芳支付一半货款后是否有权要求叶某锋返还。上述债务经法院审理，已认定为夫妻共同债务，由陈某芳与叶某锋共同偿还给叶某彬。虽然该笔债务在双方离婚时未作处理，但离婚后该债务也应共同偿还，陈某芳履行了自己应当承担一半，无权要求叶某锋返还。遂判决：

驳回陈某芳要求叶某锋返还不当得利55250元的诉讼请求。

陈某芳上诉称：一、原判与《最高人民法院关于适用〈中华人民共和国婚姻法〉若干问题的解释（二）》第二十五条抵触，且与温州中院（2008）温中民二终字第58号民事判决相抵触，该判决明确指出：“至于叶某锋或者陈某芳承担责任后，二人之间如何分担该笔债务，可另循途径解决。”二、原判与《婚姻法》第四十条相抵触，第四十条规定：“离婚时原为夫妻共同生活所负的债务，应共同偿还。”而本案债务系双方分居之后，叶某锋独自经商购买材料的债务，不属于为共同生活所负的债务。三、原判与（2007）洞民一初字第159号判决相抵触。（2007）洞民一初字第159号判决已认定叶某锋于2006年4月17日、9月29日支付叶某彬的3万元不是夫妻共同债务，作为与这两笔债务具有同类属性的本案债务，却被认定为夫妻共同债务，前后矛盾。故请求撤销原判，支持其诉讼请求。

叶某锋答辩称：一、法院无须对该债务是否属于共同债务进行审理。二、该债务产生的时间不能认定为分居之后，只是结算时间在分居之后。三、陈某芳已支付的一半货款55250元，是其履行生效判决的结果。故请求维持原判。

温州中级人民法院经审理除认定原审查明的事实外，另查明：叶某锋于2006年陆续向案外人叶某彬订购“接近开关”外壳，双方于2006年12月30日经结算，叶某锋尚欠叶某彬108000元。洞头县法院作出（2007）洞民二初字第81号民事判决后，陈某芳不服提起上诉，认为叶某锋与叶某彬之间的买卖关系发生在2006年年初之后，而叶某锋与陈某芳于2006年年初已开始分居，该债务与陈某芳无关，陈某芳不应承担责任。温州中院虽于2008年4月3日作出（2008）温民二终字第58号判决维持原判，但该判决认为，该笔债务产生于叶某锋与陈某芳婚姻关系存续期间，应视为夫妻共同债务，至于叶某锋或陈某芳承担责任后，二人之间如何分担该笔债务，可另循途径解决。

温州中级人民法院认为：一、洞头县法院（2007）洞民二初字第81号判决以及温州中级人民法院（2008）温民二终字第58号判决，认定欠叶某彬的108000元系夫妻共同债务，夫妻负连带清偿责任。该判决已生效，并有既判力。因此关于该债务对外是否为夫妻共同债务的问题，根据一事不再理的原则，当事人不得再行诉讼。如果当事人不服，可申诉处理。二、（2007）洞民一初字第159号离婚判决，并未涉及108000元债务的处理，即离婚案件未对该债务在夫妻之间内部关系上作出认定和处理。（2008）温民二终字第58号判决执行完毕后，夫妻之间的对外债务已消灭，但内部仍存在如何定性和分担的问题。因此，对该笔债务，夫妻离婚后仍可以提起诉讼。此诉与温州中院（2008）温民二终字第58号判决审理的诉讼标的不同，并非重复诉讼，也未违背一事不再理的原则。三、夫妻离婚时，应对婚姻关系存续期间所形成的债务是夫妻共同债务还是一方的个人债务作出认定。本案债务，系叶某锋在分居期间经营所欠的债务，其未举证证明夫妻有共同举债的合意，也未证明夫妻分享了该债务所带来的利益。因此，虽然对外为保护债权人利益、保护交易安全，认定该债务为夫妻共同债务，但在夫妻内部分担上，仍应认定为叶某锋个人的债务，由其自行承担。陈某芳已支付的55250元，本质上是对叶某锋个人债务的对外代偿，依法可向叶某锋追偿。洞头县法院未理清该债务在对外与对内法律关系上的不同属性，属适用法律错误，应予以纠正。据此判决：

一、撤销洞头县人民法院（2008）洞民一初字第142号民事判决；

二、叶某锋于判决生效之日起十日内支付陈某芳55250元。

【办案依据】

《中华人民共和国婚姻法》（2001 年 4 月 28 日）

第三十九条　离婚时，夫妻的共同财产由双方协议处理；协议不成时，由人民法院根据财产的具体情况，照顾子女和女方权益的原则判决。

夫或妻在家庭土地承包经营中享有的权益等，应当依法予以保护。

第四十条　夫妻书面约定婚姻关系存续期间所得的财产归各自所有，一方因抚育子女、照料老人、协助另一方工作等付出较多义务的，离婚时有权向另一方请求补偿，另一方应当予以补偿。

第四十一条　离婚时，原为夫妻共同生活所负的债务，应当共同偿还。共同财产不足清偿的，或财产归各自所有的，由双方协议清偿；协议不成时，由人民法院判决。

第四十七条　离婚时，一方隐藏、转移、变卖、毁损夫妻共同财产，或伪造债务企图侵占另一方财产的，分割夫妻共同财产时，对隐藏、转移、变卖、毁损夫妻共同财产或伪造债务的一方，可以少分或不分。离婚后，另一方发现有上述行为的，可以向人民法院提起诉讼，请求再次分割夫妻共同财产。

《最高人民法院关于适用〈中华人民共和国婚姻法〉若干问题的解释（二）》（2003 年 12 月 25 日）

第八条　离婚协议中关于财产分割的条款或者当事人因离婚就财产分割达成的协议，对男女双方具有法律约束力。

当事人因履行上述财产分割协议发生纠纷提起诉讼的，人民法院应当受理。

第九条　男女双方协议离婚后一年内就财产分割问题反悔，请求变更或者撤销财产分割协议的，人民法院应当受理。

人民法院审理后，未发现订立财产分割协议时存在欺诈、胁迫等情形的，应当依法驳回当事人的诉讼请求。

《最高人民法院关于适用〈中华人民共和国婚姻法〉若干问题的解释（三）》（2011年8月9日）

第五条　夫妻一方个人财产在婚后产生的收益，除孳息和自然增值外，应认定为夫妻共同财产。

第六条　婚前或者婚姻关系存续期间，当事人约定将一方所有的房产赠与另一方，赠与方在赠与房产变更登记之前撤销赠与，另一方请求判令继续履行的，人民法院可以按照合同法第一百八十六条的规定处理。

第七条　婚后由一方父母出资为子女购买的不动产，产权登记在出资人子女名下的，可按照婚姻法第十八条第（三）项的规定，视为只对自己子女一方的赠与，该不动产应认定为夫妻一方的个人财产。

由双方父母出资购买的不动产，产权登记在一方子女名下的，该不动产可认定为双方按照各自父母的出资份额按份共有，但当事人另有约定的除外。

第十条　夫妻一方婚前签订不动产买卖合同，以个人财产支付首付款并在银行贷款，婚后用夫妻共同财产还贷，不动产登记于首付款支付方名下的，离婚时该不动产由双方协议处理。

依前款规定不能达成协议的，人民法院可以判决该不动产归产权登记一方，尚未归还的贷款为产权登记一方的个人债务。双方婚后共同还贷支付的款项及其相对应财产增值部分，离婚时应根据婚姻法第三十九条第一款规定的原则，由产权登记一方对另一方进行补偿。

第十二条　婚姻关系存续期间，双方用夫妻共同财产出资购买以一方父母名义参加房改的房屋，产权登记在一方父母名下，离婚时另一方主张按照夫妻共同财产对该房屋进行分割的，人民法院不予支持。购买该房屋时的出资，可以作为债权处理。

第十三条　离婚时夫妻一方尚未退休、不符合领取养老保险金条件，另一方请求按照夫妻共同财产分割养老保险金的，人民法院不予支持；婚后以夫妻共同财产缴付养老保险费，离婚时一方主张将养老金账户中婚姻关系存续期间个人实际缴付部分作为夫妻共同财产分割的，人民法院应予支持。

第十四条　当事人达成的以登记离婚或者到人民法院协议离婚为条件的财产分割协议，如果双方协议离婚未成，一方在离婚诉讼中反悔的，人民法院应当认定该财产分割协议没有生效，并根据实际情况依法对夫妻共同财产进行分割。

第十五条　婚姻关系存续期间，夫妻一方作为继承人依法可以继承的遗产，在继承人之间尚未实际分割，起诉离婚时另一方请求分割的，人民法院应当告知当事人在继承人之间实际分割遗产后另行起诉。

第十六条　夫妻之间订立借款协议，以夫妻共同财产出借给一方从事个人经营活动或用于其他个人事务的，应视为双方约定处分夫妻共同财产的行为，离婚时可按照借款协议的约定处理。

第十八条　离婚后，一方以尚有夫妻共同财产未处理为由向人民法院起诉请求分割的，经审查该财产确属离婚时未涉及的夫妻共同财产，人民法院应当依法予以分割。

（四）离婚后损害责任纠纷

【案由判定】

根据相关法律规定，离婚纠纷中无过错的一方，除了明确放弃损害赔偿请求的，在婚姻登记机关办理离婚手续后或者在人民法院判决离婚、调解离婚后的特定期限内，有权向人民法院起诉要求其配偶承担损害赔偿责任，该纠纷称为离婚后损害赔偿纠纷。

【适用提示】

适用本案由时，要注意其与其与离婚时的经济补偿的区别。离婚时的经济补偿请求权的取得主要包括两种情况：一是夫妻书面约定婚姻关系存续期间财产归各自所有；二是夫妻一方因抚养子女、照料老人、协助另一方工作等付出了较多义务。因此，离婚时的经济补偿不以一方存在过错为前提。而离婚后损害责任请求权只能由无过错的一方当事人向有过错的一方当事人行使，双方都存在法律规定的过错行为时，一方在诉讼中请求离婚损害赔偿的，法院一般不予支持。

离婚后损害赔偿请求权是由无过错一方当事人向过错一方当事人在办理离婚登记手续或者法院判决离婚后一年内提出的。过错行为与离婚之间应当有必然的因果关系，如果虽有法律规定的过错行为但未提出离婚的，或虽然离婚但并非由过错行为导致的，均不适用本案由。

【权威判决】

徐某某与李某某离婚后损害赔偿纠纷上诉案（上海市第二中级人民法院（2010）沪二中民一（民）终字第1718号）

裁判要旨：根据我国婚姻法规定，只有在下列情形下无过错方有权请求损害赔偿：重婚的；有配偶者与他人同居的；实施家庭暴力的；虐待、遗弃家庭成员的。

案情：

上诉人（原审原告）：徐某某

被上诉人（原审被告）：李某某

上诉人徐某某因离婚后损害赔偿纠纷一案，不服上海市青浦区人民法院（2010）青民一（民）初字第1097号民事判决，向本院提起上诉。本院依法组成合议庭对本案进行了审理。本案现已审理终结。

原审法院经审理查明，徐某某、李某某原系夫妻关系。2008年8月12日，因夫妻投靠，李某某的户口从原籍河南省沈丘县李老庄乡付楼行政村李竹营村某号迁入徐某某户籍地上海市青浦区北门街某号。2009年6月，李某某起诉至法院要求与徐某某离婚，2009年11月经法院审理判决准予离婚。因徐某某认为其将李某某的户口迁至本市后不久，李某某就提出了离婚，李某某的行为欺骗了徐某某的感情和人格，给徐某某的精神带来了很大的伤害，故徐某某请求法院判令李某某赔偿精神补偿费人民币（以下币种均为人民币）10万元、支付劳务费3000元、支付车旅费500元、支付邮资费300元、支付请客吃饭费用2700元、支付送礼费用1500元，共计费用108000元。

原审法院经审理后认为，离婚损害赔偿制度是基于夫妻一方因法定的严重过错行为而导致离婚，并对无过错方造成精神或物质损害的，无过错方有权请求损害赔偿，即夫妻一方的行为是构成离婚原因之一的侵权行为时，他方才可请求因侵权行为而产生的损害赔偿。徐某某、李某某之间的离婚理由与办理户口迁入手续无因果关系，徐某某以李某某在办理户口迁入手续后不久就提出离婚请求因此造成徐某某精神损害为由请求支付精神补偿费，于法无据，法院不予支持。对徐某某支出的费用，李某某不予确认，徐某某未提供相应的证据，法院不予采信，故对徐某某提出要求李某某支付办理户口迁入手续所支付的费用的请求，无事实和法律依据，法院不予支持。

原审法院据此作出判决：驳回徐某某要求李某某赔偿精神补偿费、支付劳务费、车旅费、邮资费、请客送礼费用的诉讼请求。

原审判决后，上诉人徐某某不服，向本院提起上诉称：目前双方所生之女已长大，其一人没有固定收入也无法带孩子。被上诉人在上诉人的帮助下将户口迁入本市，而仅两个月之后便提出离婚，这对上诉人是不公平的。故上诉人要求撤销原判，改判支持其向原审法院提出的全部诉讼请求。

被上诉人李某某向本院作书面答辩称：不同意上诉人的上诉请求。其和上诉人结婚已12年，按国家政策规定满10年就可以将户口迁入本市。为了办理户口，其当时已和上诉人分居两年多了，其也曾向上诉人提出不用办理户口了。此外，上诉人当时和其说，为了今后拆迁可以多得国家赔偿、多分房子，其就和上诉人共同办理户口转入手续，其还支付上诉人2000元费用。

本院经审理查明，原审查明事实属实，本院予以确认。

本院认为，根据我国婚姻法规定，只有在下列情形下无过错方有权请求损害赔偿：重婚的；有配偶者与他人同居的；实施家庭暴力的；虐待、遗弃家庭成员的。本案中上诉人未能提供证据证明被上诉人存在上述情形，故上诉人要求被上诉人赔偿其精神损害补偿费的诉讼请求，因无事实与法律依据，本院不予支持。另，上诉人要求被上诉人赔偿因其帮助被上诉人将户口迁入本市而产生的劳务费、车旅费、邮资费、请客吃饭费、送礼费等的上诉请求，此亦无相应的事实与法律依据，故本院对此亦不予支持。综上所述，原审认定事实清楚，判决并无不当。据此，依照《中华人民共和国民事诉讼法》第一百五十三条第一款第（一）项之规定，判决如下：

驳回上诉，维持原判。

二审案件受理费人民币2460元，由上诉人徐某某负担。

本判决为终审判决。

【参考案例】

1. 因家庭暴力导致离婚的，无过错方有权请求赔偿

——夏某梅诉李某俊离婚后损害责任纠纷案

权威刊载：国家法官学院《中国审判案例要览》（2007年民事审判案例卷）

案　　号：云南省景谷傣族彝族自治县人民法院（2006）景民初字第185号

裁判要点：因家庭暴力导致离婚的，无过错方有权请求物质损害赔偿和精神损害赔偿。

案情：

原告：夏某梅，女，景谷傣族彝族自治县（以下简称景谷县）威远镇人，景谷县林业股份有限公司职工，现住景谷县财政局。

被告：李某俊，男，景谷县威远镇人，云景林纸股份有限公司职工，现住景谷县威远镇。

委托代理人：杨晓东，云南平展律师事务所律师。

原告诉称：原、被告双方于1999年认识恋爱，认识4个月后草率结婚，婚后由于被告爱喝酒，酒醉后经常动手打原告。2006年5月底，被告殴打原告致其住院。原告认为，因被告经常实施家庭暴力，无法与被告共同生活下去，2006年6月5日向法院提起诉讼。（1）要求与被告离婚；（2）共同生育的女孩由原告抚养；（3）家里的共同财产平均分割；（4）在云景林纸股份有限公司（以下简称云景林纸公司）集资30 000元的建房款，由被告付原告30 000元；（5）要求被告赔偿医药费2 472.32元，并赔偿精神损害费10 000元。

被告辩称：原告称我爱喝酒是事实，但喝酒后经常殴打原告不是事实，只偶尔打过一两次。原告2005年国庆节前后到思茅参加同学聚会，回来后就经常与被告发生争吵，才致夫妻感情破裂的。现原告提出离婚被告同意。共同生育的孩子，因原告经常下乡，所以应由被告抚养。家里的共同财产被告放弃分割。集资的30 000元建房款，是来源于被告父亲过世后留下的一块土地给被告母亲，之后由被告借来并转让，用转让土地所得的钱去交的，所以，被告认为集资30 000元的建房款不是夫妻共同财产，而是被告母亲的；原告提出赔偿医药费2 472.32元，同意赔偿。原告提出精神损害赔偿10 000元，被告不同意赔偿，因为未造成严重损害，也不存在精神伤害。

云南省景谷县人民法院经公开审理查明：原、被告双方于1999年9月13日在景谷县威远镇领取结婚证，于2000年4月19日共同生育女孩李某，现在景谷县幼儿园读书。双方婚后与被告母亲、妹妹在景谷县威远镇桥头新村共同居住生活。2002年6月，因家庭矛盾，原、被告搬到景谷纸厂单身宿舍区生活，2005年2月因单位拆房，原、被告双方又搬至景谷县财政局租房住。婚后，原、被告双方常为家庭琐事发生争吵。2006 年5 月31 日晚，被告酒后回家殴打原告，致原告受伤住院，经景谷县人民医院诊断为：头面部软组织挫裂伤及脑震荡。原告于2006 年5 月31 日至2006 年6 月6 日住院治疗，面部缝了两针，在此期间共用去医疗费2 472.32 元。夫妻在婚姻关系存续期间共同财产有：电视机一台、洗衣机一台、电冰箱一台、电磁炉一台、大床一张、一个矮柜、一套沙发、一个衣柜、一套餐桌及一些日常生活用品。上述财产现置于景谷县财政局住房内。除家庭生活开支外，夫妻共同存款34 525.45 元，另2006 年4 月24 日交云景林纸公司住房集资款30 000 元。

另查明，被告父亲李某云于1999 年3 月15 日病故，在景谷县威远镇三棵树37 号留下一块110 平方米土地。2003 年4 月8 日，被告将该地使用权转让在自己名下。2003 年6 月10 日，被告与母亲董必仙私下订立协议，并于2005 年12 月7 日将该土地转让给陈其友，转让费30 000 元。

上述事实有下列证据证明：双方当事人的陈述；证人李某林出庭作证，证明威远镇三棵树37 号110 平方米土地系被告父亲留给的财产，后被告又将该地转让陈其友；医院病情证明书、照片、活期存折、购房收据、划拨国有土地使用权转让合同书、协议书。

云南省景谷县人民法院经审理认为：原告要求离婚，被告亦同意离婚，系双方的真实意思表示，应予认可。共同生育的女孩因年幼由女方抚养为宜，被告方亦应承担相应的抚养费。置于租住房里的家具、电器等共同财产，庭审中被告自愿放弃分割，符合法律规定，应予确认。在云景林纸公司集资的30 000 元房款系婚姻关系存续期间取得，应视为夫妻共同财产，由双方平分。原告要求被告赔偿2 472.32 元医疗费，被告亦同意赔偿，应予支持。原告要求被告赔偿10 000 元精神损失的请求，事实存在，应予适当支持，判令赔偿1 000元。

云南省景谷县人民法院依照《中华人民共和国婚姻法》第十七条、第三十二条第二款第（二）项、第三十七条、第三十九条、第四十六条第一款第（三）项及最高人民法院《关于适用〈中华人民共和国婚姻法〉若干问题的解释（一）》第一条、第二十八条之规定，作出如下判决：

准予原告夏某梅与被告李某俊离婚。

共同生育的女孩李某由原告夏某梅抚养，被告李某俊按月给付孩子抚养费200元，至孩子年满18周岁止，该抚养费从2006年6月起开始给付。

置于景谷县财政局住房内的家具、电器等共同财产，被告李某俊自愿放弃，全部归原告夏某梅所有。

原、被告双方在云景林纸股份有限公司的30 000元住房集资款归被告李某俊所有，被告一次性补给原告夏某梅15 000元。该款于判决生效后三十日内付清。

被告李某俊赔偿原告夏某梅医疗费2 472.32元。该款于判决生效后三十日内付清。

被告李某俊一次性赔偿原告夏某梅1 000元精神损害赔偿费。该款于判决生效后三十日内付清。

2. 夫妻一方重婚的，无过错方有权请求损害赔偿

——姚某亮诉蒋某珍离婚后损害责任纠纷案

权威刊载：国家法官学院《中国审判案例要览》（2003年民事审判案例卷）

案　　号：江苏省南京市下关区人民法院（2000）下民终字第826号

裁判要点：夫妻一方重婚的，无过错一方当事人有权请求相应的精神损害赔偿。

案情：

原告：姚某亮，男，1963 年 4 月出生，自由职业者，住南京市下关区。

被告：蒋某珍，女，1962 年 10 月出生，南京建筑第一公司下岗工人，住南京市下关区。

原告诉称：1991 年左右夫妻关系开始恶化，被告常为小事大吵大闹。1996 年由于夫妻感情不和，天天吵架，就搬出另住，但每月付给被告生活费及孩子抚养费，现夫妻分居多年，感情已经破裂，故要求：（1）离婚；（2）女儿由原告抚养，不要求被告承担抚养费；（3）家庭财产，双方协商解决。

被告辩称：原告诉称不实，原、被告婚姻基础和婚后近十年感情都很好，后生育一女，但由于原告受封建传宗接代思想影响，原告离家出走，并与第三者（丁某）非法同居，2000 年 7 月 12 日生有一子，最终导致犯重婚罪。在此期间，原告不支付女儿的生活费，不尽做父亲、丈夫的义务，对家庭不负责任，因此原告方是本案的过错方，被告方是受害方。鉴于原告至今还是执迷不悟，被告原则上同意离婚，同意原告抚养女儿，家庭财产协商解决。被告要求分得荣事达洗衣机，摩托一辆，TCL 王牌彩电一台，白鹭牌双门电冰箱一台，87451 家具一套。家庭财产中，原告还漏报澳柯玛空调一台，伯乐牌冰柜和电话一部。因被告是外地人，婚后一直住在原告家，离婚后无住处，要求在原告家居住两年，或者原告支付被告两年相当于公房五倍房租的房屋使用费 5 000 元。又因 1995 年双方曾筹借款 17 万元购出租车，其中借被告亲戚 4 万元，1996 年原告离家后擅自将车卖掉，得款 14 万多元，现要求该 4 万元债务由原告负责偿还。另要求原告赔偿因与他人非法同居造成的精神损失 2 万元。因被告下岗待业，女儿抚养费暂无力支付。

姚某亮反驳，称卖车得款属实，但已用于还原告姐姐的借款和利息总计6万元，1万元用于支付车辆修理等费用，其余用于投资经营、购家庭财产和支付消费，全部用完，投资又全部亏损，现仍欠父母几万元，故双方应各自返还各自亲戚的借款。另被告在向单位申购集资房，且现住房是原告父母的产权房，故不同意被告要求居住或支付使用费5 000元的请求。澳柯玛空调已送人，冰柜和电话是与朋友共同投资购买做生意用，不是夫妻共同财产。

江苏省南京市下关区人民法院经审理查明：原告姚某亮与被告蒋某珍1985年经人介绍相识恋爱，1986年9月结婚，1987年4月生一女姚某。1995年前后，双方曾筹借款17万元购买出租车搞营运，双方各自向亲友借了款，其中4万元由被告向自己姐姐借款。不久，被告因开出租车时发生交通事故受重伤。1996年，原告搬出另住，后单方将出租车卖掉，得款14.5万元，未拿回家中，被告姐姐的4万元欠款至今未还。原告1999年诉至本院要求离婚，本院判决不准离婚［见（1999）下民初字第1255号民事判决书］。双方财产有：金星牌18寸彩电1台、白鹭牌双门电冰箱出有因台、友谊牌洗衣机1台、87451家具1套，以上财产在河路道；TCL王牌21寸彩电1台、荣事达双缸洗衣机1台、雅玛哈组装摩托车1辆（外地牌照），以上财产在原告处。另双方居住房为原告父母购买的产权房。

本案受理后，被告蒋某珍向本院自诉原告姚某亮犯重婚罪，蒋某珍因举证不能，撤回对姚某亮的自诉［见（2000）下刑初字第186号刑事裁定书］。审理中，本案合议庭认为姚某亮有重婚犯罪嫌疑，遂将该犯罪线索移送公安机关查处。2002年7月底，本院（2002）下刑初字第224号刑事判决生效，该判决认定：1996年起姚某亮与丁某产生不正当性关系，后发展为以夫妻名义共同生活，并于2000年7月12日生有一子，姚、丁二人行为均构成重婚罪，姚某亮被判处有期徒刑八个月，丁某被判处有期徒刑六个月、缓刑一年。蒋某珍据此提出要求姚某亮赔偿因重婚造成其精神损失2万元的请求。

上述事实有下列证据证明：结婚证；南京市下关区人民法院（2002）下刑初字第224号刑事判决书；受诉法院的调查笔录、开庭笔录。

江苏省南京市下关区人民法院依据上述事实和证据认为：

国家法律规定实行一夫一妻的婚姻制度，禁止重婚。原、被告夫妻感情破裂，是原告犯重婚罪、违法和违反社会道德行为导致，原告对此负全部责任。现双方均同意离婚，应准许。

原告重婚行为已导致被告身心受到极大伤害，故被告作为受害人依法要求原告赔偿损失，应予支持，财产分割也应依照保护受害方权益的原则判决。

抚养子女应是父母双方的法定义务。原告自愿抚养女儿，且不要求被告承担抚养费，但此承诺不妨碍女儿在今后法定和必要时向父母任何一方提出合理要求。

原告将夫妻共同筹款购买的出租车卖掉，并自行处理得款，所欠被告姐姐的款原告应偿还，被告对此债务负连带责任。

因双方婚后住房是原告父母购买的产权房，原告无权处理，故被告要求居住两年或获得5 000元房屋使用费的请求不能支持。

江苏省南京市下关区人民法院依照《中华人民共和国婚姻法》第三十二条第三款、第三十九条、第四十一条、第四十六条的规定，作出如下判决：

一、准予姚某亮与蒋某珍离婚。

二、双方所生女儿姚某由姚某亮抚养。

三、双方共同财产中：荣事达牌双缸洗衣机一台、雅玛哈组装摩托车（外地牌照）一辆、TCL 王牌 21 寸彩电一台、白鹭牌双门电冰箱一台、87451 家具一套归蒋某珍所有；金星牌 18 寸彩电一台、友谊牌洗衣机一台归姚某亮所有。

四、双方同欠蒋某珍姐姐借款 4 万元由姚某亮偿还，蒋某珍对此债务负连带责任。

五、姚某亮于本判决发生法律效力之日起 6 个月内赔偿蒋某珍精神损失费 2 万元。

案件受理费 2 720 元，由姚某亮负担。

【办案依据】

《中华人民共和国婚姻法》（2001 年 4 月 28 日）

第四十六条　有下列情形之一，导致离婚的，无过错方有权请求损害赔偿：

（一）重婚的；

（二）有配偶者与他人同居的；

（三）实施家庭暴力的；

（四）虐待、遗弃家庭成员的。

《最高人民法院关于适用〈中华人民共和国婚姻法〉若干问题的解释（一）》（2001 年 12 月 25 日）

第二十八条　婚姻法第四十六条规定的"损害赔偿"，包括物质损害赔偿和精神损害赔偿。涉及精神损害赔偿的，适用最高人民法院《关于确定民事侵权精神损害赔偿责任若干问题的解释》的有关规定。

第二十九条　承担婚姻法第四十六条规定的损害赔偿责任的主体，为离婚诉讼当事人中无过错方的配偶。

人民法院判决不准离婚的案件，对于当事人基于婚姻法第四十六条提出的损害赔偿请求，不予支持。

在婚姻关系存续期间，当事人不起诉离婚而单独依据该条规定提起损害赔偿请求的，人民法院不予受理。

第三十条　人民法院受理离婚案件时，应当将婚姻法第四十六条等规定中当事人的有关权利义务，书面告知当事人。在适用婚姻法第四十六条时，应当区分以下不同情况：

（一）符合婚姻法第四十六条规定的无过错方作为原告基于该条规定向人民法院提起损害赔偿请求的，必须在离婚诉讼的同时提出。

（二）符合婚姻法第四十六条规定的无过错方作为被告的离婚诉讼案件，如果被告不同意离婚也不基于该条规定提起损害赔偿请求的，可以在离婚后一年内就此单独提起诉讼。

（三）无过错方作为被告的离婚诉讼案件，一审时被告未基于婚姻法第四十六条规定提出损害赔偿请求，二审期间提出的，人民法院应当进行调解，调解不成的，告知当事人在离婚后一年内另行起诉。

《最高人民法院关于适用〈中华人民共和国婚姻法〉若干问题的解释（二）》（2003 年 12 月 25 日）

第二十七条　当事人在婚姻登记机关办理离婚登记手续后，以婚姻法第四十六条规定为由向人民法院提出损害赔偿请求的，人民法院应当受理。但当事人在协议离婚时已经明确表示放弃该项请求，或者在办理离婚登记手续一年后提出的，不予支持。

《最高人民法院关于适用〈中华人民共和国婚姻法〉若干问题的解释（三）》（2011 年 8 月 9 日）

第十一条　一方未经另一方同意出售夫妻共同共有的房屋，第三人善意购买、支付合理对价并办理产权登记手续，另一方主张追回该房屋的，人民法院不予支持。

夫妻一方擅自处分共同共有的房屋造成另一方损失，离婚时另一方请求赔偿损失的，人民法院应予支持。

第十七条　夫妻双方均有婚姻法第四十六条规定的过错情形，一方或者双方向对方提出离婚损害赔偿请求的，人民法院不予支持。

（五）婚姻无效纠纷

【案由判定】

婚姻无效是指违背法律所规定的结婚要件而不发生法律效力的婚姻。婚姻无效纠纷则是指具有婚姻关系的一方当事人，以其婚姻关系缺乏法律规定有效要件为由主张婚姻关系无效，由此引发的纠纷。

【适用提示】

适用本案由时，要注意其与离婚纠纷的区别。离婚纠纷是男女双方在解除婚姻关系的过程中所涉及的纠纷，这其中主要是围绕着合法有效的婚姻关系的解除进行。婚姻无效纠纷则是以婚姻不具有法定要件而无法律效力为前提的。人民法院受理离婚案件后，经审查属无效婚姻的，应当告知当事人，并依法作出宣告婚姻无效的判决。

【权威判决】

汪某与龚某申请婚姻无效纠纷案（重庆市渝北区人民法院（2010）渝北法民初字第9205号）

裁判要旨：夫妻一方婚前即患×××病，并故意隐瞒，且婚后未治愈的情况属于无效婚姻。依据《中华人民共和国母婴保健法》第三十八条之规定，医学上认为不应当结婚的精神病主要有精神分裂症、躁狂抑郁型精神病以及其他重型精神病。

案情：

申请人：汪某

被申请人：龚某

关于申请人汪某与被申请人龚某婚姻无效纠纷一案，本院于2010年7月16日受理后，依法由审判员郭敬彬适用简易程序于2010年9月8日公开开庭审理。因案情复杂，本院决定由简易程序转为普通程序，依法由审判员郭敬彬担任审判长，与人民陪审员陈位华、陈协蓉组成合议庭，于2010年11月22日公开开庭审理。申请人汪某到庭参加了诉讼。被申请人龚某在开庭前退庭，本院依法进行缺席审理。本案现已审理终结。

申请人汪某称，申请人与被申请人于2006年2月经人介绍认识，于2007年2月2日在重庆市北碚区民政局登记结婚。2007年9月4日生育一女，取名龚某（又名汪某）。2007年8月20日申请人汪某得知被申请人龚某患×××症，其精神疾病复发。被申请人龚某从2004年8月23日被确诊患×××症，至今仍月月治疗，天天吃药，且在怀孕期间继续隐瞒其精神疾病，服用精神病药物，对其子女健康极不负责。2007年9月10日，申请人汪某与女儿龚某离开渝北区回兴镇某某房屋在外租赁房屋居住至今，被申请人龚某继续居住在某某房屋且未尽抚养子女的义务。2007年9月申请人汪某向重庆市北碚区人民法院起诉，诉请与被申请人龚某婚姻无效，重庆市北碚区人民法院于2007年11月某日作出（2007）碚法民初字第某某号民事判决，驳回申请人汪某诉讼请求。申请人汪某不服，提出上诉，重庆市第一中级人民法院于2008年4月某日作出（2008）渝一中法民终字第某某号判决，维持原判。申请人汪某不服，向重庆市高级人民法院申请再审，重庆市高级人民法院于2009年8月某日作出（2009）渝高法民申字第某某号民事裁定，决定提审。2009年11月23日，重庆市高级人民法院作出（2009）渝高法民提字第321号民事裁定，撤销重庆市第一中级人民法院（2008）渝一中法民终字第某某号判决和重庆市北碚区人民法院（2007）碚法民初字第某某号民事判决，并将案件发回重庆市北碚区人民法院重审。案件重审中申请人汪某撤诉。2010年3月，申请人汪某向贵院诉请离婚，贵院作出（2010）渝北法民初字第某某号民事判决，驳回申请人汪某的离婚请求。鉴于在离婚诉讼中被申请人龚某承认其精神疾病尚未治愈，贵院采纳被申请人龚某患×××病的证据，但未依法依职权主动审查申请人与被申请人婚姻的效力，依据我国婚姻法及相关法律规定，婚前患×××病，婚后尚未治愈的，属于无效婚姻。本案被申请人龚某所患×××病，且婚后尚未治愈，符合法律规定的无效婚姻。故申请人汪某起诉至贵院，请求宣告申请人与被申请人龚某的婚姻无效，本案诉讼费由被申请人龚某承担。

被申请人龚某辩称，申请人汪某与被申请人龚某的婚姻关系合法有效。被申请人龚某在婚前确曾因被毒蛇咬伤，一度出现中毒昏迷等症状，但经治疗，已痊愈。申请人汪某与被申请人龚某自相识至结婚时间长达一年之久，双方完全有充分的时间相互了解。办理结婚登记前双方进行了婚前健康检查，证明双方均没有医学上认为不应当结婚的疾病。申请人汪某提交的证据不足以证明被申请人龚某婚前患×××症且婚后尚未治愈。申请人汪某在被申请人龚某分娩前后不闻不问，遗弃被申请人龚某母女。故请求法院驳回申请人汪某的请求。

经审理查明，申请人汪某与被申请人龚某系夫妻关系。2004年7月，龚某被毒蛇咬伤右脚趾，四天后出现精神异常。同年8月23日，龚某被重庆市精神卫生中心门诊诊断为“精分症，毒蛇咬伤后康复期。”在随后的治疗中，龚某症状缓解，并于2005年8月开始外出打工，此后一直服药，病情稳定。2006年2月汪某与龚某经人介绍相识恋爱。2007年2月2日，双方自愿在重庆市北碚区民政局登记结婚。同年8月，汪某得知龚某患病之事。2007年9月4日，龚某生育一女龚某，在其分娩时，病情加重。自2007年9月开始，汪某多次以龚某患有精神病及夫妻感情破裂为由诉请法院要求解除与龚某的夫妻关系，但其诉请均被驳回。现汪某以龚某婚前患×××病且婚后尚未治愈为由，请求法院宣告其婚姻无效。

本院认为，夫妻一方婚前即患×××病，并故意隐瞒，且婚后未治愈的情况属于无效婚姻。依据《中华人民共和国母婴保健法》第三十八条之规定，医学上认为不应当结婚的精神病主要有精神分裂症、躁狂抑郁型精神病以及其他重型精神病。龚某被毒蛇咬伤后虽被诊断为精神分裂症，但其一直就医治疗，病情恢复稳定，能从事正常人所从事的工作，具有结婚意识能力。汪某提交的证据不能充分证明龚某所患×××病。同时，汪某与龚某登记结婚，系双方真实意思表示，其婚姻是合法有效的。申请人汪某要求宣告其婚姻无效的理由不能成立，对其请求，本院不予支持。依照《中华人民共和国婚姻法》第十条（三）项和《中华人民共和国母婴保健法》第三十八条以及《最高人民法院关于适用若干问题的解释（一）》第九条之规定，判决如下：

驳回申请人汪某要求宣告与被申请人龚某婚姻无效的请求。

本案案件受理费80元，由申请人汪某负担。

本判决一经作出，即发生法律效力。

【参考案例】

1. 三代以内姨表近亲结婚的，应确认婚姻无效

——张某科诉胡某香婚姻无效纠纷案

权威刊载：国家法官学院《中国审判案例要览》（2009年民事审判案例卷）

案　　号：山东省成武县人民法院（2008）成民初字第262号

裁判要点：三代以内的一表姐弟之间办理了结婚登记的，其婚姻也应属于无效婚姻。

案情：

申请人：张某科，男，农民，住成武县×镇×村。

被申请人：胡某香，女，农民，住址同原告，患有精神病。

申请人诉称：申请人与被申请人于1989年2月16日办理结婚登记，并开始共同生活。1990年5月26日生育长女取名张某甲，2000年7月15日生育次女取名张某乙，现均随申请人生活，因婚姻无效，故申请宣告婚姻无效的同时请求抚养两个女儿，由被告支付抚养费。

被申请人辩称：申请人与被申请人共同生活期间，因长期巨大的精神压力，多次流产使被申请人的精神达到了崩溃的边缘，导致被告患上了精神病，生活不能自理，应由申请人负责给被申请人看病治疗，支付医疗费。

山东省成武县人民法院经公开审理查明：申请人张某科与被申请人胡某香于1989年2月16日办理了结婚登记，并开始共同生活。另查明，申请人张某科之母与被申请人胡某香之母系亲姐妹关系，申请人张某科与被申请人胡某香系姨表姐弟关系。申请人与被申请人在同居生活期间，于1990年5月26日生育长女取名张某甲，2000年7月15日生育次女取名张某乙，现均随申请人生活。

因被申请人患有精神病，在本案审理过程中，申请人与被申请人及其监护人李某莲达成离婚协议，协议的主要内容为：（1）申请人与被申请人自愿解除非法婚姻关系；（2）次女张某乙由申请人抚养，抚养费由申请人负担；（3）申请人一次性支付给被申请人生活、医疗费及经济帮助等共计13 000元（已于2008年9月18日履行完毕）；（4）其他互不争执。

上述事实有下列证据证明：结婚证；证明双方在1989年2月16日办理了结婚登记；户口本；证明两个女儿的出生时间；离婚协议；证明双方达成了一致意见及主要内容。

山东省成武县人民法院经审理认为：申请人张某科与被申请人胡某香系姨表姐弟关系，属三代以内旁系血亲，双方虽办理了结婚登记并共同生活多年，但根据《中华人民共和国婚姻法》的规定，该婚姻关系属无效婚姻，应宣告无效。申请人与被申请人的婚姻关系虽属无效婚姻，但其女儿享有与婚生女同等的权利，因其长女张某甲已年满18周岁，申请人主张抚养次女张某乙且自负抚养费，并一次性支付被申请人生活、医疗费及经济帮助等共计13 000元，且已经履行完毕，并无不当。并且双方已就子女抚养、经济帮助等问题达成一致，依法应予支持。

山东省成武县人民法院依照《中华人民共和国婚姻法》第七条、第十条、第二十五条、第三十六条，最高人民法院《关于适用〈中华人民共和国婚姻法〉若干问题的解释（二）》第三条，就无效婚姻和子女抚养分别作出如下判决：

一、宣告申请人张某科与被申请人胡某香的婚姻无效。

二、次女张某乙由申请人张某科抚养，抚养费由申请人负担。

三、申请人张某科一次性给付被申请人生活、医疗费及经济帮助等共计 13 000 元（已履行完毕）。

四、驳回申请人的其他诉讼请求。

2. 近亲结婚不因配偶一方死亡而丧失婚姻无效情形

——赵某诉韩某莉婚姻无效纠纷案

权威刊载：北京市高级人民法院民一庭《北京民事审判疑难案例与问题分析》（第 2 卷）

案　　号：北京市丰台区人民法院

裁判要点：双方近亲结婚的，配偶关系因一方死亡而终止时，双方亲属关系并未改变，仍应认定婚姻无效。

案情：

申请人：赵某

法定代理人：韩某莉

被申请人：葛某英

赵某诉称：我父亲赵某民与葛某英是表兄妹，有三代以内的旁系血亲关系。父亲赵某民于 2003 年元月检查发现肝癌，随即作了肝癌切除手术。3 月下旬，在我父亲癌症开始扩散、病情加重、无法站立和说话的情况下，葛某英乘人之危，公然违反《婚姻法》，隐瞒血亲关系，于 2003 年 3 月 24 日要求丰台区婚姻登记处到病房办理了结婚登记。结婚仅四个多月，我父亲就因病情恶化去世了。为维护我的合法继承权利，也为维护法律的尊严和社会道德，我请求法院确认并宣告葛某英与赵某民的婚姻无效。

葛某英辩称：赵某民患病后，我日夜守候，精心照料、护理，使他对我产生了强烈的依恋。我虽是赵某民的表妹，但为了能以妻子的身份请假照顾他，在其单位的支持下，也为了满足亲朋好友的愿望，我与赵某民办理了结婚登记。现赵某民已于 2003 年 8 月 16 日去世，我们的婚姻关系已经因赵某民的去世而自然消失，法定的无效婚姻情形已经消失，人民法院应依法驳回赵某的诉讼请求。

法院经审理查明：申请人赵某的父亲赵某民（原系中国人民解放军北京军医学院训练部部长）与母亲韩某莉 1987 年生下申请人，2002 年 4 月经海淀区法院判决离婚。赵某民与被申请人葛某英是表兄妹，双方同源于申请人的外祖父母，具有三代以内的旁系血亲关系；2003 年 3 月 24 日，两人对婚姻登记机关隐瞒真实情况，经北京市丰台区人民政府登记结婚，结婚证为京丰字第 01399 号。2003 年 8 月 16 日赵某民因病死亡。2003 年 9 月申请人到法院申请宣告被申请人与赵某民的婚姻无效。

上述事实，有申请人、被申请人当庭陈述、京丰字第 01399 号结婚证在案佐证。

法院认为，赵某民与葛某英是表兄妹，双方具有三代以内的旁系血亲关系，属法律禁止结婚的情形，婚姻无效。赵某作为赵某民的女儿申请宣告婚姻无效，应予准许。葛某英与赵某民的配偶关系虽因赵某民的死亡而终止，但双方三代以内旁系血亲的亲属关系永远不会改变，故葛某英“法定的无效婚姻情形已经消失”的辩称不能成立。依照《婚姻法》第七条第一项、第十条第二项之规定，判决如下：

一、赵某民与葛某英的婚姻无效。

二、收缴北京市丰台区人民政府京丰字第01399号结婚证。

根据《婚姻法》的规定，该判决为终审判决。

3. 女方分娩后1年内，男方不得以女方未到法定婚龄为由要求解除无效婚姻

——应某诉刘某媛婚姻无效纠纷案

权威刊载： 最高人民法院中国应用法学研究所《人民法院案例选》2002年第4辑（总第42辑）

案　　号： 湖北省武汉市汉江区人民法院（2001）

裁判要点： 女方分娩后1年以内，南方不得以女方不达法定婚龄为由要求解除双方无效婚姻。

案情：

原告：应某

被告：刘某媛

原、被告双方于2000年2月相识并同居。同年4月21日，因刘某媛未到法定结婚年龄，应某为刘某媛制作虚假的身份证明后，双方办理了结婚登记，领取了结婚证。此后，双方即以夫妻名义共同生活。同年11月13日，刘某媛生育一子。2001年5月29日，原告应某以被告不达法定婚龄与其结婚，双方相识时间短、缺乏深入了解，性格、志趣等各方面存在很大差异，无法继续生活下去为理由，起诉至武汉市江汉区人民法院，请求依法解除无效婚姻关系。

被告刘某媛答辩称：原告应某另有新欢。自己尚在哺乳期内，请求法院驳回原告应某的起诉。

武汉市江汉区人民法院经审理确认上述事实。认为：原、被告双方以虚假的身份证明隐瞒被告的真实年龄登记结婚，且登记结婚时被告未到法定结婚年龄，这种行为虽是违法的，婚姻应属无效婚姻，但被告于2000年

11月13日分娩生育一子，至原告起诉时仅有七个月。《婚姻法》第三十四条规定："女方在怀孕期间、分娩后一年内或中止妊娠后六个月内，男方不得提出离婚"。鉴于本案被告现正处于上述特定期间内，应予特殊保护。为维护妇女儿童的合法权益，对原告在被告分娩不到一年内起诉，要求解除双方的无效婚姻关系的诉讼请求，不予支持。依照《中华人民共和国婚姻法》第三十四条，《中华人民共和国妇女权益保障法》第二条第二款，最高人民法院《关于适用〈中华人民共和国民事诉讼法〉若干问题的意见》第139条的规定，该院于2001年8月30日裁定如下：

驳回原告应某要求解除与被告刘某媛无效婚姻关系的起诉。

裁定书送达后，双方当事人未提起上诉。

【办案依据】

《中华人民共和国婚姻法》（2001年4月28日）

第六条　结婚年龄，男不得早于二十二周岁，女不得早于二十周岁。晚婚晚育应予鼓励。

第七条　有下列情形之一的，禁止结婚：

（一）直系血亲和三代以内的旁系血亲；

（二）患有医学上认为不应当结婚的疾病。

第八条　要求结婚的男女双方必须亲自到婚姻登记机关进行结婚登记。符合本法规定的，予以登记，发给结婚证。取得结婚证，即确立夫妻关系。未办理结婚登记的，应当补办登记。

第十二条　无效或被撤销的婚姻，自始无效。当事人不具有夫妻的权利和义务。同居期间所得的财产，由当事人协议处理；协议不成时，由人民法院根据照顾无过错方的原则判决。对重婚导致的婚姻无效的财产处理，不得侵害合法婚姻当事人的财产权益。当事人所生的子女，适用本法有关父母子女的规定。

《最高人民法院关于适用〈中华人民共和国婚姻法〉若干问题的解释(一)》(2001年12月25日)

第七条　有权依据婚姻法第十条规定向人民法院就已办理结婚登记的婚姻申请宣告婚姻无效的主体，包括婚姻当事人及利害关系人。利害关系人包括：

(一)以重婚为由申请宣告婚姻无效的，为当事人的近亲属及基层组织。

(二)以未到法定婚龄为由申请宣告婚姻无效的，为未达法定婚龄者的近亲属。

(三)以有禁止结婚的亲属关系为由申请宣告婚姻无效的，为当事人的近亲属。

(四)以婚前患有医学上认为不应当结婚的疾病，婚后尚未治愈为由申请宣告婚姻无效的，为与患病者共同生活的近亲属。

第八条　当事人依据婚姻法第十条规定向人民法院申请宣告婚姻无效的，申请时，法定的无效婚姻情形已经消失的，人民法院不予支持。

第九条　人民法院审理宣告婚姻无效案件，对婚姻效力的审理不适用调解，应当依法作出判决；有关婚姻效力的判决一经作出，即发生法律效力。

涉及财产分割和子女抚养的，可以调解。调解达成协议的，另行制作调解书。对财产分割和子女抚养问题的判决不服的，当事人可以上诉。

《最高人民法院关于适用〈中华人民共和国婚姻法〉若干问题的解释(二)》(2003年12月25日)

第二条　人民法院受理申请宣告婚姻无效案件后，经审查确属无效婚姻的，应当依法作出宣告婚姻无效的判决。原告申请撤诉的，不予准许。

第三条 人民法院受理离婚案件后，经审查确属无效婚姻的，应当将婚姻无效的情形告知当事人，并依法作出宣告婚姻无效的判决。

第四条 人民法院审理无效婚姻案件，涉及财产分割和子女抚养的，应当对婚姻效力的认定和其他纠纷的处理分别制作裁判文书。

第五条 夫妻一方或者双方死亡后一年内，生存一方或者利害关系人依据婚姻法第十条的规定申请宣告婚姻无效的，人民法院应当受理。

第六条 利害关系人依据婚姻法第十条的规定，申请人民法院宣告婚姻无效的，利害关系人为申请人，婚姻关系当事人双方为被申请人。

夫妻一方死亡的，生存一方为被申请人。

夫妻双方均已死亡的，不列被申请人。

第七条 人民法院就同一婚姻关系分别受理了离婚和申请宣告婚姻无效案件的，对于离婚案件的审理，应当待申请宣告婚姻无效案件作出判决后进行。

前款所指的婚姻关系被宣告无效后，涉及财产分割和子女抚养的，应当继续审理。

（六）撤销婚姻纠纷

【案由判定】

撤销婚姻纠纷是指一方当事人因对方当事人的胁迫而与其办理了婚姻登记，该婚姻关系成立后，当事人以受胁迫为由请求人民法院撤销该婚姻关系而引发的纠纷。

【适用提示】

适用本案由时，要注意其与婚姻无效纠纷的区别。婚姻无效是因为该婚姻不具备法律规定的要件，无效婚姻的法定情形包括：重婚的；有禁止结婚的亲属关系的；婚前患有医学上认为不应当结婚的疾病，婚后尚未治愈的；未到法定婚龄的。提出婚姻无效请求权的人可以是婚姻关系当事人，也可以是利害关系人。而撤销婚姻纠纷的法定事由只有受胁迫一种情形，且提出撤销婚姻请求权的只能是受胁迫一方当事人本人，其他任何人不得代替。

所谓胁迫，是指行为人非法地以将要使另一方当事人或其近亲属的生命、身体健康、名誉、财产等方面产生损害或者以直接对他人实施损害相威胁，使某人产生恐惧或者因害怕受到损害而结婚的情形。

【权威判决】

肖某某与商某某撤销婚姻纠纷案（上海市黄浦区人民法院（2011）黄民一（民）初字第3134号）

裁判要旨：婚姻自由是法律赋予公民的权利，婚姻关系的建立应以感情为基础。因胁迫结婚的，受胁迫的一方可以向婚姻登记机关或人民法院请求撤销该婚姻。

案情：

原告：肖某某

被告：商某某

原告肖某某与被告商某某撤销婚姻纠纷一案，由原上海市黄浦区人民法院于2011年9月29日受理后，原上海市黄浦区人民法院因撤二建一被撤销，至2011年10月11日起该案由新上海市黄浦区人民法院继续审理。本案依法适用简易程序，由审判员钱伟侠独任审判，公开开庭审理。原告肖某某及其委托代理人陈海洲、被告商某某到庭参加诉讼，本案现已审理终结。

原告肖某某诉称：原、被告于2003年自行相识，2010年国庆节时，原告因感情问题心情不好，被告借机陪同原告到杭州旅游，期间两人发生了性关系，被告还拍了原告的裸照、性爱视频。之后被告便以公开裸照、视频为由胁迫原告，原告在不情愿的情况下于2011年2月28日与被告登记结婚。2011年8月21日，原、被告签订协议，约定被告不得强迫同居，被告删除裸照、视频等。现原告认为双方并无感情基础，登记结婚后也未共同生活过，并且是受被告威逼强迫才登记结婚，故请求法院撤销婚姻关系。

被告商某某辩称：对原告所述事实没有异议，2011年8月21日，原、被告签订协议后，被告已当场删除了裸照、视频。现被告同意撤销婚姻。

经审理查明：原告肖某某与被告商某某于2003年自行相识。2010年国庆节时，原告因感情问题心情不好，原、被告一起到杭州旅游，期间两人发生了性关系，被告拍摄了原告的裸照、性爱视频。之后被告以公开裸照、视频为由向原告提出要求结婚。2011年2月28日，原、被告在上海市黄浦区民政局登记结婚，婚后双方未共同生活，也未生育子女。2011年8月21日，原、被告签订《协议书》，主要内容为：双方于2011年2月28日在黄浦区民政局领取结婚证书，但双方一直没有共同生活，现就领取结婚证后的生活、财产等达成以下协议：1. 男方不得强迫女方与其同居；2. 男方承认在和女方领取结婚证时，曾经以公布女方裸体照片、性爱视频到网上胁迫过女方，登记结婚女方是不愿意的，由于女方已与其登记领证，男方应将所有照片、视频永久删除，也不得对女方采取暴力或其他恐吓手段；3. 女方提出解除婚姻关系，男方应当无条件同意；4. 双方各自财产与对方无关，女方不能主张男方给钱给物。现原告起诉至法院，坚决要求撤销婚姻。

以上事实，有原、被告当庭陈述；原告提供的结婚证、协议书、证人傅维伟证言证词等证据证实。

本院认为：婚姻自由是法律赋予公民的权利，婚姻关系的建立应以感情为基础。因胁迫结婚的，受胁迫的一方可以向婚姻登记机关或人民法院请求撤销该婚姻。受胁迫的一方撤销婚姻的请求，应当自结婚登记之日起一年内提出。本案原、被告之间的婚姻关系，根据原、被告当庭陈述，双方签订的《协议书》，及证人证言等证据显示，被告以公布裸体照片、性爱视频等威胁手段，强迫原告与其登记结婚，系违背原告的真实意愿，应属无效。故原告现提出撤销婚姻的诉讼请求，符合法律相关规定，本院依法予以支持。据此，根据《中华人民共和国婚姻法》第十一条、最高人民法院关于适用《中华人民共和国婚姻法》若干问题的解释（一）第十条之规定，判决如下：

撤销原告肖某某与被告商某某于2011年2月28日的婚姻登记。

案件受理费人民币200元，因本案适用简易程序审理，故减半收取计人民币100元，由原告肖某某、被告商某某各负担人民币50元。

如不服本判决，可在判决书送达之日起十五日内，向本院递交上诉状，并按对方当事人的人数提出副本，上诉于上海市第二中级人民法院。

【参考案例】

1. 以损害近亲属的身体健康相威胁而结婚的，受胁迫方可以请求撤销婚姻关系

——朱某诉王某进撤销婚姻纠纷案

权威刊载：无

案　　号：河南省平顶山市卫东区人民法院（2013）卫民初字第915号

裁判要点：一方当事人以损害另一方当事人的近亲属的身体健康相威胁而结婚的，受胁迫方可以请求撤销婚姻关系。

2. 以损害其名誉相威胁而结婚的，受胁迫方可以请求撤销婚姻关系

——张某诉叶某撤销婚姻纠纷案

权威刊载：无

案　　号：广东省广州市天河区人民法院（2009）天法民一初字第3020号

裁判要点：一方当事人以损害另一方当事人的名誉相威胁而结婚的，受胁迫方可以请求撤销婚姻关系。

案情：

原告：张某

被告：叶某

原告张某诉被告叶某撤销婚姻纠纷一案，本院受理后，依法组成合议庭，公开开庭进行了审理。原告及其委托代理人王友生、何海涛到庭，被告叶某到庭参加诉讼。本案现已审理终结。

原告张某诉称：原告张某与被告叶某原本是恋爱关系，在双方交往的过程中，原告张某因双方性格不是特别和谐，因此对被告叶某提出的结婚想法一直不予同意，甚至因此害怕结婚而到医院寻求心理咨询。在原被告交往的过程中，原告曾向被告借款，被告也常以此为借口要求结婚，被告曾多次威胁原告，声称若不同意结婚，则会去原告工作单位去闹，并要原告声誉扫地。原告迫于被告的压力，于2009年1月16日与被告在广州市越秀区民政局办理了结婚登记手续。但因原告系受被告胁迫结婚，双方性格本就不和谐，因此虽然已经登记结婚，双方并无一般新婚夫妻所应有的幸福可言，这段婚姻对于双方都是痛苦的。原被告在办理结婚登记后没有生育小孩，也没有共同财产和债务需要处理。

综上所述，被告胁迫原告办理了结婚登记，违背了原告的真实意思表示，依据《婚姻法》的相关规定，现诉至人民法院。请求判令：1. 撤销原告张某与被告叶某的婚姻关系；2. 原告自愿承担诉讼费用。

被告叶某辩称：在结婚以前我与原告同居了5年，5年之中原告一直推脱迟迟不同意结婚。原告实际是因为存在婚姻恐惧症而导致双方结婚以后感情破裂，原被告之间确实有债务关系，但我并不是因为债务而有过胁迫原告结婚。原告之前曾声称，撤销婚姻后，双方可以继续修复感情，待双方修复感情后可以重新结婚，对原告的虚情假意我不同意调解和好。为了达到撤销婚姻的目的，原告私下联系律师准备材料，然后由我在上面签字，但作为女人，我也不愿意背上胁迫他人结婚的名声，这可能会严重影响我将来的人生，因此对于开庭审理中的承认胁迫原告结婚的意见，本人特重新提出更正，即我没有因为任何金钱上的或其他任何理由威胁过原告张某，是张某自己同意结婚，并不止一次许诺要好好过。因此本人不同意撤销婚姻。至于后来与原告的争吵，是因为原告找别的网友，与原被告登记结婚没有关系。因此我同意调解离婚。

审理查明：原、被告2001年2月经人介绍认识，2009年1月16日在广州市越秀区民政局办理结婚登记，婚后没有生育子女，也没有共同财产和债务。在原、被告交往过程中，原告张某因觉得双方性格不太和谐而迟迟不愿办理结婚登记。在办理结婚登记手续前后的一段时间内，原告张某曾因为对与被告叶某结婚的恐惧而出现过诸如失眠、情绪易紧张、手臂抖动等的应激症状并先后到广东省人民医院、中山大学附属第三医院做过检查和治疗。2009年9月21日，原告张某以其与被告叶某的结婚登记存在被告的胁迫违反了《婚姻法》关于违背当事人真实意思表示的规定为由，向本院提起撤销婚姻关系的诉讼。

本院认为：公民有结婚和离婚的权利和自由，合法的婚姻关系受我国法律的保护，任何一方采取胁迫等方式强迫对方违背真实意思而结婚的，被强迫一方有权申请人民法院撤销。本案原被告于2001年2月经人介绍认识，在持续几年的恋爱交往过程中，原告张某认为双方性格不太和谐而迟迟下不了结婚的决心，被告叶某在庭审中也承认对原告张某有过如果不结婚就到张某工作单位去闹和破坏张某名誉的胁迫行为，但被告在庭审结束之后的2010年3月18日又向本院递交了《不同意撤销婚姻关系的声明》，否认在与原告张某的恋爱结婚过程中存在有胁迫原告结婚的事实，并同时提交了显示日期“2009.10.25”签名“张某”的《保证书》。本院认为，因被告否认存在胁迫原告结婚的事实，而原告又没有提供其他有效证据证明被告叶某存在胁迫其结婚的行为，同时原告虽然主张在办理结婚登记的前后时间期间内出现过失眠、精神易激动等病理性过激行为，并曾到广东省人民医院和中山大学第三附属医院做过检查和治疗，但亦没有提供证据证明其治疗的疾病与结婚，或与被告叶某的胁迫有何种关系，同时被告叶某对原告主张的胁迫结婚的事实不予认可。因此依据《中华人民共和国民事诉讼法》第六十四条第一款“当事人对自己提出的主张，有责任提供证据”的规定，本院认为，原告主张被告胁迫其结婚的证据不足，故对原告的意见本院不予采纳。

综上所述，原告张某没有提供证据证明被告叶某存在有胁迫其结婚的事实，同时也没有提供证据证明其结婚前后治疗的疾病与结婚或被告的胁迫具有何种关系，原告张某的撤销婚姻关系的请求，不符合《中华人民共和国婚姻法》第十一条的规定，本院不予准许。

原告张某表示自愿承担本案诉讼费，本院予以准许。

综上所述，依照《中华人民共和国婚姻法》第十一条、《中华人民共和国民事诉讼法》第六十四条第一款之规定，判决如下：

驳回原告张某的诉讼请求。

本案受理费300元由原告张某负担。

如不服本判决，可在判决书送达之日起十五日内向本院递交上诉状，并按对方当事人的人数提出副本，上诉于广东省广州市中级人民法院。

【办案依据】

《中华人民共和国婚姻法》（2001年4月28日）

第五条　结婚必须男女双方完全自愿，不许任何一方对他方加以强迫或任何第三者加以干涉。

第十一条　因胁迫结婚的，受胁迫的一方可以向婚姻登记机关或人民法院请求撤销该婚姻。受胁迫的一方撤销婚姻的请求，应当自结婚登记之日起一年内提出。被非法限制人身自由的当事人请求撤销婚姻的，应当自恢复人身自由之日起一年内提出。

第十二条　无效或被撤销的婚姻，自始无效。当事人不具有夫妻的权利和义务。同居期间所得的财产，由当事人协议处理；协议不成时，由人民法院根据照顾无过错方的原则判决。对重婚导致的婚姻无效的财产处理，不得侵害合法婚姻当事人的财产权益。当事人所生的子女，适用本法有关父母子女的规定。

第三十六条 父母与子女间的关系，不因父母离婚而消除。离婚后，子女无论由父或母直接抚养，仍是父母双方的子女。

离婚后，父母对于子女仍有抚养和教育的权利和义务。

离婚后，哺乳期内的子女，以随哺乳的母亲抚养为原则。哺乳期后的子女，如双方因抚养问题发生争执不能达成协议时，由人民法院根据子女的权益和双方的具体情况判决。

第三十七条 离婚后，一方抚养的子女，另一方应负担必要的生活费和教育费的一部或全部，负担费用的多少和期限的长短，由双方协议；协议不成时，由人民法院判决。

关于子女生活费和教育费的协议或判决，不妨碍子女在必要时向父母任何一方提出超过协议或判决原定数额的合理要求。

第三十八条 离婚后，不直接抚养子女的父或母，有探望子女的权利，另一方有协助的义务。

行使探望权利的方式、时间由当事人协议；协议不成时，由人民法院判决。

父或母探望子女，不利于子女身心健康的，由人民法院依法中止探望的权利；中止的事由消失后，应当恢复探望的权利。

《最高人民法院关于适用〈中华人民共和国婚姻法〉若干问题的解释（一）》（2001年12月25日）

第十条 婚姻法第十一条所称的“胁迫”，是指行为人以给另一方当事人或者其近亲属的生命、身体健康、名誉、财产等方面造成损害为要挟，迫使另一方当事人违背真实意愿结婚的情况。

因受胁迫而请求撤销婚姻的，只能是受胁迫一方的婚姻关系当事人本人。

第十一条　人民法院审理婚姻当事人因受胁迫而请求撤销婚姻的案件，应当适用简易程序或者普通程序。

第十二条　婚姻法第十一条规定的“一年”，不适用诉讼时效中止、中断或者延长的规定。

第十三条　婚姻法第十二条所规定的自始无效，是指无效或者可撤销婚姻在依法被宣告无效或被撤销时，才确定该婚姻自始不受法律保护。

第十四条　人民法院根据当事人的申请，依法宣告婚姻无效或者撤销婚姻的，应当收缴双方的结婚证书并将生效的判决书寄送当地婚姻登记管理机关。

第十五条　被宣告无效或被撤销的婚姻，当事人同居期间所得的财产，按共同共有处理。但有证据证明为当事人一方所有的除外。

《最高人民法院关于适用〈中华人民共和国婚姻法〉若干问题的解释(三)》（2011年8月9日）

第一条　当事人以婚姻法第十条规定以外的情形申请宣告婚姻无效的，人民法院应当判决驳回当事人的申请。

当事人以结婚登记程序存在瑕疵为由提起民事诉讼，主张撤销结婚登记的，告知其可以依法申请行政复议或者提起行政诉讼。

（七）夫妻财产约定纠纷

【案由判定】

夫妻双方在婚姻关系成立之前和成立之后均可以对双方的个人财产及共有财产的所有权进行约定。在履行该约定时产生的纠纷，称为夫妻财产约定纠纷。

【适用提示】

适用本案由时，需要注意其与离婚纠纷的区别。离婚纠纷是男女双方在解除婚姻关系的过程中所涉及的纠纷，不仅仅涉及夫妻财产问题，还涉及未成年子女抚养问题。如果在离婚诉讼中，双方当事人对夫妻财产约定的效力发生争议的，属于离婚纠纷。而实践中，在夫妻关系存续期间或办理离婚登记时或离婚登记后，发生的关于夫妻约定的履行或效力的纠纷，应当适用本案由。

实践中，在适用本案由时还应注意以下问题：第一，订立夫妻财产约定协议时，夫妻双方均应有完全的民事行为能力，并且反映当事人双方的真实意思。否则，该夫妻财产约定无效。第二，夫妻双方以规避法律义务或以逃避对第三人偿还债务为目的而订立的夫妻财产约定协议，应当认定无效。第三，夫妻财产约定的时间并无法律限制。夫妻双方可以在结婚登记前、结婚登记时或者在婚姻关系存续期间，对双方的婚前个人财产和婚姻关系存续期间所得财产的所有权归属问题进行约定。

【权威判决】

陈某诉杨某甲夫妻财产约定纠纷案（辽宁省沈阳市皇姑区人民法院（2014）皇民四初字第111号）

裁判要旨：夫妻可以约定婚姻关系存续期间所得的财产以及婚前财产归各自所有、共同所有或部分归各自所有、部分归共同所有。约定应当采用书面形式。

案情：

原告：陈某

被告：杨某甲（未到庭）

原告陈某诉被告杨某甲夫妻财产约定纠纷一案，本院受理后，依法由本院审判员胡伟担任审判长与审判员苏宏伟（主审）、人民陪审员潘亦绯组成合议庭，于2014年4月28日、5月29日在本院公开开庭进行了审理。原告陈某及委托代理人王某甲、被告委托代理人杨某乙、杨某丙均到庭参加诉讼，现本案已审理终结。

原告陈某诉称，原、被告系夫妻关系，双方婚后进行财产约定，家庭中经济地位相对独立。我使用婚前财产出资30000美金与王某乙、薛某在美国开设餐厅，委托被告为该餐厅经营管理者，该餐厅投资资金与分红均归我所有，与被告无关。被告受我委托作为我的投资管理者，负责该餐厅的日常经营管理工作，月薪制，工资由股东大会制定。我按约定在被告回到美国后，分三笔给被告汇款共计26850美元，同时在被告回国前给被告3000美元现金，共计30000美元，同时我给被告10000加币，让被告办理我的出国手续费用，该费用是用于夫妻在加拿大团聚，被告给我出具收条。以上款项被告收到后据为已有，并未投资到餐厅中，也并未给我办理出国手续，故现要求被告返还30000美元及10000加币，同时承担本案诉讼费。

被告杨某甲辩称，原告所述不属实，原告说把此钱给我了，但是我已经把此钱给了第三方。我收到原告的汇款取款后扣除相关手续费只剩余25000元，该笔钱通过薛某给王某乙，王某乙打了收条，跟我无关。现原告儿子在王某乙餐馆打理，并住在薛某家里。原告所述的10000元加币，已经被我使用，我在美国居住一个多月此钱都用于租房吃饭生活消费。同时我为双方结婚给原告花销将近100000元加币。

经审理查明，原、被告于2012年5月份自由恋爱，2012年12月19日登记结婚，双方均系再婚，无婚生子女。双方因婚后对财产约定产生纠纷，原告于2014年12月25日起诉来院。

另查，原、被告于2013年3月5日签订协议书中双方约定：家庭中经济地位相对独立，由原告陈某出资30000美金与王某乙、薛某在美国开设餐厅，原告委托被告为该餐厅经营管理者，该餐厅投资资金与分红均归原告所有，与被告无关。被告受原告委托作为原告的投资管理者，负责该餐厅的日常经营管理工作，月薪制，工资由股东大会制定。依约定，原告陈某于2013年3月18日通过农业银行分三笔汇款给在美国的被告杨某甲共计26850美元。

再查，2013年3月19日被告杨某甲给原告陈某出具收条一份，收条显示：今收到妻子陈某给付加币10000，按婚前约定经济独立，这10000加币是为妻子在加拿大办理夫妻团聚专款专用。

本院认为，夫妻可以约定婚姻关系存续期间所得的财产以及婚前财产归各自所有、共同所有或部分归各自所有、部分归共同所有。约定应当采用书面形式。本案中，原、被告在婚姻关系存续期间双方约定经济相对独立，被告杨某甲自认原告陈某给其26850美金及10000加币。根据双方约定，上述款项属于原告陈某个人财产，依据法律规定，本院对原告陈某诉讼主张予以支持，被告杨某甲应予以返还。

关于被告杨某甲提出26850美金扣除手续费25000元已经按双方约定给付合伙人王某乙及薛某的问题，因被告杨某甲提供证据不足，且原告陈某予以否认，故本院不予支持。

关于被告杨某甲提出10000加币已经用于生活花销问题，因该款双方约定用于给原告陈某办理出国手续专款专用，被告杨某甲并未提供相应证据，证明该款项用于办理出国手续，故本院对其主张不予支持。

关于被告杨某甲提出给原告花销100000加币的问题，因该主张与本案不属于同一法律关系，不属于夫妻财产约定的范围，故对被告主张不予支持。

综上所述，依照《中华人民共和国婚姻法》第十九条第一款之规定，判决如下：

一、被告杨某甲于本判决生效后三十日内一次性返还原告陈某26850美金及10000加币。

二、驳回原告、被告其他诉讼请求。

案件受理费人民币4750元，由被告杨某甲承担，案件保全费人民币1770元，由被告杨某甲承担。

如不服本判决，原告可在判决书送达之日起十五日内，被告可在判决书送达之日起三十日内向本院递交上诉状，并按对方当事人的人数提出副本，上诉于辽宁省沈阳市中级人民法院。

【参考案例】

1. 夫妻之间在离婚协议中的财产约定有效

——王某荣诉闫某领夫妻财产约定纠纷案

权威刊载： 无

案　　号： 河南省卫辉市人民法院（2009）卫民初字第448号

裁判要点： 双方当事人在离婚协议中对夫妻共同财产的所有权归属问题的约定有效。

2. 离婚时对夫妻财产的约定，不能单方撤销

——朱某文诉石某华夫妻财产约定纠纷案

权威刊载： 无

案　　号： 四川省眉州市东坡区人民法院（2010）眉东民初字第464号

裁判要点： 离婚协议中对夫妻财产的所有权归属问题的约定有效，不属于赠与，不能单方撤销。

【办案依据】

《中华人民共和国民法通则》（2009年8月27日）

第十七条　无民事行为能力或者限制民事行为能力的精神病人，由下列人员担任监护人：

（一）配偶；

（二）父母；

（三）成年子女；

（四）其他近亲属；

（五）关系密切的其他亲属、朋友愿意承担监护责任，经精神病人的所在单位或者住所地的居民委员会、村民委员会同意的。

对担任监护人有争议的，由精神病人的所在单位或者住所地的居民委员会、村民委员会在近亲属中指定。对指定不服提起诉讼的，由人民法院裁决。

没有第一款规定的监护人的，由精神病人的所在单位或者住所地的居民委员会、村民委员会或者民政部门担任监护人。

第十八条　监护人应当履行监护职责，保护被监护人的人身、财产及其他合法权益，除为被监护人的利益外，不得处理被监护人的财产。

监护人依法履行监护的权利，受法律保护。

监护人不履行监护职责或者侵害被监护人的合法权益的，应当承担责任；给被监护人造成财产损失的，应当赔偿损失。人民法院可以根据有关人员或者有关单位的申请，撤销监护人的资格。

第十九条　精神病人的利害关系人，可以向人民法院申请宣告精神病人为无民事行为能力人或者限制民事行为能力人。

被人民法院宣告为无民事行为能力人或者限制民事行为能力人的，根据他健康恢复的状况，经本人或者利害关系人申请，人民法院可以宣告他为限制民事行为能力人或者完全民事行为能力人。

《最高人民法院关于适用〈中华人民共和国婚姻法〉若干问题的解释（一）》（2001年12月25日）

第十八条　婚姻法第十九条所称“第三人知道该约定的”，夫妻一方对此负有举证责任。

第十九条　婚姻法第十八条规定为夫妻一方所有的财产，不因婚姻关系的延续而转化为夫妻共同财产。但当事人另有约定的除外。

《最高人民法院关于适用〈中华人民共和国婚姻法〉若干问题的解释（二）》（2003年12月25日）

第六条　利害关系人依据婚姻法第十条的规定，申请人民法院宣告婚姻无效的，利害关系人为申请人，婚姻关系当事人双方为被申请人。

夫妻一方死亡的，生存一方为被申请人。

夫妻双方均已死亡的，不列被申请人。

第七条　人民法院就同一婚姻关系分别受理了离婚和申请宣告婚姻无效案件的，对于离婚案件的审理，应当待申请宣告婚姻无效案件作出判决后进行。

前款所指的婚姻关系被宣告无效后，涉及财产分割和子女抚养的，应当继续审理。

《最高人民法院关于适用〈中华人民共和国婚姻法〉若干问题的解释（三）》（2011年8月9日）

第六条　婚前或者婚姻关系存续期间，当事人约定将一方所有的房产赠与另一方，赠与方在赠与房产变更登记之前撤销赠与，另一方请求判令继续履行的，人民法院可以按照合同法第一百八十六条的规定处理。

第七条　婚后由一方父母出资为子女购买的不动产，产权登记在出资人子女名下的，可按照婚姻法第十八条第（三）项的规定，视为只对自己子女一方的赠与，该不动产应认定为夫妻一方的个人财产。

由双方父母出资购买的不动产，产权登记在一方子女名下的，该不动产可认定为双方按照各自父母的出资份额按份共有，但当事人另有约定的除外。

（八）同居关系纠纷

【案由判定】

同居关系纠纷是指具有同居关系的男女当事人，在解除同居关系时，因同居关系存续期间共有财产分割或者子女抚养问题而引发的纠纷。

同居关系析产纠纷是指解除同居关系时涉及的同居关系存续期间共有的财产分割方面的纠纷。

同居关系子女抚养纠纷是指解除同居关系时涉及的同居关系存续期间子女抚养问题方面的纠纷。

【适用提示】

适用本案由时，需要注意其与离婚纠纷的区别。离婚纠纷是男女双方在解除婚姻关系的过程中所涉及的纠纷，其解除的是合法有效的婚姻关系，当事人向人民法院起诉请求解除婚姻关系，人民法院应当受理。而同居关系纠纷当事人起诉请求解除同居关系的，人民法院不予受理。但当事人请求解除的同居关系，属于《婚姻法》第三条、第三十二条、第四十六条规定的“有配偶者与他人同居”情形的，人民法院应当受理并依法予以解除。当事人因同居期间财产分割或者子女抚养纠纷提起诉讼的，人民法院应当受理。

实践中，在解决同居关系纠纷时，同居关系存续期间双方所得的财产，应当按共同共有财产处理。同居期间一方赠送给对方的财物，可以比照赠与关系处理。对非婚生子女的抚养、教育和财产分割问题，应本着照顾妇女、儿童的利益的原则以及平衡双方过错程度妥善处理。另外，非婚生子女与婚生子女有同等的权利，任何人不得加以限制和歧视。

【权威判决】

郭某与卢某同居关系纠纷上诉案（北京市第一中级人民法院（2014）一中民终字第4035号）

裁判要旨：

案情：

上诉人（原审被告）：郭某

被上诉人（原审原告）：卢某

上诉人郭某因同居关系纠纷一案，不服北京市海淀区人民法院（2013）海民初字第26824号民事判决，向本院提起上诉，本院依法组成合议庭进行了审理，现已审理终结。

卢某在一审法院起诉称：我和郭某在恋爱期间，购买了北京市海淀区阜成路甲52号院3单元503室房屋一套，该房屋登记在我名下。现双方已自行解除了恋爱关系，为维护我的合法权益，要求：1. 位于北京市海淀区阜成路甲52号5层3单元503室房屋归我所有；2. 我按诉争房屋总价值扣除尚未偿还房屋贷款后的剩余价值的一半给付郭某房屋折价款；3. 诉讼费用由郭某承担。

郭某在一审法院答辩称：我不同意卢某的诉讼请求。购房时双方系男女朋友关系，由于我没有北京户口，就用卢某的名字购买了诉争房屋，购房首付款60万元系我出资。购房后，房贷的月供一直由卢某承担至2012年年初双方分手，但其间有几笔大额的还款系我出资偿还。分手时，双方约定诉争房屋归我所有，我负责偿还房屋贷款，我给付卢某60万元折价款。因此，分手后我按照卢某给我提供的还款账户每月偿还房屋贷款，期间我还提前还了几笔大额的贷款。按照投资比例，我认为卢某只出资了十分之一，因此我要求房屋归我所有，我同意给付卢某房屋价值十分之一的折价款。

原审法院经审理查明：卢某与郭某原系同居男女朋友关系。同居期间，卢某与郭某购买了位于北京市海淀区阜成路甲52号5层三单元503号房屋（以下简称503号房屋），房屋购买总价款为125万元，其中首付款60万元，公积金贷款65万元。503号房屋所有权登记在卢某名下。购房时，卢某于2009年5月19日通过银行转账方式向卖房人姜小栋支付首付款60万元，并以其名义在中国建设银行办理公积金贷款支付了剩余65万元购房款。卢某自2009年9月7日起开始偿还贷款，还贷卡号为某某某。2010年4月9日，郭某向卢某名下卡号尾号为5646的账户中转账20万元用以偿还503号房屋贷款。2012年初，双方自行解除同居关系，卢某搬出503号房屋。现503号房屋由郭某居住。自2012年4月4日起，郭某每月向卢某提供给卢某名下卡号为某某某的账户中汇款2300元至3000元不等金额，至2013年11月5日止，在此期间，郭某还分别于2012年5月3日、2012年6月4日向卡号尾号为2466的账户中汇款10万元、5万元，上述汇款总计196800元。2013年12月2日、2013年12月31日，郭某两次向卢某名下卡号尾号为5646的账户中汇款共计4600元用以偿还房屋贷款。经双方确认，截止至2014年1月20日，双方偿还房屋贷款本息合计428329.77元，尚欠312479.35元未还。就尚未偿还的312479.35元，双方均同意由卢某个人负责偿还。2013年，卢某起诉要求郭某腾退503号房屋。海淀区人民法院于2013年6月14日做出（2013）海民初字第14517号民事判决，认为卢某与郭某分手后未解决

503号房屋的产权纠纷，卢某单方以郭某非法占用503号房屋为由，起诉要求郭某腾退房屋，理由不充分，并据此判决驳回卢某的诉讼请求。宣判后，卢某提起上诉。2013年9月5日，北京市第一中级人民法院做出（2013）一中民终字10095号民事判决，判决驳回上诉，维持原判。庭审中，卢某提供2009年5月19日中国建设银行转账凭证证明购房首付款60万元系其出资，与郭某无关。郭某对转账凭证的真实性予以认可，但对卢某的证明目的不予认可，认为购房首付款60万元系其以现金方式多次交付给卢某的，应属于其个人出资，并提供中国农业银行、中国工商银行的账户明细证明其为了购房而从上述账户中多次提取现金，并交付给了卢某，卢某将其给付的现金总计62万元存入了个人账户用以支付了全部购房首付款和契税。卢某对两份账户明细的真实性予以认可，但对郭某的证明目的不予认可，否认收到过郭某给付的62万元现金。郭某还提供其与卢某在2013年3月1日的两段电话录音证明在交谈过程中其6次提到了购房首付款系其支付的问题，卢某对此均未予反驳，应视为卢某认可购房首付款60万元属郭某个人出资。卢某对两段电话录音的真实性予以认可，但对郭某的证明目的不予认可，认为其在前期与郭某沟通过程中多次表示购房首付款系其出资，但郭某会说出许多威胁的话，因此在后期沟通中其并未正面回答郭某的问题，避免引起更大的矛盾，否认购房首付款60万元系郭某出资。就购房首付款的出资情况，郭某未提供其他证据。郭某提供中国建设银行的账户明细证明其分别于2010年4月9日、2012年5月3日、2012年6月4日偿还了房屋贷款20万元、10万元、5万元及自2012年4月4日起每月向卢某提供给其的账户中汇款2300元至3000元不等金额用以偿还房屋贷款，至2013年12月31日止。卢某对账户明细的真实性予以认可，认可2010年4月9日的20万元及

2013年12月2日、2013年12月31日的两笔共4600元系汇入了卢某的公积金还贷账户，用以偿还房屋贷款，但称其他汇款并未汇入卢某的公积金还贷账户用以偿还房屋贷款。对此，郭某称其汇入的卢某名下卡号尾号为2466的非公积金还贷账户系分手后卢某提供给其用以偿还房屋贷款的账户。卢某认可卡号尾号为2466的账户系其提供给郭某的账户，但认为当时提供账户是为了让郭某给付分手后的房屋占用费用。郭某对此予以否认。就向郭某提供卡号尾号为2466账户系为了让郭某支付房屋占用费的主张，卢某未提供证据。郭某还提供其在诉讼中与卢某委托代理人苏建友的电话录音证明其汇入卢某名下非公积金账户的汇款系用以偿还房屋贷款。卢某委托代理人苏建友对电话录音的真实性予以认可，但不认可郭某的证明内容，称电话录音反映的是当时双方的沟通过程，最后意见需要卢某本人确认，之后卢某本人并不同意，故而双方未最终形成书面意见。郭某称双方分手时曾口头约定503号房屋归其所有，卢某协助办理过户手续，其给付卢某60万元折价款，并负责偿还剩余房屋贷款。卢某否认双方分手时就503号房屋的分割问题达成过一致。对此，郭某未提供证据。郭某还称其于2011年1月23日给付卢某现金8万元用以偿还贷款及同居期间有一次春节前后其自行还贷3100元。卢某对此未予认可。郭某未提供相关证据。郭某提供2012年6月11日交通银行的存款回单证明其已给付卢某5000元，作为分手时双方协商一致其应给付卢某60万元房屋折价款的一部分。卢某对回单的真实性予以认可，但认为与本案无关。经协商，双方就503号房屋的总价值达成一致为3509230元。经询问，双方均主张503号房屋的所有权。就双方已偿还的贷款中，双方均无法区分核算本金及利息的具体金额。在法院主持调解过程中，郭某坚持要求取得房屋所有权，由其偿还剩余房屋贷款，但最多给付卢某房屋折价款100万元，卢某还应返还其20万元。卢某不同意郭某的上述调解方案，并提出以下两种调解方案：一是房屋归郭某所有，郭某给付其200万元折价款，剩余房屋贷款由郭某偿还；二是房屋归其所有，其给付郭某房屋总价值扣除剩余房屋贷款后的一半作为房屋折价款。郭某对卢某的上述两种调解方案均不同意。后双方未能协商一致。

上述事实，有双方当事人陈述、房屋所有权证书、（2013）海民初字第14517号民事判决书、（2013）一中民终字10095号民事判决书、2009年5月19日卢某的中国建设银行转账凭条、贷款账户基本信息、公积金还贷交易明细、郭某向卢某转账的中国建设银行账户交易明细等证据在案佐证。

原审法院判决认定：公民的合法的民事权益受法律保护。当事人对自己提出的主张，有责任提供证据。没有证据或者证据不足以证明当事人的事实主张的，由负有举证责任的当事人承担不利后果。根据查明事实，同居期间，卢某与郭某购买了503号房屋，该房屋属卢某与郭某的按份共有财产，在同居关系解除后应予以分割，故卢某起诉要求分割503号房屋之请求，于法有据，应予以支持。关于房屋份额问题，由于双方未办理结婚登记手续，故应按双方各自出资比例确定各自所占房屋份额。根据卢某提供的2009年5月19日中国建设银行转账凭条，503号房屋购房首付款60万元系卢某出资。郭某称卢某转账支付的首付款60万元系其交给卢某的现金所存，应视为其个人出资，卢某对此予以否认，郭某未提供相应证据，故对郭某之相关抗辩主张，不予采信。虽然郭某提供了其与卢某之间的通话录音，并在通话中多次询问卢某是否承认购房首付款60万元属其个人出资，但卢某在通话中未明确表示购房首付款60万元属郭某的个人出资，故郭某以此主张卢某未予反驳即视为承认购房首付款60万系其个人出资，没有法律依据，亦不予采信。关于公积金贷款还贷一节，卢某认可郭某于2010年4月9日偿还房屋贷款20万元及2013年12月2日、2013年12月31日偿还房屋贷款4600元，本院对此不持异议。虽然郭某自2012年4月4日起至2013年11月5日止向卡号尾号为2466的账户汇给卢某总计196800元并非直接汇入卢某名下卡号尾号为5646的公积金还贷账户中，但卡号尾号为2466的账户系双方解除同居关系后卢某提供给郭某的账户，且郭某每月汇入一定数额的钱款，其中有两次分别为10万元、5万元的汇款，卢某对此均未提出异议。对此，卢某解释称郭某的相关全部汇款系用以支付房屋占用使用费，郭某予以否认，认为其相关全部汇款系用以偿还房屋贷款。卢某就上述解释未提供证据。据此，有理由相信郭某自2012年4月4日起至2013年11月5日止向卡号尾号为2466的账户汇给卢某总计196800元系为了用作偿还503号房屋的贷款，无论卢某是否将该部分钱款实际用以偿还房屋贷款，该部分钱款都理应视为郭某偿还的503号房屋贷款。由于双方均无法确认各自已偿还房屋贷款中本金及利息的比例，故将依据公积金贷款本金65万元在双方已偿还房屋贷款和剩余尚欠房屋贷款总和中所占比例，确定房屋总贷款中本金部分所占比例，并据此确定卢某、郭某各自偿还的房屋贷款中的本金数额及卢某尚欠房屋贷款中的本金数额。至于尚欠房屋贷款312479.35元，该部分欠款系以卢某名义所借，且双方当庭均同意由卢某负责偿还，故而尚欠房屋贷款312479.35元应视为卢某的个人出资，由卢某自行偿还。卢某主张分割房屋时在房屋总价值中先行予以扣除，没有依据，法院不予采信。关于503号房屋如何分割一节，将根据房屋的实际占有状况等客观情况，参考双方各自调解意见，依法判决503号房屋判归郭某所有，郭某按照双方达成的房屋总价值及卢某对该房屋的购买出资比例给付卢某相应的房屋折价款。郭某称双方分手时曾口头约定503号房屋归其所有，卢某协助办理过户手续，其给付卢某60万元折价款，并负责偿还剩余房屋贷款以及其于2011年1月23日给付卢某现金8万元用以偿还贷款及同居期间有一次春节前后其自行还贷3100元，卢某对此均予以否认，郭某亦未提供证据，故对郭某之上述抗辩主张，均不予采信。在双方分手时未就房屋分割达成一致的情况下，郭某主张其通过交通银行给付卢某的5000元系用以抵扣房屋折价款，没有依据，应不予采信。依照《中华人民共和国民法通则》第五条、第七十八条，《中华人民共和国民事诉讼法》第六十四条第一款之规定，判决：一、卢某名下位于北京市海淀区阜成路甲五十二号五层三单元五〇三号房屋归郭某所有；二、郭某于判决生效后十日内给付卢某上述房屋折价款二百五十二万零四百八十元六角一分；三、卢某因购买上述房屋所欠中国建设银行剩余贷款三十一万二千四百七十九元三角五分由卢某负责偿还；四、驳回卢某其他诉讼请求。如果未按判决指定的期间履行给付金钱义务，应当依照《中华人民共和国民事诉讼法》第二百五十三条之规定，加倍支付迟延履行期间的债务利息。

郭某不服一审法院的判决，以购房首付款60万元系郭某的出资，一审法院没有查清购房的出资为由，向本院提起上诉，要求撤销原判第二项，改判郭某给付卢某六十万元。

卢某同意原判并答辩称：购房首付款60万元系卢某出资，郭某没有出资，郭某主张出资，没有提供证据。故审法院的判决认定事实清楚，适用法律正确，程序合法。要求驳回上诉，维持原判。

本院经审理查明，本院查明的事实与一审法院查明的事实相同，上述事实有当事人在二审期间的陈述在案佐证。

本院认为：《中华人民共和国物权法》第一百零三条规定，共有人对共有的不动产或者动产没有约定为按份共有或者共同共有，或者约定不明确的，除共有人具有家庭关系等外，视为按份共有。第一百零四条规定，按份共有人对共有的不动产或者动产享有的份额，没有约定或者约定不明确的，按照出资额确定；不能确定出资额的，视为等额享有。

依照上述法律规定，依据查明的案件事实，本院确认，根据卢某提供的2009年5月19日中国建设银行转账凭条，503号房屋购房首付款60万元系从卢某的账户中汇出，故一审法院认定购房首付款60万元系卢某出资，有确实、充分的证据予以证明，本院予以确认。郭某上诉称卢某转账支付的首付款60万元系其交给卢某的现金所存，卢某对此予以否认，郭某也没有提供充分的证据证明，因此，郭某要求确认购房首付款60万元属其个人出资的上诉请求，没有证据支持，故郭某上诉请求，不能成立，本院不予支持。郭某要求撤销原判第二项，改判郭某只给付卢某六十万元房屋折价款的上诉请求，证据不足，本院不予支持。综上所述，原判正确，应予维持。依照《中华人民共和国民事诉讼法》第一百七十条第一款第（一）项之规定，判决如下：

驳回上诉，维持原判。

一审案件受理费三万四千八百七十四元，由卢某负担二万五千零四十八元（已交纳），由郭某负担九千八百二十六元，（本判决生效后七日内交纳）。

二审审案件受理费二万二千零八十四元由郭某负担（已交纳）。

本判决为终审判决。

【参考案例】

1. **未办理结婚登记手续即以夫妻名义同居生活且符合结婚条件的，认定为事实婚姻关系**

——谢某东诉罗某华同居关系析产、子女抚养纠纷案

权威刊载：最高人民法院民事审判第一庭《民事审判指导与参考》2000年第3集（总共3集）

案　　号：最高人民法院（1999）民终字第72号

裁判要点：1986年3月15日《婚姻登记办法》施行之后，未办理结婚登记手续即以夫妻名义同居生活，群众也认为是夫妻关系的，如同居时双方均符合结婚的法定条件，可认定为事实婚姻关系。

2. **解除同居关系时签订的赔偿约定有效**

——武某霞诉洪某青同居关系析产纠纷案

权威刊载：国家法官学院《中国审判案例要览》2006年民事审判案例卷

案　　号：北京市朝阳区人民法院（2005）朝民初字第2238号

裁判要点：双方解除同居关系时，一方向另一方出具欠条以承诺给付精神损害赔偿的，该欠条合法有效地受法律的保护。

案情：

原告：武某霞，女，无业，住通州区。

被告：洪某青，男，无业，住朝阳区。

原告人及其委托代理人诉称：2003年6月我与洪某青相识并确立恋爱关系，2003年7月开始同居。2003年9月，我发现自己怀孕，因洪某青一再要求，2004年1月12日我在洪某青的陪同下去医院做了人工流产。同居

期间，洪某青承诺与我结婚，但2004年7月，我发现洪某青与另一女子同居，自己的身心遂受到巨大的伤害。鉴于此事，我同洪某青于2004年11月11日经过协商，由洪某青出具欠条自愿给付我精神损失费6万元整，并口头承诺3日内履行。之后我们就分手了。现我正怀有身孕，此次怀孕仍系我与洪某青同居所致。因洪某青拒绝支付该精神损失费，故我诉至法院要求洪某青依欠条所写内容支付我精神损失费6万元，并承担本案诉讼费用。

被告人及其委托代理人辩称：我确与武某霞之间有过恋爱关系，但并未与其同居，武某霞怀孕不是我造成的。而且我是在武某霞隐瞒其已婚事实，不知情的情况下与其恋爱的。获悉此事后，我即与武某霞分手。我给武某霞出具欠条，承诺给付精神损失费，是因为分手后武某霞多次到我家大吵大闹，索要精神损失费，并谎称服药自尽，我出于无奈被迫书写此欠条。我出具欠条的行为是因武某霞胁迫所致，应属无效。且武某霞有配偶又与其他异性交往的行为违反了《婚姻法》的规定，也有悖公序良俗，故而我与她之间并未形成合法的债权债务关系。

北京市朝阳区人民法院经审理查明：武某霞与洪某青于2003年9月建立恋爱关系并开始以夫妻名义同居生活。武某霞原有配偶，2004年5月与其配偶离婚。在原、被告同居期间，武某霞曾于2004年1月12日在洪某青的陪同下在中国人民解放军第二六三医院作了人工流产，当时洪某青在药物流产同意书的“病人及家属意见”一栏签名。2004年11月11日，双方在结束同居生活时，洪某青向武某霞出具欠条一张，承诺给付武某霞精神损失费6万元，此后两人分手。

另在开庭审理中，洪某青曾否认与武某霞有同居关系，后经法庭询问，其承认同居事实与同居时间，但其否认武某霞流产及现怀身孕与其有关。

而武某霞则先自认其同居期间尚有婚姻关系，后其否认，但未向本院证实其离婚的具体时间。经武某霞申请，田秀荣、赵敬臣、孙辉三位证人均到庭作证，并接受了询问和质证。田秀荣证明洪某青在其家中出具欠条是自愿所为，洪某青对此予以否认，并出示北京市朝阳区常营回民医院诊断证明书，证明武某霞于2004年11月11日在该医院就诊，并以自杀相威胁逼迫其书写欠条。赵敬臣、孙辉出庭证明武某霞、洪某青公开以夫妻名义同居，对此原、被告双方均无异议。

上述事实有下列证据证明：洪某青于2004年11月11日向武某霞出具的欠条；北京市通州区263医院出具的武某霞人工流产证明；证人田秀荣的证言；洪某青与武某霞自愿协商赔偿事实。证人赵敬臣的证言；证人孙辉的证言；房屋租赁合同。

北京市朝阳区人民法院根据上述事实的证据认为：合法的民事行为应当受到法律的承认和保护。一个民事行为是否被认定为民事法律行为，从而受到法律的保护，应当具备下列条件：(1) 行为人具有相应的民事行为能力；(2) 意思表示真实；(3) 不违反法律或者社会公共利益；(4) 符合法律所规定的形式要件。本案中，原、被告双方均具有完全民事行为能力，且该行为的形式并无不当。因此，本案的焦点就集中表现为以下两个方面：

首先，洪某青出具欠条的民事行为是否为其真实意思表示。洪某青基于道德和自身情感上的原因，认为自身行为给对方造成了精神上的创伤。对此洪某青本人书写的欠条词义表述中已经得以体现。其与武某霞达成协议，自愿承诺给付武某霞精神损害抚慰金，该行为应认定是其自愿真实的意思表示，行为之时，并无干涉其意思表示的情形。对于被告洪某青提出其出具欠条系武某霞胁迫所为的抗辩，因证据不足，本院不予采信。

其次，该行为是否有违法律或社会公共利益。原告武某霞在2004年5月之前系处于已婚的状态，之前其与洪某青公开以夫妻名义同居的行为有悖《婚姻法》“禁止有配偶者与他人同居”的规定，对于此期间因双方的同居行为所产生的债权债务因违反法律和社会公共利益，自不应当予以保护。但2004年5月武某霞与其配偶离婚后，其与洪某青的同居行为则并不违反法律。且本案所诉争的精神损失费是双方在结束同居生活时，对财产的自由处分，该行为的性质是被告认同原告精神受到创伤，自愿表示给予原告经济补偿以弥补其精神伤害的承诺，该行为本身并无违反法律之处，亦因该补偿仅涉及原、被告自身利益，并无损害公共利益之处。

基于此，本院认为洪某青出具欠条、承诺给付精神损失费的民事行为，意思表示自愿真实，不违反法律和社会公共利益，且并无导致该行为无效或可撤销的事由，应认定为合法有效。从而由上述行为所引发出的洪某青对武某霞所负6万元的债务，因债之发生根据的合法有效，也就使得该6万元债务应受到法律的保护。故此本院对于武某霞要求洪某青依据欠条履行债务、给付精神损失费的请求予以支持。

北京市朝阳区人民法院依据《中华人民共和国民法通则》第五十四条、第五十五条、第五十六条、第五十七条、第一百零八条之规定，判决如下：

被告洪某青于本判决书生效后十日内给付原告武某霞精神损失费人民币6万元。

案件受理费2310元，由被告洪某青负担（于本判决生效后7日内交纳）。

3. 双方长期共同居住的，一方可以请求法院确认双方存在事实婚姻关系并要求分割财产

——卫某芝诉邹某林同居关系析产纠纷案

权威刊载： 国家法官学院《中国审判案例要览》2009年民事审判案例卷

案　　号： 福建省厦门市思明区人民法院（2008）思民初字第3885号

裁判要点： 行为人可以以与对方长期共同居住为由，请求法院确认其与对方之间存在事实婚姻关系，并要求分割财产。

案情：

原告：卫某芝，男，住江苏省宜兴市某镇某街。

被告：邹某林，女，汉族，住厦门市东浦。

原告诉称：原告于1981年与被告邹某林相识，1986年原、被告双方在各自解除原有婚姻关系但未办理结婚登记的情况下一直共同生活至今，在共同生活期间未生育子女。由于被告退休后到厦门居住生活，造成原、被告长期分居。双方不能正确处理夫妻关系，生活在一起没有共同的语言，双方的感情已完全破裂，请求法院解除原、被告之间的事实婚姻关系，并依法分割共有的江苏省镇江市太平庵巷1幢401室房屋、厦门市东浦一里165号房屋、闽DM9×××迈腾轿车一辆。

被告辩称：被告的职业系医生，原告就医时与被告认识，被告为原告做过胃癌手术，双方之间原来只是医患关系，原告在术后复查时有时会带土特产等答谢被告，后因原告向被告诉说其妻儿将其赶出家门，无家可归，被告出于对癌症病人的同情，让原告借住在被告的房内，也方便原告就医，期间被告也资助过原告一些医疗费和生活费。原告自其儿子卫某某结婚后，与儿子的关系有所缓和，原告就回去居住，但之后原告又因家庭财产问题

与子女发生争议导致关系紧张，原告被拒绝回家居住。2004 年 3 月，被告因工作到厦门定居，并考虑是朋友关系将江苏镇江的房屋借给原告使用。此外，原告还曾多次以种种借口向被告借钱，2008 年 3 月原告提出事实婚姻的问题，而后原告在其儿子卫某某的陪同下来厦门要求被告给其 20 万元让其买房子居住，并告诉被告其是出于无奈，是儿子要求上法庭，对此被告予以拒绝。被告从未与原告以夫妻的名义共同生活，也没有夫妻名分之实。被告的户口登记等均写明系离婚状态或者无配偶，涉案的财产都是被告以自己的资金及自己的名义购买，双方的财产是独立的。因此原告提出与被告系事实婚姻关系于法于理不通，没有事实和法律依据，请求法院驳回原告的诉讼请求。

福建省厦门市思明区人民法院经公开审理查明：原告卫某芝于 1971 年到被告邹某林工作所在的医院就医时认识被告。原告曾有过两次婚史，第二次离婚时间是在 1986 年。被告于 1985 年离婚。被告出资于 1999 年向其工作单位江苏省镇江市第一人民医院购买了江苏省镇江市太平庵巷 1 幢 401 室房改房，在该房产上市交易审批表婚姻状况中登记为离异；2004 年 3 月被告到厦门定居后出资购买了厦门市东浦一里 1 × ×号房产和闽 DM9 × × ×迈腾轿车一辆，上述财产均登记在被告一人名下。2004 年 3 月 14 日原告向被告出具一份《向邹某林暂借镇江市太平庵巷 1 号 401 室住房责任承诺书》，载明：因其在宜兴的养老住房尚未安排就绪，向被告暂借该房居住，借住时间为 2004 年 3 月至 2004 年 5 月 31 日前。期满后，原告无条件如期归还；借住期间，对发生的人为行为，有意无意地各种灾害和财产安全负完全的法律责任；在借住期间，被告本着友好态度，不收取房租。2005 年 1 月 2 日原告给被告出具一份《我厦门之行的说明》，载明："2004 年 10 月我重病，稍有好转，从宜兴医院出院，四个儿女都不让我在他

(她)们家留宿，当即将我送到镇江独居，迄今近三个月，只有卫某某来看我一次，历时半小时，就离开，我孤苦生活，儿女们不过问，我打电话几十次儿女们不接或甩电话不理我，天寒地冻，经济困难有死的危险，为此我主动要求邹某林来接我到厦门，我在厦门期间不论发生什么情况，甚至因病死亡由我自己负责，决不连累邹某林，特此为据，我将此内容向我侄子等通报”。被告2002年8月23日和2005年3月18日登记的常住人口登记卡中婚姻状况一栏填写的均为离婚。

庭审中，原告确认：被告在厦门购买房屋时其不清楚，买车时知道，但均未出钱。另原告陈述其曾要求与被告办理结婚登记，但每次被告都不同意，且被告还有第三者。

上述事实有下列证据证明：原告与被告的合影（系通过医院的医疗仪器的电脑拍摄)；结婚申请（复印件)；朱某某的谈话笔录（朱某某未出庭)；书信；原告侄子（本人未出庭）的谈话内容；电话本；被告与原告以及原告家人外出的照片等。

被告认为原告提供的证人未出庭，结婚申请系复印件，其真实性均不能确认，且上述证据并不能证明原、被告之间存在事实婚姻。

福建省厦门市思明区人民法院经审理认为：夫妻生活包括物质生活、性生活、社交生活、精神生活等。事实婚姻关系应该有夫妻生活的内容，男女双方要以夫妻的名义共同生活，男女双方要互尽夫妻义务，男女双方要互相扶养、救助，对另一方有家事代理权，对双方的财产没有约定的，要以财产共有人的身份来管理双方的财产。本案中涉及的所有的财产产权都登记在被告邹某林名下，原告确认均未出资，对被告购买房产等重大开支的事宜原告也不知情，从2004年3月14日原告出具的《向邹某林暂借镇江市太平庵巷1号401室住房责任承诺书》的内容分析，被告系将房屋借给原告使用，且有期限，被告只是本着友好态度，不收取原告的租金，说明原告并不是以财产共有人的身份来管理财产。另从原告曾要求与被告办理结婚登记，但每次被告都推托不同意的情况分析，被告也未有与原告结婚的意愿。结合双方提交的证据的证明力，原告提交的书信、电话本、被告与原告以及原告家人的照片等尚不足以证实双方系以夫妻名义共同生活。综上，原、被告双方并不存在事实婚姻关系，原告基于事实婚姻关系提出的要求解除原、被告之间的事实婚姻关系，分割财产的诉求，不予支持。福建省厦门市思明区人民法院依照《中华人民共和国民事诉讼法》第六十四条第一款之规定，作出如下判决：

驳回原告卫某芝的诉讼请求。

【办案依据】

《中华人民共和国婚姻法》（2001 年 4 月 28 日）

第三条　禁止包办、买卖婚姻和其他干涉婚姻自由的行为。禁止借婚姻索取财物。

禁止重婚。禁止有配偶者与他人同居。禁止家庭暴力。禁止家庭成员间的虐待和遗弃。

第四条　夫妻应当互相忠实，互相尊重；家庭成员间应当敬老爱幼，互相帮助，维护平等、和睦、文明的婚姻家庭关系。

第十二条　无效或被撤销的婚姻，自始无效。当事人不具有夫妻的权利和义务。同居期间所得的财产，由当事人协议处理；协议不成时，由人民法院根据照顾无过错方的原则判决。对重婚导致的婚姻无效的财产处理，不得侵害合法婚姻当事人的财产权益。当事人所生的子女，适用本法有关父母子女的规定。

第二十五条　非婚生子女享有与婚生子女同等的权利，任何人不得加以危害和歧视。

不直接抚养非婚生子女的生父或生母，应当负担子女的生活费和教育费，直至子女能独立生活为止。

《最高人民法院关于适用〈中华人民共和国婚姻法〉若干问题的解释(一)》(2001 年 12 月 25 日)

第五条　未按婚姻法第八条规定办理结婚登记而以夫妻名义共同生活的男女，起诉到人民法院要求离婚的，应当区别对待：

(一) 1994 年 2 月 1 日民政部《婚姻登记管理条例》公布实施以前，男女双方已经符合结婚实质要件的，按事实婚姻处理。

(二) 1994 年 2 月 1 日民政部《婚姻登记管理条例》公布实施以后，男女双方符合结婚实质要件的，人民法院应当告知其在案件受理前补办结婚登记；未补办结婚登记的，按解除同居关系处理。

第六条　未按婚姻法第八条规定办理结婚登记而以夫妻名义共同生活的男女，一方死亡，另一方以配偶身份主张享有继承权的，按照本解释第五条的原则处理。

《最高人民法院关于适用〈中华人民共和国婚姻法〉若干问题的解释(二)》(2003 年 12 月 25 日)

第一条　当事人起诉请求解除同居关系的，人民法院不予受理。但当事人请求解除的同居关系，属于婚姻法第三条、第三十二条、第四十六条规定的“有配偶者与他人同居”的，人民法院应当受理并依法予以解除。

当事人因同居期间财产分割或者子女抚养纠纷提起诉讼的，人民法院应当受理。

（九）抚养纠纷

【案由判定】

抚养是指长辈亲属对晚辈亲属的抚养教育。根据《婚姻法》等法律规定，父母对未成年或不能独立生活的子女有抚养的义务；有负担能力的祖父母、外祖父母，对于已经死亡或父母无能力抚养的未成年的孙子女、外孙子女，亦有抚养的义务。父母与子女间的抚养关系，不因父母离婚而消除。离婚后，父母对于子女仍有抚养和教育的权利和义务。

被抚养是未成年子女和不能独立生活子女的权利。当父母不履行抚养义务时，子女有要求父母给付抚养费的权利，由此引发的纠纷，即为抚养费纠纷。

父母离婚后，一方抚养子女，另一方负担必要的抚养费。有下列情形之一的，另一方可以向人民法院提起诉讼要求变更子女抚养关系：（1）与子女共同生活的一方因患严重疾病或因伤残无力继续抚养子女的；（2）与子女共同生活的一方不尽抚养义务或有虐待子女行为，或其与子女共同生活对子女身心健康确有不利影响的；（3）十周岁以上未成年子女，愿随另一方生活，该方又有抚养能力的；（4）有其他正当理由需要变更的。因变更抚养关系引发的纠纷，即变更抚养关系纠纷。

【适用提示】

适用本案由时，需要注意其与扶养纠纷的区别。广义上的扶养泛指特定亲属之间根据法律的明确规定而存在的经济上相互供养、生活上相互扶助照顾的权利义务关系，包括长辈亲属对晚辈亲属的抚养，平辈亲属之间的扶养和晚辈亲属对长辈亲属的赡养三种具体形态。而抚养纠纷是指因长辈亲属对晚辈亲属的抚养教育问题而发生的纠纷。

父母离婚后，通常会产生子女与父母一方相分离，由父母另一方直接抚养的问题。在离婚子女抚养纠纷案件中，当事人要继续拥有对子女的抚养权的前提就是自身的条件符合法律规定的拥有子女抚养权的要求。

【权威判决】

人工授精子女抚养纠纷案（《最高人民法院公报》1997 年第 1 期）

裁判要旨：最高人民法院于 1991 年 7 月 8 日在《关于夫妻关系存续期间以人工授精所生子女的法律地位的复函》中明确指出："在夫妻关系存续期间，双方一致同意进行人工授精所生子女应视为夫妻双方的婚生子女，父母子女之间权利义务关系适用《婚姻法》的有关规定"。由此可见，在夫妻关系存续期间，通过人工授精所生的子女，其法律地位应该视为婚生子女，夫妻双方应当履行抚养的义务。

案情：

原告：某女

被告：某男

原告某女因与被告某男发生婚姻纠纷和子女抚养纠纷，向基层人民法院提起诉讼。

原告诉称：双方婚后感情不和，经常争吵。被告对我及家人从不关心，致使夫妻感情彻底破裂。现请求与被告离婚；孩子归我抚养，被告要负担抚养费用；在各自住处存放的财产归各自所有。

被告辩称：夫妻感情虽已破裂，但是还应以和为贵。若原告坚持离婚，我也同意。孩子是原告未经我的同意，接受人工授精所生，与我没有血缘关系。如果孩子由我抚养教育，我可以负担抚养费用；如果由原告抚养，我不负担抚养费用。同意原告对财产的分割意见。

受理此案的人民法院经不公开审理查明：原告某女与被告某男于1978年7月结婚，婚后多年不孕，经医院检查，是某男无生育能力。1984年下半年，夫妻二人通过熟人介绍到医院为某女实施人工授精手术2次，均未成功。1985年初，二人到医院，又为某女实施人工授精手术3次。不久，某女怀孕，并于1986年1月生育一子。之后，夫妻双方常为生活琐事发生争吵，又长期分居，致使感情破裂。

受理此案的人民法院认为，原告某女与被告某男的夫妻感情确已破裂，经法院调解，双方同意离婚，依照《中华人民共和国婚姻法》第25条的规定，应当准予离婚。婚姻关系存续期间所生一子，是夫妻双方在未办理书面同意手续的情况下，采用人工授精方法所生。实施人工授精时，某男均在现场，并未提出反对或者不同的意见；孩子出生后的10年中，某男一直视同亲生子女养育，即使在夫妻发生矛盾后分居不来往时，某男仍寄去抚养费。最高人民法院于1991年7月8日在《关于夫妻关系存续期间以人工授精所生子女的法律地位的复函》中明确指出："在夫妻关系存续期间，双方一致同意进行人工授精所生子女应视为夫妻双方的婚生子女，父母子女之间权利义务关系适用《婚姻法》的有关规定"。根据《婚姻法》的立法精神和最高人民法院的复函规定，某女和某男婚姻关系存续期间所生的孩子，应当视为夫妻双方的婚生子女。某男现在否认当初同意某女做人工授精手术，并借此拒绝负担对孩子的抚养义务，其理由不能成立。

依照《婚姻法》第15条和第29条的规定，无论子女随哪一方生活，父母对子女都有抚养教育的义务。根据最高人民法院《关于人民法院审理离婚案件处理子女抚养问题的若干具体意见》第5条关于“父母双方对十周岁以上的未成年子女随父或随母生活发生争执的，应当考虑该子女的意见”的规定，经征求孩子本人的意见，孩子表示愿意随母亲生活，应予同意。依照《婚姻法》第31条的规定，夫妻双方对共同财产的分割协商一致，法院不予干预。据此，该人民法院于1996年7月15日判决：

一、准予原告某女、被告某男离婚。

二、孩子由原告某女抚养教育，被告某男自1996年7月份起每月支付孩子的抚养费130元，至其独立生活时止。

三、财产分割双方无争议。

宣判后，某女、某男均未提出上诉。

【参考案例】

1. 与未成年子女共同生活的一方抚养子女并无不当行为的，一般不予变更抚养权

——张某诉王某变更抚养关系纠纷案

权威刊载：最高人民法院中国应用法学研究所《人民法院案例选》2011年第2辑（总第76辑）

案　　号：福建省福州市中级人民法院（2010）榕民终字第1907号

裁判要点：夫妻离婚后，与未成年子女共同生活的一方抚养子女并无不当行为，另一方仍要求变更抚养权的，通常法院不准许变更。

案情：

原告：张某

被告：王某

福建省福州市仓山区人民法院经审理查明：原、被告于1999年登记结婚，2006年协议离婚，2003年生下一女张某甲，2005年12月6日生下另一女王某甲。离婚协议书约定，女儿张某甲由被告王某抚养教育，原告张某每月负担抚养费5000元至孩子18周岁为止。双方未对另一女王某甲的抚养权归属及抚养费的支付进行明确约定。

原告张某诉称：（1）原、被告离婚时考虑到两个女儿均年幼，暂由被告照料更为合适，遂同意被告的请求，每月支付5000元作为抚养费。因次女年仅半岁未取名且未报户口，双方为尽快办妥离婚手续，遂在《离婚协议书》中仅约定长女由被告抚养，原告每月支付5000元的抚养费至小孩18周岁为止。实际上双方均口头同意和认可每月5000元是两个女儿共同享有的，并非长女独享。（2）离婚时，被告向其隐瞒次女系被告与第三者所生，其对此完全不知情，导致作出同意长女由被告抚养的错误的意思表示。现被告明确承认次女系与第三者所生，导致原来双方一致同意由被告来抚养长女的前提条件已经变更。按当时福州市的生活水平，抚养一个2岁多的小孩，每月1500元已足够，显然原告每月支付5000元系抚养两个小孩的费用；（3）被告违反《中华人民共和国婚姻法》（以下简称《婚姻法》）第4条夫妻互相忠实的义务规定及社会道德，婚姻存续期间与他人私生子女，给其造成严重的精神伤害，且其也没有义务抚养被告与他人私生的子女，因此，2006年11月起其只向被告支付长女的抚养费1500元。于是被告阻挠其探视长女，使女儿享受不到父爱，损害了孩子的身心健康和原告的合法权益；（4）被告已承认其与第三者私生小孩，现在被告与两个女儿生活在一起，而自己未再婚，已年届45岁，以后难再生育子女。被告经济收入良好，有大学文化，完全能够有能力抚养婚生女。综上，无论从法律和社会公德出发，还是从有利于子女身心健康、保障子女的合法权益，以及维护原告的人格尊严出发，请求法院变更婚生女张某甲的抚养权给原告，被告每月支付抚养费1500元到小孩18周岁为止。

被告王某辩称：(1) 离婚协议书是在双方自愿的情况下签订的，合法有效，且协议书中没有提及第二个女儿的归属问题，本案与第二个女儿无关；(2) 原告每月支付5000元的抚养费问题，已经过一、二审法院判决，支持被告的诉请；(3) 只要原告是为了女儿的利益着想，不影响子女的身心健康，自己都会让原告探视；(4) 原告说其已失去生育能力，没有相关的证据证明；且原告带女儿出去时，都带着一个女友，可能会对女儿的身心造成伤害；(5) 原告经常出差没有办法照顾小孩，自己时间稳定，长期都陪在女儿身边，与女儿建立起深厚的感情，更适合照顾抚养女儿。综上，要求依法驳回原告的诉请。

福建省仓山区人民法院认为：根据《婚姻法》第三十六条第三款的规定，离婚后，哺乳期后的子女，如双方因抚养问题发生争执不能达成协议时，由人民法院根据子女的权益和双方的具体情况判决。《最高人民法院关于人民法院审理离婚案件处理子女抚养问题的若干具体意见》(以下简称《处理子女抚养问题的若干具体意见》) 第三条第（三）项规定，对两周岁以上未成年的子女，父方和母方均要求随其生活，一方有下列情形之一的，可予优先考虑：无其他子女，而另一方有其他子女的。本案被告生育两个女儿，原告无其他子女，结合现有原、被告双方的抚养能力和抚养条件等具体情况，从有利于子女身心健康，保障子女的合法权益出发，婚生女张某甲由原告抚养，更有利于其健康成长。故原告的诉讼请求，一审法院予以支持。至于原告提出抚养费的问题，与本案系不同的法律关系，应另案处理。依照《中华人民共和国婚姻法》第三十六条第三款，《最高人民法院关于人民法院审理离婚案件处理子女抚养问题的若干具体意见》第三条第（三）项、第十六条第（四）项之规定，判决如下：从判决生效之日起，原告张某与被告王某的婚生女张某甲随原告张某共同生活。

一审宣判后，被告王某不服提出上诉。

上诉人王某上诉称：上诉人王某与被上诉人张某于2006年协议离婚至今已4年，根据离婚协议，婚生女张某甲一直随其生活，受到良好的抚养和教育，被上诉人张某极少主动要求探视，更长期拖欠抚养费。一审法院忽视上述事实，在没有任何事实依据证明张某甲存在需要变更抚养权才有利于其身心健康、保障其合法权益的情况下，仅凭被上诉人张某无其他子女判令变更抚养权，不仅不利于孩子的健康成长，而且有悖于法律规定。请求：（1）撤销福州市仓山区人民法院（2010）仓民初字第224号民事判决；（2）改判维持上诉人与被上诉人离婚协议关于抚养权和抚养费的协定；（3）本案一、二审的诉讼费由被上诉人承担。

被上诉人辩称：被上诉人要求变更抚养权有充分的事实和法律依据，请求维持原判。

除一审法院查明的事实外，福州市中级人民法院另查明：上诉人王某离婚后即带着张某甲搬出原、被告共同居住处，单独居住于其父亲所有的房屋；张某甲户籍登记于王某父亲王某乙（父）户内，现就读于福州阳光国际学校。

福州市中级人民法院认为：依照《婚姻法》第二十一条第一款之规定，父母对子女有抚养教育的义务。被上诉人张某离婚时，与上诉人王某就婚生女张某甲抚养权问题达成协议，同意张某甲由王某携带抚养，合情、合理、合法，无论其当时是否知道王某甲非其亲生，对张某甲抚养权的安排都是其真实意思的表示。处理子女抚养问题，应从有利于子女身心健康，保障子女的合法权益出发，结合父母双方的抚养能力和抚养条件等具体情况妥善解决。《处理子女抚养问题的若干具体意见》第三条列举了在审理离婚案件时可予优先考虑的四种情形，其中第（一）~（三）项与本案有关，即有第（二）项规定的“子女随其生活时间较长，改变生活环境对子女健康成长明显不利的”和第（三）项规定的“无其他子女，而另一方有其他子女的”情形的，可予优先考虑。比较该条第（二）~（三）项规定，第（二）项是基于子女利益考虑，而第（三）项是基于父母利益考虑，根据审理子女抚养问题应从有利于子女身心健康，保障子女的合法权益出发的原则，审理离婚案件处理子女抚养问题时应首先考虑有无第（二）项情形。《处理子女抚养问题的若干具体意见》第16条列举了变更抚养关系的四种情形，都是基于子女利益考虑。张某甲自小由王某照看，离婚后抚养至今，已经适应现有的生活环境、生活条件，现正接受小学教育，在其生活环境、生活条件没有发生重大恶化的情况下，维持其现有生活的稳定性和连续性，对其健康成长最为有利。上诉人王某的上诉理由成立，二审法院予以支持。被上诉人张某没有证据证明王某抚养能力下降、抚养条件恶化，不具备法律规定变更抚养关系的条件，其相关辩称缺乏事实和法律依据。原判依据《处理子女抚养问题的若干具体意见》第三条第（三）项认定张某甲由张某抚养更有利于其健康成长，并依据第十六条第（四）项之规定，判决支持张某提出的变更子女抚养关系的诉求欠当，应予纠正。据此，依照《中华人民共和国民事诉讼法》第一百五十三条第一款第（二）项、《最高人民法院关于人民法院审理离婚案件处理子女抚养问题的若干具体意见》第十六条之规定，判决如下：

一、撤销仓山区人民法院（2010）仓民初字第224号民事判决。

二、驳回原审原告张某的诉讼请求。

2. 对确有必要性与正当性的亲子鉴定请求，法院可要求当事人配合鉴定

——钱某阳诉王某兵抚养费纠纷案

权威刊载：最高人民法院中国应用法学研究所《人民法院案例选》2005年第4辑（总第54辑）

案　　号：江苏省南通市中级人民法院（2006）通中民一终字第272号

裁判要点：非婚生子女请求抚育费纠纷中，亲子鉴定的程序启动应考虑子女的最大利益、人权保障、身份安定、家庭安宁及公共利益等价值的平衡。对确有必要性与正当性的请求，法院可要求被指认为生父的被告配合鉴定，如无正当理由拒绝，法院得裁量原告所举证据，区别情况作出相应判决。

案情：

原告：钱某阳

被告：王某兵

原告母亲钱爱民与被告王某兵在打工时相识。1995年正月，钱爱民与案外人张某涛举行婚礼，同年7月10日补领结婚证，1996年1月19日生钱某阳。2003年3月12日，钱爱民与张某涛经海安法院调解离婚，调解书载明：婚生子钱某阳随钱爱民生活并由其负责抚育；张某涛的婚前财产自愿赠与其子钱某阳所有。2005年9月，钱某阳诉至海安县人民法院，要求判令王某兵承担抚育费。一审中，原告申请对王某兵、钱某阳作亲子鉴定，原审法院通知王某兵配合，但遭拒绝，致鉴定未成。

海安县人民法院经审理认为：子女抚育纠纷应基于原、被告之间存在抚育关系。本案中原告所举之证不足以证明被告与原告之间系父子关系，因而也就难以认定原、被告之间存在抚育关系。原告虽申请与被告进行亲子鉴定，但被告不同意作鉴定，因亲子鉴定关系到夫妻双方、子女和他人

的人身关系和财产关系，应从严掌握，不得强迫当事人作亲子鉴定，故主张原、被告之间存在血缘关系的举证责任应由原告方承担。原告主诉钱爱民与王某兵在打工期间同居、怀孕，受骗后迫于无奈与张某涛恋爱，并仓促结婚，有悖于“十月怀胎，一朝分娩”之生育常识；原告系钱爱民与张某涛在婚内期间所生．原告提供的证据也证明了其父亲系张某涛，生效调解书亦已明确原告系张某涛与钱爱民的婚生子。据此，原告钱某阳向被告王某兵主张抚育费依据不足，法院遂依据《中华人民共和国民事诉讼法》第六十四条，最高人民法院《关于民事诉讼证据的若干规定》第二条、第七十六条之规定，判决如下：

驳回原告钱某阳要求被告王某兵给付抚育费的诉讼请求。

宣判后，钱某阳不服，向南通市中级人民法院提起上诉称：原审根据上诉人出生年月及生效调解书认定张某涛为生父依据不足，根据上诉人所举证据可以认定被上诉人即为本人生父，现被上诉人拒绝配合亲子鉴定，原审应认定亲子关系。

被上诉人答辩称：原审认定事实清楚，适用法律正确，请求驳回上诉，维持原判。

南通市中级人民法院经审理后认为，本案抚育关系的前提是双方当事人存在亲子关系，亲子关系事关双方当事人的血缘关系，继而引起未成人利益保护、现存相关家庭的感情冲突及诸多潜在利害关系人的利益冲突，对家庭、社会的稳定亦有重要关系，因此，民事诉讼程序采用严格证明标准，上诉人仅提供了被上诉人在公安部门的反映记录及有关证人的书面证明，但公安部门的记录材料不能反映被上诉人与上诉人母亲有存在生育可能的密切关系，有关证人未到庭作证，且同时期上诉人母亲已与他人形成婚姻关系，前述证据及现实不足以使法官作出亲子关系的认证，加之最高法院相关司法解释对亲子鉴定要求从严掌握，现被上诉人拒不同意配合鉴定，法院无法启动鉴定程序。上诉人主张以被上诉人拒不配合而推定亲子关系，没有法律依据。上诉人既然不能证明亲子关系的存在，故其要求给付抚育费的主张难以成立。据此，二审法院依照《中华人民共和国民事诉讼法》第一百五十三条第一款第（一）项之规定，于2005年3月9日作出［2006］通中民一终字第0272号民事判决：

驳回上诉，维持原判。

3. 经济等情况发生变化造成原抚养费不足的，可要求适当增加抚养费

——张某舟诉张某军抚养费纠纷案

权威刊载：国家法官学院《中国审判案例要览》2002年民事审判案例卷

案　　号：河南省洛阳市吉利区人民法院（2001）吉民初字第290号

裁判要点：夫妻双方离婚后，子女随一方生活的，另一方负担必要的抚养费。抚养费的数额可由双方协商决定，也可由法院判决。若情况发生变化需要增加抚养费的，可以要求适当增加抚养费，另一方不得以原协议为由拒绝。

案情：

原告：张某舟，女，1985年10月29日生，学生，住洛阳石化总厂。

被告：张某军，男，1960年3月4日生，洛阳石化总厂干部，住该厂，系原告之父。

原告诉称：原、被告系父女关系，工996年被告与原告之母离婚，原告随母亲生活，1999年7月，经法院主持调解，被告每月支付原告抚养费300元，原告2001年考取洛阳拖二中，三年高中需交代培费6 200元，学杂费3 600元，共计9 800元，要求被告支付一半代培费和学杂费4 900元。经与被告多次协商未成，故诉至法院。

被告辩称：孩子上学我支持，但孩子选择学校应当根据家庭经济状况。现在厂里效益不好，只发85%的工资，我再婚后家庭负担比较重，经济确实比较困难。原告已被洛阳石化总厂高中录取，其学费比较低廉，如果说在本厂上高中，就可以免去这部分费用，再者，1999年7月法院调解抚养费一案时，我给的抚育费已经很高了，给的抚养费已包含了以后的教育费和生活费。因此我不再支付任何费用了。

洛阳市吉利区法院审理查明：原、被告系父女关系。1996年被告与原告母亲离婚，原告随母亲生活，被告每月支付抚养费150元。1999年7月，原告起诉要求追加抚养费经法院主持调解，被告将抚养费增加到每月300元。今年中招时，原告先后被洛阳石油化工总厂中学和洛阳市拖二中录取，其母选择洛阳拖二中就学并为其交纳教育费6 200元。目前，被告单位效益大不如以前，被告每月只发85%的工资。原告母亲周莉已买断工龄。在家无业。

洛阳市吉利区人民法院根据上述事实和证据认为：孩子有权利自主选择自己满意的学校上学，虽然被告支付的每月300元抚养费里已包含了原告教育费和生活费，但原告今年被拖二中录取后，确需额外交纳一定的教育费，被告作为原告的父亲，应当根据自己的经济能力适当负担一部分，一分不愿给的行为是不对的。原告要求被告支付3 600元的学杂费，因未向法庭提供证据，故主张不予支持。

洛阳市吉利区人民法院根据《中华人民共和国民事诉讼法》第一百二十八条，《中华人民共和国婚姻法》第三十七条之规定，判决如下：

一、张某军支付张某舟上拖二中教育费1 800元，于判决生效后3日内付清。

二、张某舟的其他诉讼请求不予支持。

案件受理费50元，其他诉讼费150元，共计200元，由被告负担。

【办案依据】

《中华人民共和国婚姻法》（2001 年 4 月 28 日）

第二十一条　父母对子女有抚养教育的义务；子女对父母有赡养扶助的义务。

父母不履行抚养义务时，未成年的或不能独立生活的子女，有要求父母付给抚养费的权利。

子女不履行赡养义务时，无劳动能力的或生活困难的父母，有要求子女付给赡养费的权利。

禁止溺婴、弃婴和其他残害婴儿的行为。

第二十五条　非婚生子女享有与婚生子女同等的权利，任何人不得加以危害和歧视。

不直接抚养非婚生子女的生父或生母，应当负担子女的生活费和教育费，直至子女能独立生活为止。

第二十七条　继父母与继子女间，不得虐待或歧视。

继父或继母和受其抚养教育的继子女间的权利和义务，适用本法对父母子女关系的有关规定。

第二十八条　有负担能力的祖父母、外祖父母，对于父母已经死亡或父母无力抚养的未成年的孙子女、外孙子女，有抚养的义务。有负担能力的孙子女、外孙子女，对于子女已经死亡或子女无力赡养的祖父母、外祖父母，有赡养的义务。

第二十九条　有负担能力的兄、姐，对于父母已经死亡或父母无力抚养的未成年的弟、妹，有扶养的义务。由兄、姐扶养长大的有负担能力的弟、妹，对于缺乏劳动能力又缺乏生活来源的兄、姐，有扶养的义务。

第三十六条　父母与子女间的关系，不因父母离婚而消除。离婚后，子女无论由父或母直接抚养，仍是父母双方的子女。

离婚后，父母对于子女仍有抚养和教育的权利和义务。

离婚后，哺乳期内的子女，以随哺乳的母亲抚养为原则。哺乳期后的子女，如双方因抚养问题发生争执不能达成协议时，由人民法院根据子女的权益和双方的具体情况判决。

第三十七条　离婚后，一方抚养的子女，另一方应负担必要的生活费和教育费的一部或全部，负担费用的多少和期限的长短，由双方协议；协议不成时，由人民法院判决。

关于子女生活费和教育费的协议或判决，不妨碍子女在必要时向父母任何一方提出超过协议或判决原定数额的合理要求。

《最高人民法院关于适用〈中华人民共和国婚姻法〉若干问题的解释(一)》(2001年12月25日)

第九条　人民法院审理宣告婚姻无效案件，对婚姻效力的审理不适用调解，应当依法作出判决；有关婚姻效力的判决一经作出，即发生法律效力。

涉及财产分割和子女抚养的，可以调解。调解达成协议的，另行制作调解书。对财产分割和子女抚养问题的判决不服的，当事人可以上诉。

第二十一条　婚姻法第二十一条所称“抚养费”，包括子女生活费、教育费、医疗费等费用。

第二十六条　未成年子女、直接抚养子女的父或母及其他对未成年子女负担抚养、教育义务的法定监护人，有权向人民法院提出中止探望权的请求。

《最高人民法院关于适用〈中华人民共和国婚姻法〉若干问题的解释（二）》（2003 年 12 月 25 日）

第一条　当事人起诉请求解除同居关系的，人民法院不予受理。但当事人请求解除的同居关系，属于婚姻法第三条、第三十二条、第四十六条规定的“有配偶者与他人同居”的，人民法院应当受理并依法予以解除。

当事人因同居期间财产分割或者子女抚养纠纷提起诉讼的，人民法院应当受理。

第四条　人民法院审理无效婚姻案件，涉及财产分割和子女抚养的，应当对婚姻效力的认定和其他纠纷的处理分别制作裁判文书。

《最高人民法院关于适用〈中华人民共和国婚姻法〉若干问题的解释（三）》（2011 年 8 月 9 日）

第三条　婚姻关系存续期间，父母双方或者一方拒不履行抚养子女义务，未成年或者不能独立生活的子女请求支付抚养费的，人民法院应予支持。

（十）扶养纠纷

【案由判定】

我国《婚姻法》等现行法律对扶养采用的是狭义的概念，专指平辈亲属之间，特别是夫妻之间依法发生的经济供养和生活扶助的权利义务关系。另外，根据《婚姻法》第 29 条的规定，有负担能力的兄、姐，对于父母已经死亡或父母无能力抚养的未成年的弟、妹，有扶养的义务；由兄、姐扶养长大的有负担能力的弟、妹，对于缺乏劳动能力又缺乏生活来源的兄、姐，有扶养的义务。

夫妻之间的扶养是指合法夫妻之间在物质上和生活上负有互相扶助、互相供养的义务。夫妻一方不履行扶养义务时，需要扶养的一方有权利要求对方付给扶养费，并可以向人民法院提起诉讼。因追索扶养费引发的纠纷即扶养费纠纷。因变更扶养关系引发的纠纷，称为变更扶养关系纠纷。

【适用提示】

适用本案由时，需要注意其与抚养纠纷的区别。抚养纠纷是指因长辈亲属对晚辈亲属的抚养教育问题而发生的纠纷。广义上的扶养泛指特定亲属之间根据法律的明确规定而存在的经济上相互供养、生活上相互扶助照顾的权利义务关系，包括长辈亲属对晚辈亲属的抚养，平辈亲属之间的扶养和晚辈亲属对长辈亲属的赡养三种具体形态。狭义上的扶养是指平辈之间，如夫妻之间、兄弟姐妹之间，依法发生的经济供养和生活扶助的权利义务关系。

本案由中的扶养是在一定亲属间成立的基于法律强制性规定产生的权利义务关系，是以一定的亲属关系为前提的。实践中，基于遗赠扶养协议或基于道德义务发生的扶养，与基于亲属身份关系的法定扶养不同，不属于《婚姻法》上的扶养，不适用本案由。

对于身份关系清楚，仅在给付的数额、时间上存在争议，且标的额为各省、自治区、直辖市上年度就业人员平均工资30%以下的扶养费纠纷案件，根据《民事诉讼法》第一百六十二条，应适用小额诉讼程序进行审理。

【权威判决】

李某与马某变更抚养关系纠纷上诉案（北京市第三中级人民法院(2014)三中民终字第00845号）

裁判要旨：父母与子女间的关系，不因父母离婚而消除。离婚后，子女无论由父或母直接抚养，仍是父母双方的子女，父母对于子女仍有抚养和教育的权利和义务。一方要求变更子女抚养关系，须有法定正当理由。

案情：

上诉人（原审原告）：李某1

被上诉人（原审被告）：马某

上诉人李某1因与被上诉人马某变更抚养关系纠纷一案，不服北京市朝阳区人民法院（2013）朝民初字第38641号民事判决，向本院提起上诉。本院受理后，依法组成合议庭进行了审理。本案现已审理终结。

李某1在原审法院诉称：我与马某原系夫妻，于2010年9月6日经法院判决离婚，离婚判决中婚生子李某2由马某抚养。马某在与我离婚之前就离家出走了，而由我与李某2生活。马某对李某2未履行过照顾、抚养的义务，我与马某离婚后，李某2至今由我一人独自抚养，马某没有给过任何费用。李某2特别惧怕马某，坚决不同意与马某生活，表示只愿意与我及我的父母生活。另外李某2在与我生活期间，我有固定的住所和生活来源，李某2在学校也有较好的表现。故诉至法院，要求判令李某2由我自行抚养。

马某在原审法院辩称：我不同意李某1诉讼请求。离婚时孩子是判给我了，但李某1将孩子转移，我申请强制执行了两次都没有执行回来。2011年春天的时候，我向朝阳法院申请强制执行，当时执行庭的法官去朝阳新城找，但是没有找着人。之后我委托执行庭查找孩子的下落，执行庭也没有与我联系过，2011 年之后我就没有再申请过执行，执行庭说让我等消息，我就一直在等执行庭的消息，今年春天我写执行申请的时候，执行庭法官说不用再次申请了，按照上次来就行。

原审法院经审理查明：李某 1、马某婚后于 2004 年 8 月 25 日生一子李某 2，2010 年 9 月 6 日，法院做出（2010）朝民初字第 24873 号民事判决书，判决李某 1 与马某离婚，李某 2 由马某抚育；该判决列明李某 1 工作单位为北京泓顺达物流运输有限公司，马某工作单位为北京市朝阳区东坝乡环卫中心。一审判决生效后，因李某 1 未履行判决，李某 2 仍与李某 1 生活，并由李某 1 安排到河北省固安县上小学，马某自 2011 年至今两次申请强制执行。2011 年 3 月，李某 1 以马某未履行抚养义务，李某 1 抚养孩子有利为由将马某诉至法院要求变更抚养关系，法院作出（2011）朝民初字第 11843 号判决驳回了李某 1 的诉讼请求；该判决列明李某 1 工作单位为北京泓顺达物流运输有限公司，马某工作单位为北京市朝阳区东坝乡环卫中心。一审判决后李某 1 不服，上诉至北京市第二中级人民法院，北京市第二中级人民法院作出（2011）二中少民终字第 12761 号判决，判决驳回上诉，维持原判。现李某 1 以相同理由诉至法院，要求变更抚养关系。

庭审中，李某 1 称其现在已再婚，李某 2 的继母对李某 2 很好。李某 2 现就读于河北省固安县第一小学，学习不错。为此，其提交河北省固安县第一小学李某 2 的班主任出具的证明一份以证明李某 2 的学习情况，并称证明中所述的李某 2“性格不怎么活泼”是因为李某 2 怕执行庭把他执行回来。马某对该份证明的真实性认可，但不认可证明目的，称李某 2 在被李某 1 带走之前与其感情很好，但自从被李某 1 带走以后，李某 2

就被李某1教着说不愿与其一同生活。马某称其现在每天只用工作四小时，其余的时间都可以照顾孩子，而且北京比河北的教育质量好，如果孩子被执行回来以后，其会让孩子在北京上学。李某1不认可马某的工作状态，认为马某的工作早出晚归，并且马某总让孩子干活还烫伤过孩子，李某2现在就读的学校是河北固安片区最好的小学，不会影响对李某2的教育。

经询，李某1工作单位为北京泓顺达物流运输有限公司，月收入2700元，马某工作单位为北京市朝阳区东坝乡环卫中心，月收入2000余元。自李某1、马某离婚后，李某1、马某工作均未有变动，李某1亦未提交证据证明马某有不利于李某2健康成长的情形。

原审法院认为：父母与子女间的关系，不因父母离婚而消除。离婚后，子女无论由父或母直接抚养，仍是父母双方的子女，父母对于子女仍有抚养和教育的权利和义务。一方要求变更子女抚养关系，须有法定正当理由。本案中，李某1、马某离婚时，李某2被判决由马某抚养，且判决已发生法律效力。对于生效的判决，双方当事人本应自觉履行，但自离婚至今李某2仍然随李某1生活，并在河北省固安县上小学。对于致使马某无法与李某2共同生活，并多次申请强制执行，李某1应承担完全责任。现李某1提交的证据不能证明离婚后其工作和收入情况具有明显改善，亦未证明马某有不利于李某2成长的情形，故不存在变更李某2抚养关系的法定正当理由。因此对李某1要求变更李某2由其抚养的诉讼请求，法院不予支持。综上，依据《中华人民共和国婚姻法》第三十六条、《最高人民法院关于人民法院审理离婚案件处理子女抚养问题的若干具体意见》第十六条之规定，判决如下：驳回李某1的全部诉讼请求。

判决后，李某1不服原审法院判决，向本院提起上诉称：马某在双方离婚后没有对双方婚生子李某2承担抚养义务，李某2本人也不愿意随马某生活，愿意与上诉人及上诉人父母一起生活，且上诉人抚养李某2会提供很好的学习、生活条件。故请求二审法院撤销原审判决，改判支持其全部诉讼请求；本案诉讼费用由被上诉人承担。马某同意原审判决。

本院查明的事实与原审法院查明的事实一致。

本院审理期间，双方当事人均未提交新证据。

上述事实，有证明、双方当事人陈述及民事判决书等相关证据材料在案佐证。

本院认为：根据查明的事实，李某1与马某经法院判决离婚，双方之子李某2由马某抚养。判决生效后，李某1未依法履行生效判决，仍与李某2生活，并将李某2安排在河北省固安县上小学，为此马某曾向法院申请强制执行，故李某1所诉双方离婚后马某未对李某2履行过照顾、抚养的义务，其责任在于李某1，李某1之上述主张显属不当。李某2现未满十周岁，李某1称李某2本人不愿意随马某生活，愿意与上诉人及上诉人父母一起生活的上诉理由缺乏法律依据。现李某1要求变更李某2由其抚养，但并未提供充分有效证据证明马某抚养李某2存在不利于李某2身心健康成长之法定情形，故李某1的上诉请求，缺乏事实及法律依据，本院不予支持。原审判决认定事实清楚，适用法律正确，应予维持。依据《中华人民共和国民事诉讼法》第一百七十条第一款第（一）项之规定，判决如下：

驳回上诉，维持原判。

一审案件受理费35元，由李某1负担（已交纳）。

二审案件受理费70元，由李某1负担（已交纳）。

本判决为终审判决。

【参考案例】

1. 夫妻一方不尽扶养义务的，对方可要求其支付一定的扶养费

——李某霞诉李某宾扶养费纠纷案

权威刊载： 最高人民法院中国应用法学研究所《人民法院案例选》2002年第4辑（总第42辑）

案　　号： 河南省郑州市管城回族区人民法院（2001）管民初字第号

裁判要点： 在婚姻存续期间，夫妻之间负有相互扶助的法定义务。如一方不尽扶养义务的，对方可要求其支付一定的扶养费。

2. 夫妻一方起诉要求另一方支付抚养费，另一方反诉离婚的，法院应予受理

——唐某莲诉张某瑞抚养、张某瑞反诉离婚纠纷案

权威刊载： 国家法官学院《中国审判案例要览》1995年综合本

案　　号： 福建省长泰县人民法院（1993）泰民初字第187号

裁判要点： 一方起诉要求另一方承担扶养义务，另一方要求与其离婚的，法院应予受理并合并审理。离婚反诉成立的，要求扶养的本诉自然消解。

案情：

原告（反诉被告）：唐某莲，女，1953年12月26日出生，长泰县人，农民，住长泰县×镇×村。

被告人（反诉原告）：张某瑞，男，1951年10月出生，长泰县人，长泰县糖酒菜副食品公司建村门市部承包人，住该公司宿舍。

原告唐某莲诉称：自1988年夫妻分居后，被告没有承担原告的医疗费及生活费。根据《中华人民共和国婚姻法》的规定，夫妻间有互相扶养的义务，现原告要求被告每月付给生活费人民币100元，负担自1988年以来

向他人借支用于家庭生活的债务人民币5000元及大米1050公斤。

被告张某瑞辩称：原告诉称不实，自去年法院判决不准离婚后，被告每月付给原告100元，直到原告向法院起诉才停止支付。原告提出的债务问题没有事实根据。因为以前的家庭收入很大一部分由原告掌管，夫妻继续分居，已没有和好可能，《中华人民共和国婚姻法》规定："夫妻感情确已破裂，经调解无效，应准予离婚。"现反诉要求离婚，离婚后，夫妻财产平均分割。

福建省长泰县人民法院经公开审理查明：原、被告于1975年登记结婚，婚后生育二女，长女张某琼，现年19岁，已工作，次女张某梅，现年9岁，为在校学生。1985年间，原告唐某莲因患病造成偏瘫，夹失部分劳动能力。1988年以后，原、被告经常为家庭生活琐事闹纠纷，并于同年分居生活至今。1993年3月，被告张某瑞向本院诉请离婚，同年5月，本院以（1993）泰民初字第22号判决书判决驳回被告张某瑞的离婚请求。判决后，原、被告没有和好，继续分居。同年12月，原告唐某莲向本院起诉，要求被告承担夫妻间的扶养义务及偿还其债务，但未能向本院提供其向他人借钱和大米的有效证据。被告张某瑞反诉要求离婚。

原、被告在婚姻关系存续期间，有如下共同财产：在京元村的新楼房1座（2间），旧楼房1座（2间），厨房1间，柜1只，"飞人"牌缝纫机1架，"风塔"牌400MM台扇1台，单人床1张，办公桌1只，电视橱1只，玩具橱1只，吊扇1台，在被告张某瑞处的财物有21寸"声宝"牌彩电1台，"杏花"牌400MM台扇1台，双人床及"席梦思"1床，三人座软沙发1只，五人座弯角软沙发1套。"乐田"牌双炉头液化气炉具1台。

上述事实有下列证据证明：. 关于原、被告双方的婚姻事实，有长泰县武安镇政府出具的结婚证明；生育子女情况，有武安镇京元村委会出具的生育两女张某琼、张秋海的证明；关于原告唐某莲的身体状况，有长泰县医院出具的疾病证明书，有长泰县民政局出具的残疾人身份证明书；关于夫妻关系存续期间的共有财产的认定有双方当事人提供的财产清单，并经庭审确认；关于确认夫妻感情确已破裂的问题。有诉辩双方的庭审陈述，有长泰县法院（1993）泰民初字第22号判决书认定的分居事实；原告起诉扶养，说明自本院第一次判决不准离婚后1年多时间里被告没有承担夫妻义务。从另一侧面说明夫妻没有和好，夫妻感情确已破裂。

福建省长泰县人民法院认为，从上述事实和证据可以看出，原、被告双方虽然结婚时间较长，且已生育两个女儿，但由于夫妻双方未能正确处理夫妻关系，正视夫妻矛盾，常为一些家庭生活琐事闹纠纷，导致1988年以后双方已实际分居生活至今，现双方积怨很深，夫妻关系名存实亡。1993年5月，本院判决不准离婚后又没有实际和好，夫妻感情已完全破裂，现原告以夫妻应互相扶养为由，要求被告负担其医疗费及生活费，被告在答辩中明确要求离婚（反诉），原告起诉扶养，被告反诉要求离婚，都是基于同一婚姻法律关系，可以合并审理，且在庭审中，原告对合并审理没有提出异议，也同意离婚。根据最高人民法院《关于如何认定夫妻感情确已破裂的若干问题的规定》第七条之规定，《中华人民共和国婚姻法》第二十五条之规定，本案可以认定夫妻感情确已破裂，被告反诉离婚的主张应予准许。

关于子女抚养，长女张某琼已19岁，且已工作，不需要抚养。次女张某梅，现年9岁在校学习，长期与原告一起生活，征求孩子的意见也同意与母亲一起生活。但由于原告劳动能力较差，没有抚养能力，根据当地的实际生活水平，可判令张某梅与原告一起生活，孩子的生活费和教育费由被告负担。

关于夫妻共同财产的分割，主要依据以下原则：一是保护妇女、儿童合法利益的原则；二是有利于生产生活的原则；三是有利于执行判决的原则。本案夫妻共同财产中，价值较大的主要有新、旧楼房各1座及附设的厨房、猪舍各1间，判决旧楼房归被告张某瑞所有，其余房子归原告唐某莲。由于原、被告分居生活多年，实际已分成两个家，所以判令现在各自住处的生产、生活用具归各自所有，有利于以后判决执行。但将价值较大的在被告张某瑞处的21寸“声宝”彩电判归原告所有，以体现保护妇女利益的原则。关于债务问题，由于原告提供的债务事实，证据不足，不予认定。

关于被告给予原告一次性经济补助的问题，由于原告身患偏瘫，丧失部分劳动能力，需要被告在离婚时给予一次性经济补助，在补助金额上，双方分歧较大，无法调解，根据原、被告的实际情况，当地的平均生活水平状况，按每年600元共9年计算，共5400元，由被告一次性付清。因为9年后，需要抚养的婚生女张某梅已满18岁，到时应承担赡养的义务。

被告的反诉离婚既然成立，原告的扶养本诉也就自然取消，所以驳回原告的诉讼请求。依照《中华人民共和国婚姻法》第二十五条、二十九条、三十条、三十一条、三十三条之规定，判决如下：

一、准予张某瑞与唐某莲离婚。

二、未成年女儿张某梅随母亲唐某莲一起生活。张某瑞每月负担子女抚养费人民币60元，按月付清。从1994年6月份算起至张某梅18周岁止，张某梅教育费实际支出，由张某瑞负担。

三、现有夫妻共同财产中，在京元村的新楼房1座（2间），猪舍1间，厨房1间及现在反诉被告唐某莲处的财物双人床2张，桌柜2只，衣柜1只，单人床1张，办公桌1只，电视橱1只，玩具橱1只，“飞人”牌缝纫机1架，“风塔”牌400MM台扇1台，吊扇1台，现在张某瑞住处的

21寸“声宝”牌彩电1台归唐某莲所有，现在张某瑞住处的“杏花”牌400MM台扇1台，双人床及“席梦思”1床，三人座沙发1只，五人座弯角软沙发1套，“乐田”牌双炉头液化气炉具1台及在京元村的旧楼房1座(2间)归张某瑞所有。

四、张某瑞一次性补助唐某莲生活费人民币5400元，于本判决生效后1个月内支付。

五、驳回原告唐某莲的诉讼请求。

【办案依据】

《中华人民共和国婚姻法》（2001年4月28日）

第二十条　夫妻有互相扶养的义务。

一方不履行扶养义务时，需要扶养的一方，有要求对方付给扶养费的权利。

第二十九条　有负担能力的兄、姐，对于父母已经死亡或父母无力抚养的未成年的弟、妹，有扶养的义务。由兄、姐扶养长大的有负担能力的弟、妹，对于缺乏劳动能力又缺乏生活来源的兄、姐，有扶养的义务。

《中华人民共和国民法通则》（2009年8月27日）

第一百一十九条　侵害公民身体造成伤害的，应当赔偿医疗费、因误工减少的收入、残废者生活补助费等费用；造成死亡的，并应当支付丧葬费、死者生前扶养的人必要的生活费等费用。

《最高人民法院关于贯彻执行〈中华人民共和国民法通则〉若干问题的意见（试行）》（1988年1月26日）

31. 民法通则第二十一条第二款中的“其他费用”，包括赡养费、扶养费、抚育费和因代管财产所需的管理费等必要的费用。

（十一）赡养纠纷

【案由判定】

赡养是晚辈对长辈应尽的照顾其生活的义务，这种义务不仅发生在婚生子女和父母间，而且也发生在非婚生子女和父母、养子女和养父母、继子女和履行了抚养教育义务的继父母之间；不仅发生在子女与父母之间，而且发生在有负担能力的孙子女、外孙子女与子女已经死亡的祖父母、外祖父母之间。

【适用提示】

适用本案由时，需要注意其与抚养纠纷的区别。抚养纠纷是指因长辈亲属对晚辈亲属的抚育教育问题而发生的纠纷。而赡养是晚辈亲属对长辈亲属的物质上、生活上的照料义务，赡养纠纷是指赡养权利人与义务人因这种赡养关系而发生的纠纷。

【权威判决】

祁某与时某赡养纠纷上诉案（北京市第二中级人民法院（2014）二中民终字第01635号）

裁判要旨：子女不履行赡养义务时，无劳动能力的或生活困难的父母，有要求子女付给赡养费的权利。

案情：

上诉人（原审被告）：祁某

被上诉人（原审原告）：时某

上诉人祁某因赡养纠纷一案，不服北京市丰台区人民法院（2013）丰民初字第12180号民事判决，向本院提起上诉。本院依法组成合议庭审理了本案，现已审理终结。

2013年6月，时某起诉至原审法院称：我与祁某系母子，我爱人去世后，自己单独生活，由女儿照顾我生活起居，祁某对我不尽赡养义务，对我不管不问。我曾于2003年6月30日起诉至法院，经北京市丰台区人民法院及北京市第二中级人民法院判决，判决祁某每月给付100元赡养费，因当时祁某收入每月600元。由于我年老体弱多病，加上物价上涨，祁某每月给100元赡养费已不能满足我现生活所需，现祁某每月收入2250元加上年终结算30000元，平均每月5000元收入，要求祁某增加赡养费。故诉至法院，请求判令祁某自2013年11月起每月给付赡养费2000元，诉讼费由祁某承担。

祁某辩称，时某精神属于三级残疾，不具有行为能力。我同意独自赡养时某或者和姐姐轮流赡养时某，如果我姐姐赡养时某，应当公开时某的一切收入。时某有退休费及租房费用，足够其日常消费，时某同祁某1一起生活，是时某养着祁某1，我认为养老人是正常的，我也会赡养老人，但是不会养着祁某1及其儿子。

原审法院经审理查明：时某与祁某系母子关系，双方因赡养问题产生纠纷。2003年6月，时某诉至法院要求祁某支付赡养费，法院审理后出具（2003）丰民初字第8480号民事判决书判决祁某自二〇〇三年七月始每月给付时某一百元赡养费。祁某对判决不服提起上诉，北京市第二中级人民法院以（2003）二中民终字第7698号民事判决书维持原判。时某于二〇一三年六月再次起诉祁某，要求增加赡养费。时某本人亲自到庭诉讼，因年龄原因，除其听力有一定障碍外，思路逻辑、语言表达均可。祁某称时某为无行为能力人，但经法庭释明，祁某不申请对时某的行为能力进行鉴定。祁某另提交北京东罗园投资管理公司出具的证明两份，证明时某的收入情况，时某对此认可。

原审法院经审理认为：子女对父母有赡养扶助的义务。祁某称时某无诉讼行为能力，无充分证据证明，亦不申请鉴定，法院不予采信。时某要求祁某支付赡养费的请求，已经生效判决支持，考虑到时某年老多病，且十年来物价上涨，故对其要求增加赡养费的请求，法院予以支持，具体数额由法院综合考虑双方具体情况后确定。特别指出，父母有无收入，都不能免除子女对父母的赡养义务，祁某应当尽力赡养扶助时某，协助其安度晚年。据此，原审法院于 2013 年 12 月判决：一、祁某自二〇一三年十二月起每月加付时某赡养费人民币二百元。二、驳回祁某的其他诉讼请求。如果未按判决指定的期间履行给付金钱义务，应当依照《中华人民共和国民事诉讼法》第二百五十三条之规定，加倍支付迟延履行期间的债务利息。

原审法院判决后，祁某不服，上诉至本院称：时某不具备完全的民事行为能力，原审法院违反法定程序，本次诉讼实际上并不是时某的真实意思。因此请求本院撤销原判，依法改判驳回时某的诉讼请求。

时某辩称：同意原判，子女都有赡养老人的义务，虽然时某有三级精神残疾，但不影响其本人的意识，时某有民事行为能力。

本院经审理查明的事实与原审法院查明的事实无异。

上述事实，有双方当事人陈述、（2003）丰民初字第 8480 号民事判决书、（2003）二中民终字第 7698 号民事判决书、证明等证据在案佐证。

本院认为：子女对父母有赡养扶助的义务。子女不履行赡养义务时，无劳动能力的或生活困难的父母，有要求子女付给赡养费的权利。时某要求祁某给付赡养费的请求符合法律规定，生效判决亦已经支持。现时某要求增加赡养费，考虑到时某自身生活、医疗等支出以及物价上涨等因素，原审法院支持时某要求增加赡养费的请求并无不当，增加的数额原审法院根据本案实际情况酌定为每月200元亦无不妥。关于祁某上诉主张时某不具备完全民事行为能力、本次诉讼并非其真实意思一节，本院认为，时某虽系三级精神残疾，并不意味着其民事行为能力必然缺失；且经法院释明，祁某不申请对时某的民事行为能力进行鉴定，祁某亦未提供充分证据证明时某无完全民事行为能力；在原审庭审中，时某本人亦出庭，原审法院向其询问，时某思路逻辑、语言表达均可。因此对于祁某的上诉主张本院不予支持。

综上，原判决认定事实清楚，适用法律正确，应予维持。依据《中华人民共和国民事诉讼法》第一百七十条第一款第（一）项之规定，本院判决如下：

驳回上诉，维持原判。

一审案件受理费70元，由祁某负担（于本判决生效之日起7日内交纳）；二审案件受理费70元，由祁某负担（已交纳）。

本判决为终审判决。

【参考案例】

1. 法院应根据父母的实际需要、子女的负担能力和当地的实际生活水平等因素综合确定赡养费数额

——陈某维与陈某辉等赡养关系纠纷上诉案

案　　号：广东省佛山市中级人民法院（2004）佛中法民一终字第149号

裁判要点：根据《中华人民共和国婚姻法》第二十一条第一款和第三款之规定，父母对子女有抚养教育的义务；子女对父母有赡养扶助的义务。子女不履行赡养义务时，无劳动能力的或生活困难的父母，有要求子女付给赡养费的权利。在赡养纠纷案件中，具体到赡养费数额的确定，人民法院应根据父母的实际需要、子女的负担能力和当地的实际生活水平等因素综合确定。

案情：

上诉人（原审原告）：陈某维，男，1943 年 8 月 6 日出生，住所：广东省佛山市南海区×镇×街。

被上诉人（原审被告）：陈某辉，男，1970 年 12 月 12 日出生，住所：广东省佛山市南海区×镇×村。

被上诉人（原审被告）：陈某棠，男，1972 年 3 月 22 日出生，住所：广东省佛山市南海区×镇×路。

被上诉人（原审被告）：陈某宜，女，1977 年 10 月 8 日出生，住所：广东省佛山市南海区×镇×村。

上诉人陈某维因赡养关系纠纷一案，不服广东省佛山市南海区人民法院（2003）南民一初字第 2256－1 号民事判决，向本院提起上诉。本院依法组成合议庭审理了本案，现已审理终结。

原审判决认定：原告陈某维与陈某兴于 1970 年 3 月 4 日登记结婚，婚生子女陈某辉现年 33 岁，陈某棠现年 31 岁，陈某宜现年 26 岁，均已婚娶。陈某兴于 2003 年 8 月 5 日向本院诉请与陈某维离婚，本院于 2003 年 9 月 9 日判决准予陈某兴与陈某维离婚，该判决已发生法律效力。现原告以三被告不支付赡养费为由向本院起诉，要求三被告每月支付赡养费 600 元。另查明，南海区狮山街道办事处狮中中南村 2003 年约 9 月进行土地股份分红，原告分得15300元。

原审法院认为：《中华人民共和国婚姻法》第二十一条第一、三款规定，父母对子女有教育和抚养的义务，子女对父母有赡养的义务，子女不履行赡养义务时，没有劳动能力或生活困难的父母，有要求子女给付赡养费的权利。原告现在有股份收入，对其要求三被告支付赡养费的请求根据实际情况予以采纳。三被告认为原告现在有生活费，不存在要求支付赡养费之理由，应待原告将来生活困难、无生活费来源时，才能支付赡养费的辩称不予采纳。原告要求三被告支付医疗费，应根据今后的实际医疗情况另行主张。根据《中华人民共和国民事诉讼法》第一百三十四条第一款、第三款、《中华人民共和国婚姻法》第二十一条第一、三款的规定，原审法院于2003年11月26日判决：被告陈某辉、陈某棠、陈某宜应从2003年12月1日起每月暂支付赡养费150元予原告，其中陈某辉、陈某棠各支付60元，陈某宜支付30元。上述款项每年合计1800元，应在每年的6月30日前和12月30日前分两次付清。案件受理费50元由三被告负担。

陈某维不服上述判决，向本院提起上诉称：一审判决认定事实清楚，但适用法律错误，判决被上诉人给付上诉人赡养费的金额过低。上诉人已年满60岁，没有劳动能力，没有工作收入和经济来源，生活困难。上诉人的三个子女有固定工作，收入稳定，完全有能力和义务赡养上诉人，一审判决被上诉人每月支付150元，按目前的物价水平和生活所需，根本不够上诉人日常生活支出。据此请求：撤销一审判决，依法改判，支持上诉人的上诉请求。

被上诉人陈某辉、陈某棠、陈某宜辩称：上诉人在外包二奶，对子女不管不问。上诉人现在还有劳动能力，也有收入。150元已经够了，符合当地的生活水平。请求驳回上诉，维持原判。

经审查，本院对原审认定的事实予以确认。另查明：南海区狮山街道办事处狮中中南村分配鱼塘租金，陈某维每年分得610元。

本院认为：《中华人民共和国婚姻法》规定“子女不履行赡养义务时，没有劳动能力或生活困难的父母，有要求子女给付赡养费的权利”。赡养费的数额，可根据父母的实际需要、子女的负担能力和当地的实际生活水平确定。上诉人有股份分红和鱼塘租金的收入，加上原审判决赡养费每月150元，足以维持上诉人基本生活，亦符合当地的生活水平。上诉人认为赡养费150元过低、要求增加赡养费的请求，本院不予支持。原审判决正确，应予维持。综上，依照《中华人民共和国民事诉讼法》第一百五十三条第一款第（一）项的规定，判决如下：

驳回上诉，维持原判。

案件受理费50元，由上诉人陈某维负担。

本判决为终审判决。

2. 养子女对生父母尽了较多赡养义务的，可以分得生父母的适当遗产

——纪某治诉纪某琴房屋继承纠纷案

权威刊载：北大法宝精选案例

案　　号：山东省桓台县人民法院2001年7月21日

裁判要点：婚姻法第二十七条第二款规定：“继父或继母和受其抚养教育的继子女间的权利义务，适用本法对父母子女关系的有关规定。”继父母与继子女之间的关系是后来产生的，是基于父母一方的再婚而产生，这种关系的初始状态是一种姻亲关系。根据法律规定，这种姻亲的当事人之间是没有法定的抚养、赡养义务的。只有当继父母对继子女进行了实质上的抚养和教育，才能够享受到继子女的赡养和扶助。

案情：

原告：纪某治，女，64岁，住福建省厦门市开元路。

被告：纪某琴，女，57岁，住福建省厦门市厦禾巷。

原告纪某治诉被告纪某琴房屋继承纠纷案，向福建省厦门市开元区[①]人民法院提起诉讼。

在诉讼期间，被告纪某琴擅自将诉争楼房的第4层拆除，欲进行翻建。为有利于案件的审理和判决的执行，开元区人民法院于1987年7月8日依照《中华人民共和国民事诉讼法（试行）》第九十二条第一款和第九十三条第二款的规定，依职权作出诉讼保全裁定，查封厦禾巷26号楼房第4层。

开元区人民法院依法组成合议庭，对该案进行了公开审理，查明：

原告与被告系同胞姐妹关系。坐落在厦门市厦禾巷26号4层楼房一幢，系原告和被告生父纪经山、生母陈树共同建置，产权登记于陈树名下。被继承人生有2男2女，长子纪某河、次子纪某顺于新中国成立前去台湾省谋生，至今下落不明。长女纪某治，自幼被他人收养；次女纪某琴，长期与母陈树共同生活。诉争的楼房1、3、4层由国家改造，2层由陈树和被告居住。后来，被改造的3、4层楼房落实政策退还，由陈树出租。原告虽自幼被他人收养，但在成年后仍与生母保持来往，生活上多方给予关照。陈树晚年在病中，原告前往护理。1986年1月陈树去世，原告与被告共同主持安葬。之后，原告提出继承、分割陈树遗产楼房，被告不同意，双方发生纠纷。经亲友和居民委员会调解，被告同意支付6000元补偿原告。后因被告翻悔，原告即向开元区人民法院起诉。诉称：原告系法定继承人之一，对生母生前尽了赡养义务，主张继承母亲遗产；兄弟纪某河、纪某顺去台湾后至今没有音讯，念及骨肉之情，同意保留他们应继承的份额，由

① 现为厦门市思明区。

原告和被告分别代管。

被告答辩称：原告出生2个月时已由他人收养，与生母之间的权利义务关系已随之消除。因此，不能作为生母的法定继承人。但念及姐妹之情，且在逢年过节探望生母，故对其诉讼请求愿以经济补偿处理（补偿人民币6000元，分6年付清，每年1000元），但原告应将楼房产权证交由被告保存。

开元区人民法院审理认为：厦禾巷2、3、4层，系被继承人纪经山、陈树的遗产，依照《中华人民共和国继承法》第十条第二款的规定，应由其法定第一顺序继承人纪某琴、纪某河、纪某顺共同继承；纪某河、纪某顺去台湾至今下落不明，其继承份额应予保留。纪某治自幼送他人收养，并与养父母保持收养关系，依照《中华人民共和国婚姻法》第二十条第二款关于“养子女与生父母之间的权利和义务，因收养关系的成立而消除”的规定，原告不能作为被继承人的法定继承人，因此也不能继承被继承人陈树的遗产。但是，鉴于原告长期对被继承人陈树给予生活上关照和经济上扶助，依照继承法第十四条关于“继承人以外的对被继承人扶养较多的人，可以分给他们适当的遗产”的规定，可以给原告分得被继承人陈树的适当遗产。被告提出愿以6000元作为对抵偿原告可以分得被继承人遗产的份款，应予支持；至于付款期限，可酌情缩短。为便于被告修缮楼房，要求原告交还楼房产权证是合理的。

综上，该院于1987年8月31日判决如下：

一、坐落在厦禾巷26号楼房的第2、3、4层，由被告纪某琴和去台湾的纪某河、纪某顺共同继承；

二、被告纪某琴应补偿原告纪某治人民币6000元，于本判决生效时交付2000元，生效六个月时交付2000元，生效一年时交付2000元；原告应在被告付清上述款后将诉争房屋产权证交给被告。

本案诉讼费395元，原告负担95元被告负担300元。

宣判后，原告纪某治不服，以被继承人陈树并没有将她送人收养，而且对其尽了较多的义务，要求依法继承陈树的遗产为由，向厦门市中级人民法院提出上诉。

厦门市中级人民法院审理认为；上诉人纪某治自幼由他人收养，依法与生母的权利义务关系消除，不能作为法定继承人继承被继承人的遗产。但上诉人对被继承人生前扶养较多；被继承人去世后，上诉人与被上诉人共同对其安葬，依法可适当分得陈树的遗产。根据上诉人对被继承人生前扶养的情况，分给上诉人的遗产金额偏低，可适当增加。据此，依照民事诉讼法（试行）第一百五十一条第（一）项的规定，于1988年6月1日判决如下：

维持原审判决第一项；第二项变更为：纪某琴、纪某河、纪某顺共同补偿纪某治可适当分得房价款人民币8000元，该款在纪某河、纪某顺未实际管业之前，先由纪某琴支付。纪某琴应在本判决生效后六个月内先付4000元，余款在一年内付清。纪某治应在纪某琴付清上列款后，将诉争房屋的产权证交由纪某琴保存。

二审诉讼费395元，由纪某治负担200元，纪某琴负担195元。

【办案依据】

《中华人民共和国婚姻法》（2001年4月28日）

第二十一条　父母对子女有抚养教育的义务；子女对父母有赡养扶助的义务。

父母不履行抚养义务时，未成年的或不能独立生活的子女，有要求父母付给抚养费的权利。

子女不履行赡养义务时，无劳动能力的或生活困难的父母，有要求子女付给赡养费的权利。

禁止溺婴、弃婴和其他残害婴儿的行为。

第二十六条　国家保护合法的收养关系。养父母和养子女间的权利和义务，适用本法对父母子女关系的有关规定。

养子女和生父母间的权利和义务，因收养关系的成立而消除。

第二十七条　继父母与继子女间，不得虐待或歧视。

继父或继母和受其抚养教育的继子女间的权利和义务，适用本法对父母子女关系的有关规定。

第二十八条　有负担能力的祖父母、外祖父母，对于父母已经死亡或父母无力抚养的未成年的孙子女、外孙子女，有抚养的义务。有负担能力的孙子女、外孙子女，对于子女已经死亡或子女无力赡养的祖父母、外祖父母，有赡养的义务。

第三十条　子女应当尊重父母的婚姻权利，不得干涉父母再婚以及婚后的生活。子女对父母的赡养义务，不因父母的婚姻关系变化而终止。

（十二）收养关系纠纷

【案由判定】

收养是根据法定的条件和程序领养他人子女为自己子女的民事法律行为，是一种变更民事权利、义务的法律行为。收养作为一种重要的民事法律行为，必须以相应的法律予以规范，只有采取某种法定形式才能确定收养关系的成立或解除关系。

确认收养关系纠纷是指当事人对收养关系是否成立并有效存在不同的认识，由此产生的纠纷。

解除收养关系纠纷是指当事人对收养关系是否解除存有不同的认识，由此产生的纠纷。

【适用提示】

适用本案由时，需要注意其与抚养纠纷的区别。抚养义务不因为父母离婚而消除。离婚后，子女无论由父或母直接抚养，仍是父母双方的子女，父母对于子女仍有抚养和教育的义务。而养子女和生父母之间的权利和义务，因收养关系的成立而消除。

【权威判决】

申某某与赵某某解除收养关系纠纷案（河南省郑州市中级人民法院（2011）郑民再终字第190号）

裁判要旨：养父母与成年养子女关系恶化、无法共同生活的，可以协议解除收养关系。不能达成协议的，可以向人民法院起诉。

案情：

申请再审人（一审原告、二审上诉人）：申某某

被申请人（一审被告、二审被上诉人）：赵某某

申请再审人申某某与被申请人赵某某解除收养关系纠纷一案，郑州市二七区人民法院于2009年8月20日作出（2009）二七民一初字第1869号民事判决，申某某不服原判，提起上诉后，本院于2010年4月20日作出（2010）郑民二终字第83号民事判决，已经发生法律效力。

申某某不服，申请再审。河南省高级人民法院于 2011 年 3 月 18 日作出（2010）豫法民申字第 02698 号民事裁定，指令本院对本案进行再审。本院依法另行组成合议庭公开开庭审理了本案，申某某及其委托代理人刘飞、赵风云与赵某某及其委托代理人王锐到庭参加诉讼。本案现已审理终结。

一审查明，申某某与赵某某系养母子关系，赵某某出生三天即由申某某抚养。多年来，申某某与赵某某一直共同生活。2004 年，由于申某某的丈夫、赵某某的养父赵志德体弱多病，多次住院治疗，申某某与赵某某因医疗费发生矛盾，申某某和赵志德诉至该院，要求判令赵某某每月支付赡养费 500 元。该院审理后做出（2004）二七民一初字第 1207 号，判令赵某某每月支付赵志德赡养费 150 元，支付申某某赡养费 150 元。后赵志德去世，申某某与赵某某仍然在一起共同生活。2009 年 5 月 26 日，申某某诉至该院，要求解除申某某与赵某某之间的收养关系，并赔偿申某某因收养期间而支出的生活费和教育费 100000 元。

一审认为，养父母与成年养子女关系恶化、无法共同生活的，可以协议解除收养关系。不能达成协议的，可以向人民法院起诉。本案中，申某某与赵某某之间的收养关系形成已经五十多年，并且一直共同生活，双方之间已经建立了深厚的母子感情，申某某已经八十多岁，需要子女的体贴照顾。虽然申某某与赵某某在 2004 年因赵志德的医疗费发生矛盾，但是经法院判决后纠纷已经得到解决，双方仍然共同生活至今。申某某提交的证据不足以证明其与赵某某之间关系恶化无法共同生活。申某某的诉讼请求该院不予支持。综上，依照《中华人民共和国民事诉讼法》第六十四条、《中华人民共和国收养法》第二十七条之规定，判决如下：驳回申某某的诉讼请求。案件受理费 100 元，由申某某负担。

申某某上诉称，赵某某没有履行其作为子女应当履行的赡养义务，并且双方之间的感情完全破裂，没有恢复的可能。一审判决认定事实错误，在程序上存在重大瑕疵，二审法院应当撤销一审判决，判令解除申某某与赵某某之间的养母和养子关系，并赔偿上诉人100000元损失。

赵某某答辩称，申某某与赵某某的收养关系已近55年，赵某某尽心尽力赡养老人，愿意承担对上诉人的赡养义务，双方关系并未恶化，解除收养关系有违常理，有违社会公序良俗。请求法庭维持申某某与赵某某的收养关系。

本院二审查明的事实同一审查明的事实相一致。

二审认为，本案中，申某某与赵某某之间的收养关系形成已经五十多年，并且一直共同生活，双方之间已经建立了深厚的母子感情，现申某某已经八十多岁，正是需要子女体贴照顾的时候。虽然申某某与赵某某曾因赵志德的医疗费发生矛盾，但是经法院判决后纠纷已经得到解决。申某某上诉称赵某某没有履行其作为子女应当履行的赡养义务，并且双方之间的感情完全破裂，但其并未提交确凿的证据加以证明，且赵某某一再表示愿意承担对申某某的赡养义务。故申某某与赵某某之间的收养关系不宜解除。申某某的上诉理由不能成立，对此本院不予支持。原审判决正确，应予维持。依照《中华人民共和国民事诉讼法》第一百五十三条第一款第（一）项之规定，判决：驳回上诉，维持原判。二审案件受理费100元，由申某某负担。

申某某再审诉称，赵某某没有履行其作为子女应当履行的赡养义务，并且双方之间的感情完全破裂，没有恢复的可能。请求撤销一、二审判决，判令解除收养关系，并赔偿其收养期间所支出的费用。

赵某某答辩称，本人愿意承担赡养义务，双方关系并未恶化，解除收养关系有违常理，有违社会公序良俗。请求维持原判。

本院再审查明的事实与原审查明的一致。

本院再审认为，本案中申某某与赵某某之间的收养关系形成已经五十多年，现申某某已经八十多岁，正是需要子女体贴照顾的时候。且赵某某一再表示愿意承担对申某某的赡养义务，故申某某与赵某某之间的收养关系不宜解除。原判决认定事实清楚，适用法律正确，程序合法，实体处理适当，应予维持。依照《中华人民共和国民事诉讼法》第一百八十六条、第一百五十三条第一款第（一）项之规定，判决如下：

维持本院（2010）郑民二终字第83号民事判决。

本判决为终审判决。

【参考案例】

1. 解除收养关系的情形

——王某辉请求依特别程序终止与收养人王某满夫妇收养关系案

权威刊载：北大法宝精选案例

案　　号：福建省石狮市人民法院（1996）狮法特字第001号

裁判要点：根据我国《收养法》规定解除收养关系有三种情况：收养人与送养人双方协议解除；收养人不履行抚养义务，有虐待、遗弃等侵害未成年养子女合法权益的行为；养父母与成年养子女关系恶化无法共同生活的。本案不能适用《收养法》的规定。对于变更之诉的离婚案件，如果一方当事人死亡，双方婚姻关系就归于消灭，姻亲关系以配偶的死亡而终止；同样对于确认收养关系终止的案件，如果收养人已经死亡，那么收养人与被收养人的收养关系也自然消失，不再发生解除、终止收养关系的问题。

案情：

申请人：王某辉（原名赖某顺），男，1942年9月20日出生，原住福建省石狮市×街居委会，现住台湾省彰化县×镇×街。

申请人王某辉，原名赖某顺，出生于台湾省彰化县员林镇三格里三桥街，兄弟姐妹排行第六，其生父名赖丙丁，生母名张氏不啼（均已故）。1947年夏，申请人6岁时被人口贩子从台湾彰化县拐卖到大陆，由原福建省晋江县石狮镇宽仁街王某满、蔡某治夫妇买下作养子。在其16岁时即外出做工，并成家立业；待至王某满夫妇已去世后，方回石狮宽仁街居住。后获得其被从台湾拐卖至王家的身世，欲回台而无望。直至经海峡两岸亲人的努力，终于回归台湾故里。其与王某满夫妇这种因拐卖而形成的收养关系，名存实亡，实质上是拐卖中的“收留”与“被收留”的非拟制血缘关系。为匡正被拐卖被扭曲的人身关系的畸变，还家庭历史与人身关系的真实面目，请求依照特别程序裁定宣告终止其与王某满、蔡某治夫妇客观上形成的收养关系，恢复赖某顺原名。

申请人出生于台湾省彰化县，原名赖某顺，兄弟姐妹排行第六，其生父名赖丙丁，生母名张氏不啼（均已故）。1947年夏，申请人6岁时，被人口贩子从台湾省拐卖至大陆，由原福建省晋江县石狮镇居民王某满、蔡某治夫妇买下作养子，并取名为王某辉。后王、蔡夫妇又收养当地施某丽作养女，没有其他子女及养子女。收养人王、蔡夫妇先后于1973年9月9日与1976年8月1日逝世。王、蔡夫妇去世后，已成家的申请人夫妇担负并帮助其养妹施某丽成家立业。王、蔡夫妇生前仅遗留一间平屋，养女施某丽结婚后已表示自愿放弃继承，交由养兄即申请人处理。其后，申请人据当地所在的土地管理部门统一安排，以申请人本人的名义重新申请并依法取得自建楼房的土地使用权证书（其中包括拆除了王、蔡夫妇生前遗留的该间旧平屋的宅基地），自置了房产。1988年间，申请人经海峡两岸亲人的努力与有关部门的协助，终于获知其幼时被拐卖至大陆的身世并获准前往台湾省探亲。1991年间，经海峡两岸有关部门的批准，申请人夫妇偕同长子、次女一行四人返台湾省故里定居。现尚留下申请人的长女（已婚）及外孙在大陆。台湾省当局要求申请人须持有由人民法院裁定许可申请人终止与原养父母的收养关系的法律文书，方可准其尚在大陆的长女等其他直系血亲入台定居。故申请人向石狮市人民法院提出上述申请。

以上事实有下列证据证明：石狮市台胞台属联谊会的证明书；石狮市凤里街道办事处宽仁居民委员会证明书；施某丽的声明书；台湾当局发给申请人的户政簿；台湾“内政部警政署入出境管理局”的书函。

因收养人王某满、蔡某治夫妇先后于1973年9月9日与1976年8月1日去世，收养人王某满、蔡某治与被收养人王某辉之间收养关系也即消失，不再发生解除、终止的问题。

石狮市人民法院依照《中华人民共和国民事诉讼法》第一百三十七条第一款第（四）项的规定，裁定如下：

本案终结诉讼。

2. 解除收养关系纠纷案件的执行中，法院不得对民事主体的人身进行强制执行

——刘某枝与王某松等解除收养关系纠纷执行案

权威刊载：北大法宝经典案例

案　　号：最高人民法院

裁判要点：根据民法及民事诉讼法保护公民人身自由的原则，人民法院在开展以人身作为执行标的执行工作时，应当注意执行方法，不得对当事人的人身进行强制执行。所以，解除收养关系纠纷的执行中，法院不得

对民事主体的人身进行强制执行，而应当通过说服教育的方法，实现法院判决的执行。

案情：

申请执行人：刘某枝，女，武汉市人。

被执行人：王某松，男，武汉市人。

被执行人：张某兰，女，武汉市人。

被执行人：赖某玲，女，福建省晋江县人。

被执行人：赖某煌（赖某玲之弟），男，福建省晋江市人。

被执行人：陈某娥（赖某煌之妻），女，福建省晋江市人。

刘某枝请求法院解除其子王某与王某松、张某兰、赖某煌、赖某玲、陈某娥非法收养关系一案，武汉市青山区人民法院于1996年11月作出判决，判令上述五被告人与王某的收养关系无效，五被告人均有义务将被收养人王某送还原告刘某枝抚养；刘某枝给付赖某煌、陈某娥抚养王某期间的生活费等3 600元人民币；王某松、张某兰、赖某玲各赔偿刘某枝1 000元人民币损失费。判决生效后，上述五被告人没有履行生效法律文书确定的义务，刘某枝于1997年1月14日向青山区法院申请执行。该院就有关财产部分执行完毕，对王某的抚养问题有关当事人各方自愿达成了和解协议：1. 王某暂由被执行人赖某煌、陈某娥抚养。此间，被执行人应满足王某受教育的权利，使其健康成长，不得对其进行虐待遗弃、转卖；2. 被执行人赖某煌、陈某娥需满足刘某枝探望其子的权利，并承担探望期间的一切费用（包括车费、住宿费、生活费等），同时，还应保证刘某枝的人身安全及与其子同吃住的要求，探望期间、探望时间由刘某枝决定；3. 待王某有识别能力后如愿随生母回武汉生活，被执行人应尊重其选择。此后，申请执行人刘某枝反悔，请求法院恢复对原生效判决的执行。青山区法院仅就判决的财产部分执行完毕，但在王某交还问题上，由于王某不愿随其生母回武汉生活，执行法院拟将其强制带回交给其生母，但考虑到缺乏法律依据，故逐级请示至本院。

针对王某的人身能否采取强制措施问题，湖北省高院向本院进行了书面请示，该院认为：1. 青山区法院可以继续做被执行人的工作，尽量满足被执行人要求申请执行人支付代养王某期间的医疗费、生活费等费用；2. 不同意对王某采取强制带回的方式，理由是没有法律依据。

该案争议的焦点是人身作为执行标的能否进行强制执行，如果不予强制执行，在被执行人不积极主动履行的情况下，申请执行人的权利将如何实现。

青山区法院做出的（1998）青民初字第101号民事判决书已经发生法律效力，依法应予执行。但必须注意执行方法，不得对王某人身进行强制执行。可以通过当地妇联等有关部门在做好被执行人的说服教育工作的基础上，让生母刘某枝将孩子领回。对干预执行的人员，可酌情对其采取强制措施。

【办案依据】

《中华人民共和国婚姻法》（2001年4月28日）

第二十六条　国家保护合法的收养关系。养父母和养子女间的权利和义务，适用本法对父母子女关系的有关规定。

养子女和生父母间的权利和义务，因收养关系的成立而消除。

《中华人民共和国收养法》（1998年11月4日）

第二十三条　自收养关系成立之日起，养父母与养子女间的权利义务关系，适用法律关于父母子女关系的规定；养子女与养父母的近亲属间的权利义务关系，适用法律关于子女与父母的近亲属关系的规定。

养子女与生父母及其他近亲属间的权利义务关系，因收养关系的成立而消除。

第二十四条　养子女可以随养父或者养母的姓，经当事人协商一致，也可以保留原姓。

第二十五条　违反《中华人民共和国民法通则》第五十五条和本法规定的收养行为无法律效力。

收养行为被人民法院确认无效的，从行为开始时起就没有法律效力。

（十三）监护权纠纷

【案由判定】

监护权纠纷是指因行使监护权而发生的民事争议，主要是监护权人认为其依法行使的监护权被他人侵害时所引发的纠纷。监护是指民法上规定的对无民事行为能力人和限制民事行为能力人的人身权益和财产权益进行监督保护的法律制度。实践中，没有监护权的人侵犯他人合法的监护权可能引起监护权纠纷。另外，监护人不履行监护职责，或者侵害了被监护人的合法权益，《民法通则》第16条、第17条规定的其他有监护资格的人或者单位向人民法院起诉，要求监护人承担民事责任的，由此形成的纠纷也属于监护权纠纷。

【适用提示】

适用本案由时，需要注意其与抚养纠纷的区别。抚养纠纷中的抚养义务是指与需要被扶养的人有一定的身份关系的人，依照法律其必须对被抚养的人履行抚养照顾的职责。而监护权纠纷中的监护是指监护人对未成年人和精神病人等无民事行为能力人和限制行为能力人的人身权益、财产权益以及其他一切合法权益进行监督、保护的一项制度。有抚养义务的人并不一定是监护人。特定情形下，监护权人可以变更和终止，但抚养人对被抚养人的抚养义务不能免除。

【权威判决】

李某诉张某甲监护权纠纷案（河北省武安市人民法院（2013）武民初字第01004号）

裁判要旨：在被监护人其父母均死亡后，其祖母与外祖母作为第二顺序监护人均有同等监护权利和义务。

案情：

原告：李某

被告：张某甲

第三人：张某乙、黄某

原告李某诉被告张某甲、第三人张某乙、第三人黄某监护权纠纷一案，本院于2011年6月8日作出（2011）武民初字第00114号民事判决，被告张某甲不服，向邯郸市中级人民法院提出上诉，邯郸市中级人民法院于2011年12月5日作出（2011）邯市民一终字第826号民事裁定：一、撤销武安市人民法院（2011）武民初字第114号民事判决；二、发回武安市人民法院重审。本院受理后，依法另行组成合议庭，公开开庭进行了审理，原告李某，被告张某甲及委托代理人黄树岐到庭参加了诉讼，第三人张某乙、第三人黄某经合法传唤未到庭参加诉讼，本案现已审理终结。

原告诉称，2008年3月22日我儿子王某祥因交通事故死亡，共获赔偿款15万元，其中支付我2万元，13万元由儿媳刘某书带回娘家。2009年正月十四，儿媳刘某书因病死亡，之后大孙女王某1随其姥姥即本案被告张某甲生活，小孙女王某随我生活，但不久王某又被被告抢走，后由被告将王某交给第三人收养。我是王某合法的监护人，有义务保护孙女的合法权益，被告与第三人之间收养王某的协议无效，被告现又无力抚养两个孩子，为使孩子健康成长，应由我监护，孩子的抚养费及个人财产在被告处，应由我保管，因被告与第三人侵犯被抚养人的合法权益，请求判决被告与第三人的收养王某、王某1协议无效；判决王某、王某1由原告监护；王某、王某1的抚养费及个人财产共计111250元由原告代管；诉讼费由被告承担。

被告辩称，1. 原告说的不是事实，我女婿发生交通事故后我女儿从事故科领10万元，不是15万元，当时就给了原告李某2万元，我女儿只得了8万元；2. 王某现没有让第三人张某乙抚养，只是当时家里出了事，由张某乙看了两天，我抚养王某1、王某已有三四年了，不同意孩子给原告抚养；王某祥因交通事故去世，原告在诉状中写的事故发生时间往后推了一年，两个孩子随姥姥生活已形成了自然监护和良好的抚养关系，应驳回原告诉讼请求。

本院根据当事人的诉辩意见、举证、质证及对有效证据的认定，对本案的事实确认如下：

原告儿子王某祥与被告女儿刘某苏系夫妻关系，王某祥于2007年农历三月初四因交通事故死亡，刘某苏于2009年农历正月十四日因病死亡，双方育有两个女儿，长女王某1于2003年10月13日出生，次女王某于2006年8月16日生，现王某1、王某均随被告张某甲生活。原、被告现均有监护能力，原告李某因王某1、王某监护权与被告张某甲发生矛盾，引发诉讼。武安市冶陶镇固义村村民委员会证明王某1、王某的奶奶李某和叔叔王某强、王某军愿意共同抚养两个孩子；武安市冶陶镇冶陶村村民委员会证明王某1、王某二人自父母去世后一直由被告张某甲与其舅舅刘某杰抚养，并同意抚养至十八周岁。

本院认为，被监护人王某1、王某在其父母均死亡后，其祖母与外祖母作为第二顺序监护人均有对王某1、王某同等监护权利和义务，且二人现均有监护能力，通过对王某1和王某户籍所在地冶陶镇固义村村民委员会和二人的实际居住地冶陶镇冶陶村村民委员会征求意见，二村委会均同意由本村委会的成员对王某和王某1进行监护，本院通过多次调解，原、被告二人均不能达成一致意见，结合该案的实际情况，认为王某1、王某应由原、被告分别监护为宜。原告诉求被告与第三人之间的收养协议无效，因原告未提供证据证实被告与第三人订立收养协议，且被告只是认可王某系第三人临时代看，故对原告此项请求本院不予支持。在庭审过程中，原、被告均承认两个孩子的父亲王某祥因交通事故去世，得到15万元赔偿，其中埋葬费5万元，给原告2万元，被告女儿刘某苏得了8万元，刘某苏因病于2009年农历正月十四日因病死亡，原告诉求代管被监护人的抚养费及财产共计111250元，因未提供证据证实被告张某甲现代管着王某1、王某的抚养费及财产，被告张某甲又不予认可，故本院对原告此项诉讼请求不予支持。根据《中华人民共和国民事诉讼法》第一百四十四条，《中华人民共和国民法通则》第十六条之规定，判决如下：

一、被监护人王某由原告李某监护，抚育费用由原告承担；被监护人王某1由被告张某甲监护，抚育费用由被告承担。

二、驳回原告其他诉讼请求。

案件受理费100元，由原告承担。

如不服本判决，可在判决书送达之日起十五日内，向本院递交上诉状及副本，上诉于河北省邯郸市中级人民法院。

【参考案例】

1. 未成年人的法定监护人与近亲属约定，未成年的部分财产暂由未成年的近亲属保管的，其法定监护人可以随时要求由自己保管

——徐某香诉吴某珍等监护权案

权威刊载： 北大法宝精选案例

案　　号： 江苏省宿迁市中级人民法院（2008）宿中民一终字第0220号

裁判要点： 未成年人的父母是未成年人的监护人。根据我国《民法通则》第十八条的规定："监护人应当履行监护职责，保护被监护人人身、财产及其他合法权益，除为被监护人的利益外，不得处理被监护人的财产。监护人依法履行监护的权利，受法律保护。"由此可知，对未成年人财产的管理、保护属于父母的监护权利（也是职责）范畴，未成年人的其他近亲属并不直接享有该项权利。同时，最高人民法院《关于贯彻执行〈中华人民共和国民法通则〉若干问题的意见（试行）》第二十二条规定，监护人可以将监护职责部分或者全部委托给他人。未成年人的法定监护人与近亲属约定，未成年的部分财产暂由未成年的近亲属保管的，即属于委托关系，委托监护本质上属于委托合同的范畴，法定监护人作为委托人可以随时终止委托关系而无须征得被委托人的同意，因此其法定监护人可随时要求由自己保管未成年的财产。

案情：

原告（上诉人）：徐某香，女，28岁，农民，住宿迁市宿豫区×乡×村。

被告（被上诉人）：吴某珍，女，57岁，农民，住址同上。

一审中，原告徐某香诉称：原告丈夫张×法在上海打工时因劳动事故而身亡，就其身后的财产分割，原、被告签署了协议书，但被告未按协议履行，不告诉张××名下的存款数额，也不告诉存款的地点和密码，现请求法院判令二被告交出张某某名下的财产（银行存单）并由原告行使监管权。

二被告吴某珍、张某标辩称：没有保管张某某的钱（赔偿款）。

江苏省宿迁市宿豫区人民法院经公开审理查明：张×法系二被告张某标、吴某珍之子，2000年与徐某香举行结婚仪式，于2002年7月24日生育一子张某某。张×法于2007年4月11日在上海打工期间受伤，经医院抢救无效死亡。雇主陈某某于2007年4月14日一次性赔偿因张×法死亡的各项费用32万元。后徐某香与张某标、吴某珍对赔偿费用达成协议，约定："……四、张某某的份额暂由吴某珍保管，视张某某的生活环境而定……七、注：增加条款：1. 张某某抚养费130 000元……3. 如其母亲两年内没有改嫁，按每年一万元支付存于吴某珍手的款项。赔付所得人：张××：130 000元（注：存单与密码由吴某珍保管）……2007年6月1日。"现张某某随徐某香生活。2007年7月10日徐某香请求宿豫区人民法院确认其对张某某的法定监护权。2007年11月9日徐某香再次请求判令二被告交出张某某名下的财产（银行存单）并由原告行使监管权。

江苏省宿迁市宿豫区人民法院经审理认为：未成年人之父母是未成年

人当然的监护人。其监护人资格从未成年人出生时当然取得，无须任何程序和手续。本案中，徐某香是张某某的监护人，其与吴某珍、张某标签订的协议中，对涉及张某某财产处分的条款并未侵犯张某某的权利，该条款合法有效，现徐某香主张变更该条款，由其自行行使财产的监管权证据不足，法律依据不充分，不予支持。

江苏省宿迁市宿豫区人民法院依照《中华人民共和国民事诉讼法》第一百二十八条和《中华人民共和国民法通则》第十六条、第十八条、第五十七条之规定，作出如下判决：

驳回原告徐某香的诉讼请求。

案件受理费减半收取50元，由原告徐某香负担。

上诉人诉称，上诉人是在受欺骗的情况下作出“存单与密码由吴某珍保管”的约定，该约定并非上诉人的真实意思表示。被上诉人不告诉上诉人存款的密码，也不告诉存款的地点和数额，致使上诉人对张某某的财产没有监督和管理的权利，损害了上诉人监护权的行使。请求二审撤销一审判决，依法改判被上诉人交出张某某名下的存款单由上诉人监管。

被上诉人辩称，原判正确，请求维持。

江苏省宿迁市中级人民法院经审理，对一审查明的事实予以确认。

二审中另查明，130 000元赔偿款（抚养费）原以张某某的名义存入银行，现已被吴某珍改存在其名下。

江苏省宿迁市中级人民法院经审理认为：上诉人作为张某某的母亲，依据法律规定，是张某某的法定监护人。作为法定监护人，上诉人当然享有对未成年子女张某某的财产进行管理的权利。虽然上诉人与被上诉人吴某珍以协议的方式约定张某某的财产暂由吴某珍保管，但此种约定的法律性质属于上诉人暂时将对张某某财产的管理权委托给吴某珍。上诉人作为委托人，有权随时终止委托关系而无须征得吴某珍的同意。况且，协议也只是约定张某某的财产暂由吴某珍保管，视张某某的生活环境而定。现张某某随上诉人生活，而吴某珍并不配合上诉人对张某某的财产进行管理（擅自将张某某的存单改存为自己的名字），根据张某某日常生活、学习的需要，张某某的财产由吴某珍保管对张某某的健康成长并无益处。鉴于张某某的130 000元赔偿款现已改存在吴某珍的名下，吴某珍应直接将该款交由上诉人进行管理。综上，上诉人要求对张某某的财产进行管理的上诉理由成立，予以支持。一审判决不当，应予纠正。

江苏省宿迁市中级人民法院依照《中华人民共和国民事诉讼法》第一百五十三条第一款第（二）项，《中华人民共和国民法通则》第十六条第一款、第十八条第一、二款之规定，作出如下判决：

撤销宿迁市宿豫区人民法院（2007）宿豫民一初字第2322号民事判决；

吴某珍于本判决生效后10日内将属于张某某所有的130 000元赔偿款交由徐某香管理。

一审案件受理费50元、二审案件受理费100元，合计150元，由被上诉人吴某珍负担。

2. 法院在处理离婚案件中未成年子女的抚养问题时，应当考虑子女的意见

——邱某明与李某华监护权纠纷上诉案

权威刊载： 北大法宝经典案例

案　　号： 云南省昆明市中级人民法院（2007）昆民三终字第1020号

裁判要点： 根据我国《婚姻法》及相关法律规定，父母与子女间的关

系，不因父母离婚而消除。离婚后，子女无论由父或母直接抚养，仍是父母双方的子女。根据《最高人民法院关于人民法院审理离婚案件处理子女抚养问题的若干具体意见》的规定，人民法院审理离婚案件，对子女抚养问题，从有利于子女身心健康，保障子女的合法权益出发，结合父母双方的抚养能力和抚养条件等具体情况妥善解决。同时，该司法解释第五条规定，父母双方对十周岁以上的未成年子女随父或随母生活发生争执的，应考虑该子女的意见。综上，法院在处理离婚案件中子女的监护权归属问题时，对十周岁以上的未成年子女，应考虑子女本人的意见。

案情：

上诉人（原审原告）：邱某明，男，1966年7月3日出生，广东省梅县人，在昆明市邮区中心局报刊发行局工作，现住昆明市新迎小区。

被上诉人（原审被告）：李某华，女，1969年1月26日出生，山东省肥城人，在东方航空公司云南分公司货运处工作，现住昆明市新闻路。

上诉人邱某明因与被上诉人李某华监护权纠纷一案，不服昆明市五华区人民法院（2007）五法北民初字第214号民事判决，向本院提起上诉。本院于2007年8月14日受理此案后，依法组成合议庭审理了本案，现已审理终结。

一审判决确认：原、被告原系夫妻关系，于1996年2月24日生育一子丘某仁，现年11岁。双方于1998年9月11日协议离婚，孩子由被告抚养。2005年双方在盘龙区人民法院调解，并达成双方婚生孩子丘某仁每年的单月随母亲生活，双月随父亲生活的协议。2007年5月22日原告诉至一审法院，要求变更孩子抚养关系，并由被告每月支付孩子抚养费500元。庭审中，被告也要求将孩子丘某仁变更由其抚养，并要求原告每月支付抚养费400元。

根据上述确认的事实，一审法院认为：双方当事人均要求抚养子女，但应考虑并尊重孩子意见。一审法院对丘某仁进行了询问，孩子已表示愿意跟母亲一起生活，孩子的意见应为其真实意思表示。根据最高人民法院《关于人民法院审理离婚案件处理子女抚养问题的若干具体意见》第五条，对原告的抚养诉求不予支持，孩子应由被告李某华抚养为宜。据此，一审法院依照《中华人民共和国婚姻法》第二十九条、第三十条，最高人民法院《关于人民法院审理离婚案件处理子女抚养问题的若干具体意见》第五条、第十六条第三款和《中华人民共和国民事诉讼法》第六十四条、第一百零七条之规定，判决：原、被告双方婚生孩子丘某仁自本判决生效后由被告李某华负责监护抚养，由原告邱某明每月支付孩子抚养费350元。

宣判后，邱某明不服上述判决，向本院提起上诉称，孩子丘某仁自2007年4月中旬以来到我处后，就不肯再回到被上诉人李某华处，至今已三个多月了。在这三个多月的时间里，孩子上午上学由上诉人送，下午孩子自己坐车往返学校，虽然家离学校远，乘车不方便，身体感到疲惫、辛苦，但是孩子仍然坚持着，没有丝毫退缩与不悦。即使被上诉人李某华的家在学校附近，孩子也没有回去吃一顿饭，或停歇休息，至今也没有回家住过一个晚上。孩子在我这里学习成绩不断提高，体重也得到增长。放假期间，上诉人每天送孩子去学习跆拳道，下午补习功课，孩子过着充实快乐的生活，一审判决有结果后，孩子说：不想再更换生活环境，愿继续同我们生活在一起。孩子的行为和与上诉人生活在一起的事实，已实事求是的表达了孩子的意见和想法，同时证明了同上诉人生活在一起的强烈愿望。一审判决没有以实际情况出发，判决孩子由被上诉人抚养已无意义。其次孩子无意中写的作文真实地反映了，其所处的生活环境无人关心、无人照顾、经常是饥一顿，饱一餐，并且受到被上诉人的婆婆、丈夫的冷漠和虐待，而且被上诉人还不准许上诉人将孩子接走，上诉人作为孩子的父亲有职责和义务，不能再让他们继续虐待孩子。为了孩子身心健康成长，并尊重孩子的意见，请求二审法院依法判决，同时一审判决由上诉人每月支付的抚养费与上诉人的工资收比例过高。

被上诉人李某华答辩称，孩子只有5、6、7月三个月的时间与上诉人生活在一起，是因为被上诉人从4月28日生病住院，到5月中旬被上诉人出院，并要求接回孩子，但上诉人不同意。为此孩子中止了钢琴的学习，耽误了钢琴的考级，而且，孩子的假期作业是在回到被上诉人处时，才开始做。孩子在被上诉人处生活得很好，一审时有相应证据予以证明，且一审法院征求了孩子的意见，孩子是同意和被上诉人在一起。

综合诉辩双方当事人的主张，本案争议的问题是：丘某仁由谁抚养为宜。

二审经审理确认的事实与一审判决确认的事实相一致，本院依法予以确认。

本院认为：父母与子女间的关系，不因父母离婚而消除。离婚后，子女无论由父或母直接抚养，仍是父母双方的子女。离婚后，父母对于子女仍有抚养和教育的权利和义务。抚养教育孩子是父母应尽的法定义务。就本案而言，上诉人邱某明与被上诉人李某华为孩子丘某仁的监护权问题产生了纠纷。上诉人邱某明上诉认为被上诉人李某华有不利于孩子成长的情况，但未提供充分地证据予以证实，故本院对上诉人邱某明的该上诉主张不予采信。经审查，上诉人邱某明与被上诉人李某华双方于1998年协议离婚后，孩子丘某仁的监护权虽产生过几次变更，但孩子丘某仁随其母李某华生活时间相对较长，已适应该种生活、学习环境，不改变生活环境对其健康成长更为有利。况且，一审法院根据最高人民法院《关于人民法院审理离婚案件处理子女抚养问题的若干具体意见》第五条考虑子女意见的规定，向丘某仁了解了相关情况后，并结合本案的其他事实，最终确定孩子由其母李某华抚养，符合本案实情，因此，对上诉人邱某明提出的孩子由其抚养的上诉理由，本院不予支持。一审判决孩子丘某仁由被上诉人李某华抚养符合本案实情，本院依法予以维持。而上诉人邱某明关于抚养费过高主张，亦无相应证据予以证实，每月支付抚养费350元与当地生活和消费水平相当，故本院对上诉人邱某明的该上诉主张亦不予支持。综上所述，一审判决正确，本院依法予以维持。上诉人邱某明的上诉主张不能成立，本院依法予以驳回。据此，依照《中华人民共和国民事诉讼法》第一百五十三条第一款第一项及第一百零七条之规定，判决如下：

驳回上诉，维持原判。

如果未按本判决指定的期间履行给付金钱义务，应当依照《中华人民共和国民事诉讼法》第二百三十二条之规定，加倍支付迟延履行期间的债务利息。

二审案件受理费人民币50元，由上诉人邱某明负担。

本判决为终审判决。

【办案依据】

《中华人民共和国民法通则》（2009年8月27日）

第十六条　未成年人的父母是未成年人的监护人。

未成年人的父母已经死亡或者没有监护能力的，由下列人员中有监护能力的人担任监护人：

（一）祖父母、外祖父母；

（二）兄、姐；

（三）关系密切的其他亲属、朋友愿意承担监护责任，经未成年人的父、母的所在单位或者未成年人住所地的居民委员会、村民委员会同意的。

对担任监护人有争议的，由未成年人的父、母的所在单位或者未成年人住所地的居民委员会、村民委员会在近亲属中指定。对指定不服提起诉讼的，由人民法院裁决。

没有第一款、第二款规定的监护人的，由未成年人的父、母的所在单位或者未成年人住所地的居民委员会、村民委员会或者民政部门担任监护人。

第十七条　无民事行为能力或者限制民事行为能力的精神病人，由下列人员担任监护人：

（一）配偶；

（二）父母；

（三）成年子女；

（四）其他近亲属；

（五）关系密切的其他亲属、朋友愿意承担监护责任，经精神病人的所在单位或者住所地的居民委员会、村民委员会同意的。

对担任监护人有争议的，由精神病人的所在单位或者住所地的居民委员会、村民委员会在近亲属中指定。对指定不服提起诉讼的，由人民法院裁决。

没有第一款规定的监护人的，由精神病人的所在单位或者住所地的居民委员会、村民委员会或者民政部门担任监护人。

第十八条　监护人应当履行监护职责，保护被监护人的人身、财产及其他合法权益，除为被监护人的利益外，不得处理被监护人的财产。

监护人依法履行监护的权利，受法律保护。

监护人不履行监护职责或者侵害被监护人的合法权益的，应当承担责任；给被监护人造成财产损失的，应当赔偿损失。人民法院可以根据有关人员或者有关单位的申请，撤销监护人的资格。

（十四）探望权纠纷

【案由判定】

探望权纠纷是指离婚后，不直接抚养子女的父亲或母亲有探视子女的权利。因行使探望权而发生的民事纠纷称为探望权纠纷。就离婚后对子女的抚养而言，父母的权利是平等的。不直接抚养子女一方享有探望子女的权利，直接抚养子女的一方有让非直接抚养子女的一方探望子女的义务，对不履行义务的，相对人有权向人民法院提起诉讼。审判实践中涉及侵害探望权以及请求中止探望权的纠纷均可将其确定为“探望权纠纷”。

【适用提示】

适用本案由时，需要注意其与监护权纠纷的区别。监护权的行使既包括人身利益方面，也包括财产利益方面。而探望权的行使仅具有从情感上得到支持、心理上得到满足的精神利益的特征，是一种特殊的身份权。特定情形下，监护权可以变更和终止。父或母探望子女，不利于子女身心健康的，人民法院可以依法中止某探望的权利，中止事由消失后，应当恢复其探望的权利。

【权威判决】

张某与董某探望权纠纷案（天津市第二中级人民法院（2014）二中民一终字第0162号）

裁判要旨：《中华人民共和国婚姻法》第三十八条规定："离婚后，不直接抚养子女的父或母，有探望子女的权利，另一方有协助的义务。行使探望权利的方式、时间由当事人协议；协议不成时，由人民法院判决。父或母探望子女，不利于子女身心健康的，由人民法院依法中止探望的权利；中止的事由消失后，应当恢复探望的权利。"据此，父母与子女的关系，不因父母婚姻关系解除而消除。父母离婚后，不直接抚养子女的一方，有探望子女的权利，通过探望来行使对子女的教育和抚养，切身感受子女各方面的成长状况，而另一方有协助的义务。子女的健康成长，离不开父母双方的共同关爱。

案情：

上诉人（原审原告）：张某

被上诉人（原审被告）：董某

上诉人张某因探望权纠纷一案，不服天津市滨海新区人民法院于2013年12月18日作出的（2013）滨汉民初字第6189号民事判决，向本院提起上诉。本院于2014年1月22日受理后，依法组成合议庭，于2014年2月25日公开开庭审理了本案。上诉人张某、被上诉人董某到庭参加诉讼。本案现已审理终结。

原审法院查明，原、被告原系夫妻关系，双方婚后生育一女儿，名董傲某，现年三周岁。2011年11月，双方经原审法院以（2011）滨汉民初字第4214号民事调解书调解离婚，婚生女儿董傲某随原告生活。2012年3

月间，被告以探望权为由提起诉讼，原审法院以（2012）滨汉民初字第1296号民事判决书判决本案被告董某自该判决生效之月始，在每月的第一、第三个法定公休日探望女儿董傲某，可采取接送、留宿方式，本案原告张某负有协助义务。原告张某在前款规定的每个公休日即星期六上午9时前，负责联系被告董某并在就近的公共场所让被告接走女儿董傲某。被告董某在前款规定的每个公休日即星期六的次日（星期日）的下午5点前，负责联系原告张某并在就近的公共场所让原告张某接回女儿董傲某。被告按上述判决行使探望权过程中，于2012年7月份接走女儿，但未在判决规定的时间内送回女儿，时隔一个月之久才将女儿送还原告，为此，双方产生意见分歧，进而产生矛盾，相互间不能理解和宽容，一定程度上影响了孩子的正常生活，给孩子造成了一定的压力。2012年10月至2013年11月，原、被告之女儿因肺炎和急性支气管炎以及扁桃体炎四次住院治疗，健康状况较弱。

原告原审诉请判令被告在每月第一、第三个公休日即星期天上午十时至十二时为探望时间，不能接走和留宿；诉讼费用由被告承担。被告董某答辩称请求驳回原告诉请，并按照（2012）滨汉民初字第1296号民事判决书执行。

原审法院认为，原、被告离婚后，原审法院就被告的探望权已经作出判决。双方应当按照生效的判决行使探望权利、承担协助义务；即使孩子患病，双方应当及时沟通，特别是原告应当及时告知被告，共同商议治疗方法，被告有知情的权利。被告作为孩子的父亲，得知孩子患病而积极治疗，是基于双方血缘及父女关系，自在情理之中，可以理解，但不能以为女儿治病为由违反生效判决所限定的探望时间。原告就女儿烫伤后未及时履行告知义务，被告未按判决限定的探望时间行使探望权利是引发双方发生意见分歧和矛盾的主要原因，对此，双方均有责任。双方当事人应当清醒、理智地对待探望关系，依法行使探望权利，履行协助义务；相互理解、宽容，从内心上关爱孩子，理解孩子的感受，并落实到行动才能正确处理好探望事宜，不然会直接影响孩子的身心健康和正常生活节奏，给孩子的健康造成损害。审理中，经耐心说服、释明、调解，双方曾达成调解协议；但被告以原告变更诉请本人不知情以及对原告变更后的诉请未授权其委托代理人为由不认可该调解协议。原审法院综合考虑本案案情，考虑双方当事人对探望方式、时间、地点均存有较大争议，双方的对立矛盾恐短时间内无法化解，另考虑双方婚生女儿尚且年幼，体质较弱，尚不能完全适应接送、留宿探望的方式，如按原判决确定的探望方式执行，会加剧双方矛盾，恐会直接影响其女儿的正常生活节奏和身心健康，对其女儿成长产生负面影响。所以，原审法院综合上述情况，重新考虑应当暂时由被告定时探望女儿，不宜接送、留宿过夜探望，待双方矛盾有所缓解和女儿年龄稍长以及逐步适应接送、留宿探望方式后再可酌情考虑被告接送、留宿探望女儿之权利，具体时间确定为2014年5月始，按原判决确定的探望方式履行较为适宜。原告的其他请求不予支持。被告主张原告在庭审中要求变更诉讼请求违反了法律规定。被告的上述主张理据不足，不予支持。据此，依照《中华人民共和国婚姻法》第三十八条的规定，判决：

一、被告董某于本判决生效之月始，在每月的第一、第三个法定公休日（星期日）探望女儿董傲某，探望时间在上述规定的两个星期日的上午九时至当日中午十二时。原告张某负有协助的义务，即原告张某在上述规定的每个星期日上午九时前，负责联系被告董某探望女儿董傲某。

二、被告董某在本判决生效后，于2014年5月始，在每月的第一、第三个法定公休日探望女儿董傲某，可采取接送、留宿方式，原告张某负有协助义务。原告张某在前款规定的每个公休日即星期六上午9时前，负责联系被告董某并在就近的公共场所让被告接走女儿董傲某。被告董某在前款规定的每个公休日即星期六的次日（星期日）的下午5点前，负责联系原告张某并在就近的公共场所让原告接回女儿董傲某。

案件受理费40元（原告已交纳本院40元），由原、被告均担。被告已当庭交付原告40元，原告于本判决生效时给付被告20元。

上诉人张某上诉请求：撤销原审判决，依法改判支持上诉人原审的诉讼请求；诉讼费用由被上诉人承担。主要理由是：被上诉人从未按时给过抚养费；2012年7月被上诉人强行扣留女儿董傲某长达40多天，严重影响孩子的身心健康。

被上诉人董某答辩称，请求驳回上诉，维持原判。

本院经审理查明的事实与原审法院查明的事实一致。

本院认为，《中华人民共和国婚姻法》第三十八条规定："离婚后，不直接抚养子女的父或母，有探望子女的权利，另一方有协助的义务。行使探望权利的方式、时间由当事人协议；协议不成时，由人民法院判决。父或母探望子女，不利于子女身心健康的，由人民法院依法中止探望的权利；中止的事由消失后，应当恢复探望的权利。"据此，父母与子女的关系，不因父母婚姻关系解除而消除。父母离婚后，不直接抚养子女的一方，有探望子女的权利，通过探望来行使对子女的教育和抚养，切身感受子女各方面的成长状况，而另一方有协助的义务。子女的健康成长，离不开父母双方的共同关爱。但探望权行使的方式和时间，应充分考虑到子女的需要，不能给子女带来不利的影响。本案中，被上诉人行使探望女儿的权利，希望通过探望女儿，加强与女儿的感情交流，合情合理合法，上诉人应以积极主动的姿态，协助被上诉人更好地探望女儿。上诉人以被上诉人未按时支付抚养费及强行扣留董傲某并导致其身体健康出现严重问题为由主张不允许被上诉人接走和留宿，并无法律依据，不予支持。董傲某的健康成长，是双方当事人的共同心愿。故，在行使探望权的同时，应充分考虑到董傲某的健康成长。由于董傲某年纪尚小，偶然改变熟悉的生活环境，对其心理可能会造成一定的不适，对其正常生活状态可能会造成一定的影响。原审法院考虑到董傲某的实际情况，判决被上诉人从定时探望逐渐过渡到接送、留宿探望，有利于董傲某在心理上有一个适应过程，合理合法，应予维持。上诉人张某的上诉请求并无事实及法律依据，本院不予支持。

综上所述，依照《中华人民共和国民事诉讼法》第一百七十条第一款第（一）项的规定，判决如下：

驳回上诉，维持原判。

二审案件受理费 80 元，由上诉人张某负担。

本判决为终审判决。

（十五）分家析产纠纷

【案由判定】

分家析产是指一个较大的家庭根据分家协议而分成几个较小的家庭，同时对共有的家庭财产进行分割，并确定各个成员的财产份额的行为。家庭共有关系的存在是家庭共有财产的存在前提，在家庭共有关系解体以后，即产生了家庭共有财产的分割问题，因此而引发的纠纷属于分家析产纠纷。

【适用提示】

适用本案由时，需要注意其与离婚后财产纠纷的区别。离婚后财产纠纷的主体是已经依法解除婚姻关系的男女双方当事人。而分家析产纠纷的主体是在家庭共同生活期间参与共同劳动创造、对家庭作出贡献的家庭成员。

分家析产是对家庭共有财产进行的分割，只能分割家庭成员间的共有财产，不能对属于成员个人的财产进行分割。另外，对共有物的分割不得损害该物的经济价值。共有财产是可分物的，可以进行实物分割；共有财产是不可分物的，共有人中有人愿意取得共有物的，可对其他共有人作价补偿；共有人都不愿意取得共有物的，可将共有物作价出售由共有人分割价金。

【权威判决】

包某甲等与刘某分家析产纠纷上诉案（陕西省安康市中级人民法院(2014) 淮中民终字第2333号）

案情：

上诉人（原审被告）：包某甲，农民。

上诉人（原审被告）：吴某，农民。

上诉人（原审被告）：唐某，农民。

上诉人（原审被告）：包某乙，农民。

被上诉人（原审原告）：刘某，农民。

上诉人包某甲、吴某、唐某、包某乙因与被上诉人刘某分家析产纠纷一案，不服淮安市淮阴区人民法院（2014）淮渔民初字第410号民事判决，向本院提起上诉。本院于2014年12月3日立案受理后，依法组成合议庭于2015年1月4日公开开庭审理了本案。上诉人包某甲、吴某、唐某、包某乙的共同委托代理人吴成香、被上诉人刘某的委托代理人刘高明、倪华修到庭参加诉讼。本案现已审理终结。

原审查明：被告包某甲与吴某、被告包某乙与唐某各系夫妻关系，被告包某乙为被告包某甲、吴某之女。某年10月7日14时56分许，被告包某甲驾驶无号牌手扶拖拉机沿淮阴区吴集镇吴八路由东向西行驶至淮阴区吴集国土资源所门前左转弯时，车辆驶离路面，将正在候车的原告撞伤，造成原告受伤。事故发生后，被告包某甲逃逸。此次事故经交警部门处理，认定被告包某甲负全部责任，原告无责任。后被告包某甲被原审法院以交通肇事罪判处有期徒刑一年六个月。原告的伤势后经鉴定，构成一级、十级伤残，完全截瘫，需终生护理。2008年11月20日，原审作出（2008）淮民初字第1850号民事判决书，判决被告包某甲赔偿原告各项损失合计315560.05元。被告包某甲迄今只在原告受伤抢救时支付了2000元医疗费，其余赔偿款至今未付。

原审另查明：四被告现居住在淮安市淮阴区吴集镇包圩村渔宋路十字路口向南、路东警务室北第一家的楼房内，该楼房为两层半，共计6间。被告唐某系安徽人，与被告包某乙于某年结婚，婚后一直居住在争议房屋内，与被告包某甲、吴某共同生活。四被告迄今没有分家。在原告刘某诉被告包某甲交通事故赔偿案件执行过程中，原审法院执行人员在与被告唐某的谈话笔录中，被告唐某称本案讼争房屋系其所有，包某甲在建房过程中“只出点零花钱、帮帮忙”，包某甲对房屋占有很少份额。讼争房屋建于2008年，被告唐某称讼争房屋系被告唐某、包某乙夫妻俩出资所建，共花费250000元。原告认可讼争房屋现在价值为250000元，并要求法院确认该房屋中被告包某甲所享有的份额为62500元。被告包某甲与被告吴某原在淮阴区吴集镇包圩村九组板厂后面有三间瓦房，后被拆迁，拆迁后原宅基地现被改成农田。拆迁时，包圩村村委会给被告包某甲安置了一块宅基地，被告称拆迁安置的宅基地位于讼争楼房的北边，现在尚未建房。四被告一致陈述讼争楼房系被告唐某、包某乙所有，被告提供了一份建房基础设施配套费收据，该收据显示：交款单位为唐某，金额3000元，收款人为淮安市淮阴区城管执法大队吴集中队，被告称这是建房时所缴纳，因讼争房屋的宅基地原是包某甲夫妻俩和包某甲哥哥包以年的责任田，在上建房要经过村里同意，需要向城管执法大队缴纳费用。

原审再查明：为进一步查清案件事实，原审至淮阴区吴集镇包圩村进行调查，与包圩村现任村委会副主任包海军、前任支部书记包孔兵作了两份调查笔录。包海军陈述：包某甲在包圩村只有一套楼房，这套楼房是包某甲和女儿、女婿一家现在所住，位于包圩村警务室北边，楼房大部分是包某甲女婿出资，包某甲只出一小部分，这套楼房的宅基地就是包某甲老宅拆迁时安置的宅基地，包某甲在村里没有其他宅基地，包某甲之前也没有固定工作，平时就种地、打零工。包孔兵陈述：包某甲原在村里有两间瓦房，后被拆迁，村里给其重新安置一块宅基地，就是现在包某甲和女儿、女婿一家人所住楼房的宅基地，楼房是包某甲女婿（唐某）出资所盖，盖房子时包某甲没有出钱，包某甲身体不好，有心脏病、气管炎，自己挣钱还不够自己看病，包某甲之前是村里低保户，包某甲现在村里没有其他宅基地。原审还向包海军、包孔兵出示了被告提交的建房基础设施配套费收据，包海军、包孔兵均陈述只有交了这个钱才能建房，谁的房子谁交钱。

原告刘某诉称：某年10月7日14时56分许，被告包某甲驾驶无号牌手扶拖拉机沿淮阴区吴集镇吴八路由东向西行驶至淮阴区吴集国土资源站门前左转弯时，车辆驶离路面，将正在候车的原告撞伤，抢救时被告包某甲只支付了2000元医疗费。此次事故后经交警部门处理，认定被告包某甲负全部责任，原告无责任。被告包某甲后逃逸，被法院以交通肇事罪判处有期徒刑一年六个月。原告的伤势后经鉴定，构成一级、十级伤残，完全截瘫，需终生护理。2008 年 11 月 20 日，淮阴区人民法院作出（2008）淮民初字第 1850 号民事判决书，判决包某甲赔偿原告各项损失合计 313560.05 元（扣除已付 2000 元）。原告申请法院强制执行，但被告包某甲至今分文未付。经法院执行局查询，四被告在淮阴区吴集镇包圩村渔宋路十字路口警务室北有一幢上下共计 6 间的三层楼房，总价 320000 元，四被告人均份额 80000 元。被告包某甲与被告吴某系夫妻关系，被告包某乙系被告包某甲、吴某的女儿，被告包某乙、唐某系夫妻关系。现原告诉至法院，请求对淮阴区吴集镇包圩村渔宋路十字路口警务室北上下共计 6 间的三层楼房进行析产，确认被告包某甲所占份额为 80000 元。

被告包某甲、吴某、包某乙、唐某共同辩称：原告所诉的分家析产纠纷一案，因原、被告不是一家人，没有共同的家产可分。原告诉称对四被告位于淮阴区吴集镇包圩村十字路口向南，路东警务室北第一家共计 6 间三层楼房进行析产、包某甲占份额 80000 元不是事实，事实上四被告并不是一家，没有家可分，更没有财产纠纷。原告诉称的楼房是被告唐某、包某乙夫妻共有，没有被告包某甲、吴某的份额，更不存在包某甲份额 80000 元。综上，四被告本来就是两家人，没有家产可分。原告诉四被告没有事实根据，更没有法律依据。请求依法驳回原告对四被告的起诉。

原审认为：在法院执行人员与被告唐某所作的谈话笔录，被告唐某认可被告包某甲在建房时“出点零花钱、帮帮忙”“他的份很少”，原审据此认定被告包某甲对讼争房屋享有一定的份额。根据法院所作的两份调查笔录，两被调查人一致陈述讼争房屋的宅基地为包某甲原老宅拆迁安置的宅基地，包某甲在包圩村再无其他宅基地，原审对该事实予以认定。被拆迁老宅原为被告包某甲、吴某夫妻俩夫妻共同财产，现老宅拆迁安置的宅基地上被建造了讼争房屋，原审由此认定讼争房屋应为四被告家庭共有。原告刘某现作为被告包某甲所负侵权之债的债权人，有权主张共有财产中被告包某甲所享有的份额。根据被调查人及被告唐某的陈述，讼争房屋大部分出资由被告唐某、包某乙夫妻所出，包某甲出资较少，综合考虑四被告对共有财产的贡献大小，原审酌定被告包某甲、吴某、唐某、包某乙对讼争房屋享有的份额分别为20%、20%、30%、30%。被告唐某陈述讼争总造价250000元，考虑到物价上涨、房屋升值等因素，讼争房屋的现在市价应高于250000元，原告认可讼争房屋现价值为250000元，符合法律规定，原审对此予以确定，从而讼争房屋中被告包某甲所享有的20%份额价值为50000元。本案调解未果。依照《中华人民共和国物权法》第九十三条，《中华人民共和国民事诉讼法》第一百四十二条之规定，判决：一、位于淮安市淮阴区吴集镇包圩村渔宋路十字路口向南、路东警务室北第一家的6间两层半楼房中被告包某甲所享有的份额价值为50000元。二、驳回原告刘某的其他诉讼请求。案件受理费1800元，由原告负担360元，被告包某甲负担1440元，于本判决生效后十日内缴纳。

一审判决后，上诉人包某甲、吴某、唐某、包某乙不服，向本院提起上诉称：1. 原审认定诉争的楼房为四上诉人家庭共有不是事实。诉争的楼房系上诉人唐某、包某乙夫妻共有，与上诉人包某甲、吴某夫妇无关。上诉人包某甲、吴某原有住房没有拆迁时，诉争的房屋已盖好；2. 原审认定诉争楼房中包某甲享有5万元份额不是事实。诉争楼房中没有包某甲、吴某的份额，包某甲在服刑期间生病，后来不能挣钱，吴某挣的钱尚不够包某甲买药吃；3. 原审认定包某甲、吴某在包圩村再无其他宅基地不是事实。包某甲家庭老房子被拆迁后，划分的新宅基地在别处。请求二审依法改判，维护上诉人的合法权益。

被上诉人刘某答辩称：1. 诉争的楼房属四上诉人所有。四上诉人恶意串通，故意隐瞒事实，伪造证据，隐藏财产；2. 原审法院执行局法官与上诉人唐某谈话及调查村干部包海军的证据，足以证明诉争的楼房有包某甲份额，并且不是小份额，应当是大份额；3. 原判正确，请求维持。

二审经审理确认一审查明的事实。

二审庭审中，上诉人提供吴集镇包圩村委会于2014年11月19日出具的一份证明。“证明”的内容是：兹有我村圩后组包某甲、吴某夫妻俩，于圩后组包立军东侧有一份宅基地，但一直无钱建房。该村干部包海军签字“情况属实”。上诉人同时提供该村民组村民韩彩林、包建友出具的书面证词各一份，证词内容是两个证人家在2010年6月与上诉人包某甲家同时被拆某统一由村委会安排新宅基地，在包立军东边，包某甲因为经济困难，无钱建房。上诉人陈述因没有证人手机号码，无法联系证人出庭。

被上诉人质证意见：1. 本案是分家析产纠纷，村委会证明不能作为证据使用，并且该证明与法院调查村干部的证词不一致；2. 对证人证词不予认可。

本院另查明：在原审法院执行局干警调查包海军时，其证明包某甲家老房屋拆迁时补偿2万元左右。

本院认为：上诉人包某甲因交通事故致伤被上诉人刘某，并致其一级伤残、需终身护理的后果。经生效判决确认，上诉人包某甲需赔偿被上诉人刘某31万余元，但在事故后上诉人包某甲仅给付被上诉人刘某2000元。现上诉人包某甲、吴某夫妇在老房屋被拆迁领取补偿款、新划分宅基地后，与女儿、女婿唐某、包某乙共同居住在本案诉争的楼房里，根据法院调查，建造该楼房的宅基地是村委会划分给上诉人包某甲、吴某夫妇的，虽然四上诉人均主张诉争的楼房是唐某、包某乙夫妇建造，但唐某、包某乙在一审诉讼中除提供交纳3000元基础设施配套费外，并未举证证明诉争楼房是其夫妇单独出资建造的相关证据。同时在原审法院执行生效判决时，唐某也未否认有包某甲的出资，而按照常理包某甲、吴某夫妇在老房屋被拆迁、新划分宅基地并领取补偿款后，亦应当重新建造房屋居住。原审依据当事人举证及法院调查取证查明的事实并综合考虑全案证据材料，酌定价值25万元的诉争楼房中有上诉人包某甲5万元的份额并无不当。上诉人上诉主张诉争楼房中无包某甲份额无事实及法律依据，本院不予采信。

综上，本院认为一审判决认定事实清楚，适用法律正确。上诉人包某甲、吴某、唐某、包某乙上诉理由不能成立，本院不予采纳。依照《中华人民共和国民事诉讼法》第一百七十条第一款第（一）项之规定，判决如下：

驳回上诉，维持原判。

上诉案件受理费1800元，由上诉人包某甲、吴某、唐某、包某乙共同负担。

本判决为终审判决。

【参考案例】

1. **农村土改房屋登记材料不完整的，在实践中，应如何进行遗产分割**

——杜某娣等诉杜某光等分家析产继承再审重审案

权威刊载：北大法宝精选案例

案　　号：上海市浦东新区人民法院（2009）浦民一（民）再重字第5号

裁判要点：依据《最高人民法院关于贯彻执行民事政策法律若干问题的意见》第五十三条之规定："有关土改遗留的房屋确权纠纷，一般应以土改时所确定的产权为准。"同时依据《中华人民共和国继承法》第十三条和第二十九条的规定，同一顺序继承人继承遗产的份额，一般应当均等。对生活有特殊困难的缺乏劳动能力的继承人，分配遗产时，应当予以照顾。遗产分割应当有利于生产和生活需要，不损害遗产的效用。不宜分割的遗产，可以采取折价、适当补偿或者共有等方法处理。据此，在实践中，农村土改房屋登记材料不完整的，应遵循上述原则进行遗产分割，明确房屋的折价款，由取得房屋一方补偿其他权利人。

案情：

原告：杜某娣，女，汉族，住上海市浦东新区。

原告：杜某琴，女，汉族，住上海市浦东新区。

原告：伍某国，男，汉族，住上海市浦东新区。

原告：伍某妹，女，汉族，住上海市浦东新区。

原告：伍某勤，女，汉族，住宁夏回族自治区银川市西花园宁光电工厂家属区。

被告：杜某光，男，汉族，在北京市城建四分公司工作，住北京市海淀区。

被告：杜某明，男，汉族，住上海市浦东新区。

被告：杜某生，男，汉族，住上海市徐汇区。

本案原、被告曾于2007年3月经法院主持调解达成调解协议。被告杜某光以原审违反法定程序为由，向上海市第一中级人民法院申请再审，上海市第一中级人民法院提审后，作出民事裁定，撤销原审民事调解书，将本案发回原审法院重审。

原告杜某娣、杜某琴诉称：原、被告有祖传平房三间半（以下简称为系争房屋），土改时产权登记在原告杜某娣之父杜来某名下，当时家庭成员有杜来某、杜氏、杜根某、伍某根、伍某勤、杜某娣、杜某法、杜某琴共计8人。杜来某、杜氏、杜根某、伍某根、杜某法已先后去世。1991年9月，杜某光将祖传房屋的土地使用证登记在其一人名下，2006年4月，经浦东新区法院（2006）浦民一（民）初字第4673号调解书对伍某根、杜根某、伍某勤、伍某妹、伍某国所继承的一间平房，确定产权归伍某国所有，尚有两间半未作处理，现原、被告为析产、继承发生争议，协议未果。现要求对坐落于浦东新区川沙新镇杜尹村4队祖传房屋（权证号033679）析产、继承，杜某娣、杜某琴各继承一间（共36平方米）所有；诉讼费由原审被告承担。重审审理中，杜某娣表示撤回对其中南面一间平房的起诉，但如果系争房屋中有自己的权利份额，杜某娣不放弃。

原告伍某国、伍某妹、伍某勤诉称：杜某光原来曾口头同意给伍某国、杜某琴各一间房屋，希望法院依法处理。

被告杜某光辩称：原告所要析产继承的土改老房子早就倒塌，现有的房子是重新建造的。系争房屋在1991年办理了土地权证，登记于杜某光名下，应以1991年的土地权证来分配。并且原告的诉讼请求已经超过诉讼时效。不同意原告的诉讼请求。

被告杜某明、杜某生辩称：杜某光原来曾口头同意给伍某国、杜某琴各一间房屋。对原告诉讼请求，不表示异议，希望协商解决。

上海市浦东新区人民法院经公开审理查明：杜来某（1964年12月1日去世）与金小妹（1980年3月12日去世）夫妇共生育四女，即大女儿杜某囡（南）、二女儿杜根某（1968年6月去世）、三女儿杜某珍（2006

年1月2日去世)、四女儿杜某娣（即原告)。杜根某与丈夫伍某根（2005年5月19日去世）共生育一子二女，即原告伍某国、伍某妹和伍某勤。杜某珍与丈夫孙某福（1988年2月18日去世）共生育六个子女，分别为孙某妹、孙金某、孙银某、孙某芳、孙荣某、孙伟某。杜某娣与丈夫杜某法(1984年去世）共生育三子二女，即原告杜某琴和被告杜某明、杜某生、杜某光及杜宝某，杜宝某与丈夫陈某伯（2009年去世）共生育一子陈某华，陈某伯父亲名陈某炎，杜宝某去世后，陈某伯与方某华结婚，未生育子女。1951年土改时，坐落于浦东新区川沙新镇六团杜尹村4队登记于杜来某名下的房屋共有三间半，其中南面有两间半，北面有一间（以下称北面土改房屋)，南面房屋与北面房屋之间有一过弄。土改时登记人口八人，具体名册已无法查到。土改时家庭人员有杜来某、金小妹、杜根某、伍某根、杜某娣、杜某法、伍某勤和杜某琴共八人。

20世纪70年代，杜某娣一家将原土改时的南面二间房屋拆除，向西、北扩建，翻建成三上三下楼房，并在西面一上一下楼房的北面建造一间平房（以下称北面平房，在北面土改房屋的南面)，且在三上三下楼房同排西侧建造简易平房一间，该三上三一下楼房和北面平房一间、简易平房一间均无建房审批手续。1991年9月，上海市农村宅基地使用证登记时，上述三上三下楼房中，东面一上一下楼房宅基地使用登记在杜某明名下，中间一上一下楼房宅基地使用登记在杜某生名下，西面一上一下楼房和同排西面简易平房一间、北面平房一间及北面土改房屋一间宅基地使用登记于杜某光名下，杜某光名下宅基地使用证为沪集宅（川沙）字第033679号。2000年左右，杜某娣在北面平房一间的基础上加层。北面土改房屋一间曾经坍塌，杜某娣于2002年左右用杜某光的资金将其修缮。

重审审理中，杜某囡（南)、孙某妹、孙金某、孙银某、孙某芳、孙荣某、孙伟某、陈某华、陈某炎、方某华均表示，如系争房屋中自己享有相关权利份额，均予以放弃。杜某生表示，如果北面土改房屋一间中自己有相关权利份额，予以放弃。杜某娣、伍某妹、伍某勤、杜某明表示，他们在系争土改房屋中的所有权利份额归原告伍某国所有。

上述事实有下列证据证实：1951年6月苏南区川沙县土地房产所有证第二联（县存）川江字第0855号和第0848号土改资料复印件各一份；2006年3月上海市浦东新区川沙新镇人民政府、浦东新区川沙新镇六团社区委员会、上海市浦东新区川沙新镇杜尹村村民委员会盖章确认的证明一份；2006年3月11日协议书复印件一份，杜某光的授权委托书和身份证复印件各一份；沪集宅（川沙）字第033679号土地使用者为杜某光上海市农村宅基地使用证复印件一份；农村宅基地使用权申请表、审核表复印件一份；杜来某、金小妹、杜根某、伍某根、杜金发、孙某福、杜某珍、杜宝某、陈某伯死亡证明各一份；2009年3月26日上海市浦东新区川沙新镇杜尹村民委员会盖章确认的证明一份；2009年上海市浦东新区川沙新镇杜尹村民委员会盖章确认的证明二份；上海城市房地产估价有限公司出具的《房屋价格评估报告》及当事人的陈述。

上海市浦东新区人民法院经审理认为：公民、法人的合法民事权益受法律保护，任何组织和个人不得侵犯。同时，公民依法享有财产继承权，享有权利的当事人可以依法继承、分割共有财产。

关于系争房屋的析产范围问题。1951年土改登记于杜来某名下的三间半房屋，其中南面的两间半房屋已于20世纪70年代被杜某娣一家拆除，翻建、扩建为三上三下楼房，1991年9月上海市农村宅基地使用证登记时，上述楼房杜某明、杜某生、杜某光各登记一上一下。北面土改房屋一间曾发生坍塌，杜某娣作过修缮，但基本保持了原貌。基于上述南面的两间半土改房屋已不复存在，且原告诉讼请求仅要求析产、继承北面土改房屋一间，故该院就北面土改房屋一间进行析产。

关于系争房屋的权利人情况。系争房屋在1951年土改登记时，登记户主是杜来某，人口八人，其中未列明系哪八人。按照上海市浦东新区川沙新镇人民政府、浦东新区川沙新镇六团社区委员会、上海市浦东新区川沙新镇杜尹村村民委员会于2006年3月盖章确认的证明，土改时家庭人员有杜来某、金小妹、杜根某、伍某根、杜某娣、杜某法、伍某勤和杜某琴共八人。重审审理中，原、被告对上述土改时家庭人员情况均无异议，该院予以确认，故该院推定土改时系争房屋的权利登记人为杜来某、金小妹、杜根某、伍某根、伍某勤、杜某娣、杜某法、杜某琴。

关于系争房屋的分割问题。系争房屋的权利人为八人，分别享有八分之一的产权份额。杜来某去世后，其份额依法由其妻子金小妹及四个女儿即杜某囡（南）、杜根某、杜某珍、杜某娣继承，因杜某囡表示放弃权利，杜某珍的子女也均表示放弃权利，故由金小妹、杜根某、杜某娣各继承二十四分之一的产权份额。杜根某去世后，其份额依法由金小妹、伍某根、伍某国、伍某妹、伍某勤各继承三十分之一的产权份额。金小妹去世后，其份额依法由杜某囡（南）、杜某珍、杜某娣继承及杜根某的子女代位继承，因杜某囡表示放弃权利，杜某珍的子女也均表示放弃权利，故由杜某娣继承及杜根某的子女代位继承各得十分之一的产权份额。杜某法去世后，其份额依法由其妻子杜某娣及五个子女即杜某琴、杜某明、杜某生、杜某光、杜宝某继承，现杜宝某（南）的继承人表示放弃权利，故由杜某娣、杜某琴、杜某明、杜某生、杜某光各继承四十分之一的产权份额。伍某根去世后，其份额依法由伍某国、伍某妹、伍某勤各继承二十四分之一的产权份额。根据以上共有情况及根据继承顺序所发生的法定继承，杜某娣对系争房屋的产权份额为29.17%，伍某国、伍某妹、伍某勤对系争房屋的产权份额共为48.33%，杜某琴对系争房屋的产权份额为15%，杜某明、杜某生、杜某光对系争房屋的产权份额各为2.5%。现杜某娣、杜某明、伍某妹、伍某勤表示他们在系争房屋中的权利份额归原告伍某国所有，于法不悖，该院予以准许。故原告伍某国在系争房屋中的权利份额为80%，杜某琴在系争房屋的产权份额为15%，杜某生、杜某光在系争房屋的产权份额各为2.5%。

关于北面土改房屋一间的面积问题，在原审及重审案件审理中，伍某国等认为北面土改房屋一间面积为13.8平方米，依据是伍某国提供的勘丈记录表。但该院根据伍某国提供的沪集宅（川沙）字第033679号土地使用者为杜某光的上海市农村宅基地使用证附图，同时按照上海城市房地产估价有限公司经过实地勘察出具的评估报告，认定北面土改房屋一间建筑面积为16.2平方米。

鉴于原告伍某国在系争房屋中所占的份额较多，宜分得系争房屋。原告杜某琴、被告杜某光在系争房屋中所占份额较少，可分得相应的折价款。系争房屋的价值应包括房屋价格和土地使用权价值两部分。评估公司对房屋价格进行了评估，同时应法院要求，另行了解系争房屋所在区域的土地使用权基价。系争房屋所在区域的上海市征用集体所有土地过程中，拆迁居住房屋补偿的土地使用权基价为每平方米1 350元。因此，分得房屋的当事人还应当给付其他当事人一定的土地使用权补偿款。该院结合系争房屋价格和土地使用权价值，确定系争房屋补偿款按每平方米1 647元计算，原告伍某国应给付原告杜某琴房屋补偿款4 002.21元，原告伍某国应给付被告杜某生和杜某光房屋补偿款各667.04元。

鉴于系争房屋一直由杜某光使用至今，故其出资对房屋所作的修缮系履行应尽的义务，体现了权利义务对等原则，故该院对杜某光对系争房屋履行的修缮义务不再酌情另行予以补偿。

被告杜某光辩称系争房屋在1991年颁发宅基地使用权证时已登记在被告杜某光名下，故要求以系争房屋的权属已归属被告杜某光为由驳回原告的诉讼请求。对此，该院认为，根据原审时的相关法律规定，对于现存的土改登记房屋，应以土改时的登记人为房屋权利人。1951年土改登记时系争房屋产权已明确登记在以户主杜来某为代表的八人名下，在没有相反证据的情况下，应确认上述八位登记人为权利人。1991年的宅基地使用权登记，系对宅基地使用权的登记确认，并未改变系争房屋的权属性质。本案系一再审案件，应适用原审时的法律政策，现行的有关物权法律精神及相关政策规定不能适用于本案。故被告杜某光的辩称理由，缺乏法律和事实依据，该院不予采纳。

上海市浦东新区人民法院依照《中华人民共和国民法通则》第五条、第七十八条第二款，《中华人民共和国继承法》第九条、第十条、第十一条、第十三条第一款、第二十五条第一款、第二十六条、第二十九条，《最高人民法院关于贯彻执行〈中华人民共和国继承法〉若干问题的意见》第六十条，《最高人民法院关于贯彻执行民事政策法律若干问题的意见》第五十三条之规定，作出如下判决：

坐落于上海市浦东新区川沙新镇杜尹村4队杜家宅［地号为杜尹村12丘（65）］的房屋中，二层楼房北首坐东朝西北面一间平房的产权归原告伍某国所有。

原告伍某国应于本判决生效之日起十日内支付原告杜某琴房屋补偿款人民币4 002.21元，支付被告杜某生房屋补偿款667.04元，支付被告杜某光房屋补偿款667.04元。

2. 第一顺序继承人放弃继承权的，在后的继承人可以按照法定继承的规定继承遗产

——白某侠诉刘某等分家析产纠纷案

权威刊载： 北大法宝经典案例

案　　号： 北京市第一中级人民法院（2010）一中民再终字第1954号

裁判要点：《继承法》第五条规定，继承开始后，按照法定继承办理；有遗嘱的，按照遗嘱继承或者遗赠办理；有遗赠扶养协议的，按照协议办理。第十条规定了继承的顺序。据此，第一顺序继承人放弃继承权的，可以按照法定继承的顺序由在后的继承人继承遗产。所以，第一顺序继承人放弃继承权的，并不违反法律规定，在后的继承人可以按照法定继承的规定继承遗产。

案情：

原告：白某侠

被告：刘某、王某琴、刘某新、赵某荣

经法院审理查明：王某琴与其夫刘某明生育二子，刘某新系长子，刘某系次子。1979年，王某琴与刘某明在北京市大兴区建造北房八间、西厢房两间。1989年3月18日，刘某新与赵某荣结婚，二人居住在北房八间西数第4、5、6三间房屋处，并在居住期间对所居住的三间北房向南侧接出1.59米，还建造了两间东厢房、两间西厢房。1992年11月17日，白某侠与刘某结婚，二人居住在北房八间西数第1、2、3三间房屋及西厢房两间处，并在居住期间对所居住的三间北房向南侧接出1.8米，还建造了两间东厢房、南房门道一间、南棚房一间、厕所一间。北房八间西数第7、8两间房屋由王某琴与刘某明居住使用，二人居住期间另建造西厢房一间、南房两间。1997年6月16日，北京市大兴区土地管理局分别为王某琴、刘某

新颁发集体土地宅基地使用证，王某琴的宅基地位于东侧，刘某新的宅基地位于西侧，两块宅基地面积均为186.81平方米。2003年7月12日，刘某明去世。

案件审理中，白某侠提供北京市丰台区南苑乡南苑村证明，白某侠自1995年至1997年在该村下属企业上班每月工资800元。北京格雷斯海姆玻璃制品有限公司证明，白某侠自1998年8月至2001年9月月工资为2400元至2800元之间。北京华丰伟业开关设备有限公司证明，白某侠2003年6月至2007年5月月工资为1200元至1800元之间Q证人胡焕启出庭证明，证明婚后是白某侠找的胡焕启将北房向南侧接出的1.8米、建造南房门道一间、南棚房一间、厕所一间及装修两间东厢房，建房及装修款是白某侠给付。刘某新、赵某荣提供集体土地宅基地使用证、提供由王某琴、刘某新、刘某签字的刘某自愿放弃刘某明财产继承权的协议，提供证人王国友的出庭证言，证明刘某参加家庭会议时签字确认放弃对刘某明遗产的继承权。

北京市大兴区人民法院一审认为：北京市大兴区西某院原有北房八间、西厢房两间，是由王某琴与其夫刘某明建造，该财产应为王某琴与刘某明所有。刘某新与赵某荣结婚后居住北房八间西数第4、5、6三间房屋，后刘某新与赵某荣将使用的3间北房向南侧接出1.59米并建造了两间东厢房、两间西厢房、一间南房，刘某新与赵某荣所增添的财产部分应为二人所有。白某侠与刘某婚后居住的北房八间西数第1、2、3三间房屋，后白某侠与刘某将使用的三间北房向南侧接出1.8米并建造了两间东厢房、南房门道一间、南棚房一间、厕所一间，白某侠与刘某所增添的财产部分应为二人所有。王某琴与刘某明建造的西厢房一间、南房两间应为该二人所有。白某侠诉称，王某琴与刘某明建造的西厢房一间、南房两间是王某琴、刘某明、白某侠、刘某共同出资建造，因未提供证据证明，故不予采信。

王某琴、刘某新、赵某荣辩称白某侠与刘某结婚后对居住的三间房屋向南侧接出的房屋及建造的两间东厢房、南房门道一间、南棚房一间、厕所一间为王某琴、刘某新、赵某荣出资所建，未提供证据证明，不予采信。王某琴系刘某明之妻，刘某新、刘某系刘某明之子，故对刘某明去世时遗留的财产，王某琴、刘某新、刘某均有继承权。白某侠与刘某为夫妻关系，刘某所应继承的财产应为夫妻共有财产。刘某未征得共有财产人的同意，其放弃应继承财产的行为，法院不予支持。对双方争执房屋的分割，应有利于生产和生活的需要予以分割。一审判决坐落于北京市大兴区西红门镇六村光明巷9号院北房八间西数第1、2、3间（包括接出的部分）及西厢房两间、东厢房两间、南房门道一间、南棚房一间、厕所一间归白某侠、刘某所有；其余房屋（包括北房接出的部分）均归王某琴、刘某新、赵某荣所有。

刘某、王某琴、刘某新、赵某荣不服一审判决提起上诉。

北京市第一中级人民法院二审认为，王某琴、刘某、刘某新、赵某荣上诉所提刘某已经放弃继承，白某侠不是继承人一节，根据《中华人民共和国继承法》第5条、第10条的规定，2003年7月12日，刘某明去世后，刘某作为第一顺序继承人有权利放弃继承权，在家庭会议上刘某同意并签字放弃继承权，刘某放弃继承权的行为符合法律规定，各上诉人的该项上诉请求符合法律规定，应予支持。

刘某与白某侠婚后居住坐落于北京市大兴区某院的北房八间西数第1、2、3三间房屋，刘某与白某侠将使用的三间北房向南侧接出1.8米并建造了两间东厢房、南房门道一间、南棚房一间、厕所一间，刘某与白某侠未证实所增添的两间东厢房、南房门道一间、南棚房一间、厕所一间有相关批准手续，所增添的两间东厢房、南房门道一间、南棚房一间、厕所一间应为刘某与白某侠共同使用。二审判决：一、撤销北京市大兴区人民法院(2008) 大民初字第5518号民事判决；二、坐落于北京市大兴区某院两间东厢房、南房门道一间、南棚房一间、厕所一间由刘某与白某侠共同使用；三、驳回白某侠其他诉讼请求；四、驳回王某琴、刘某、刘某新、赵某荣其他上诉请求。

白某侠不服二审判决，申请再审。

北京市第一中级人民法院再审认为，案件争议焦点有三：(1) 刘某是否有权放弃继承其父刘某明的遗产。该问题的关键在于刘某放弃的是其依法享有的继承权还是已经合法取得的遗产所有权。我国《继承法》第2条规定，继承从被继承人死亡时开始。本案中，刘某之父刘某明死亡时，刘某就开始享有对其父遗产的继承权。《最高人民法院关于贯彻执行〈中华人民共和国继承法〉若干问题的意见》第49条规定，继承人放弃继承的意思表示，应当在继承开始后、遗产分割前作出。遗产分割后表示放弃的不再是继承权，而是所有权。在遗产分割未作出之前，继承人享有的仅是对被继承人遗产份额的继承权，而非被继承人遗产份额的所有权。只有当遗产分割开始后，法律赋予的依附于身份关系而享有的继承权才能转化为对遗产份额的所有权。本案中，刘某作出放弃继承权的意思表示发生在其父死亡之后，遗产分割之前。刘某是基于其与刘某明之间的父子关系而享有遗产继承权，该权利是法律赋予其单独享有和支配的，其放弃对其父遗产继承权的行为符合上述法律规定。根据《中华人民共和国婚姻法》第17条的规定，夫妻在婚姻关系存续期间继承所得的财产为夫妻共同财产。夫妻一方在处分夫妻共同财产时应获得另一方的同意。而本案中，刘某所享有的继承权并未转化为其享有遗产份额的所有权，即刘某对其父刘某明的遗产份额并未实际取得，刘某明的遗产并未转化为刘某与白某侠的夫妻共同财产。故刘某放弃对其父刘某明遗产的继承权的行为，并未侵害白某侠的合法权益。(2) 北京市大兴区某院两间东厢房、南房门道一间、南棚房一间、厕所一间及接出的1.8米属于谁出资建造的问题。一审法院审理期间，证人胡某启出庭作证，证实上述房屋是白某侠出面找自己所建，建房及装修款均是白某侠给付。被申请人虽否认该事实，但未提供证据予以证明。故终审判决认定上述房屋系刘某、白某侠共同所建正确。(3) 北京市大兴区西红门镇六村光明巷9号院白某侠婚后居住的三间房屋接出的1.8米终审判决未作处理是否属于漏判。从本案的实际情况分析，该接出的1.8米房屋属于白某侠夫妻出资所建，其接出的1.8米房屋致使王某琴名下的房屋面积扩大，价值增值。终审判决虽认定了该接出的1.8米房屋系白某侠夫妻出资所建，但未对该接出的部分作出实际处理显属不妥，本院再审应予纠正。

综上，再审法院依据《中华人民共和国民事诉讼法》第一百八十六条第一款、《最高人民法院关于适用〈中华人民共和国民事诉讼法〉若干问题的意见》第二百零一条以及《中华人民共和国继承法》第二条、《最高人民法院关于贯彻执行〈中华人民共和国继承法〉若干问题的意见》第四十九条的规定判决：

一、维持本院（2008）一中民终字第15317号民事判决第一、三、四项；

二、变更本院（2008）一中民终字第15317号民事判决第二项为：坐落于北京市大兴区某院北房八间西数第1、2、3间接出的1.8米及两间东厢房、南房门道一间、南棚房一间、厕所一间由刘某与白某侠共同使用。

【办案依据】

《中华人民共和国婚姻法》（2001年4月28日）

第十七条　夫妻在婚姻关系存续期间所得的下列财产，归夫妻共同所有：

（一）工资、奖金；

（二）生产、经营的收益；

（三）知识产权的收益；

（四）继承或赠与所得的财产，但本法第十八条第三项规定的除外；

（五）其他应当归共同所有的财产。

夫妻对共同所有的财产，有平等的处理权。

第十八条　有下列情形之一的，为夫妻一方的财产：

（一）一方的婚前财产；

（二）一方因身体受到伤害获得的医疗费、残疾人生活补助费等费用；

（三）遗嘱或赠与合同中确定只归夫或妻一方的财产；

（四）一方专用的生活用品；

（五）其他应当归一方的财产。

第十九条　夫妻可以约定婚姻关系存续期间所得的财产以及婚前财产归各自所有、共同所有或部分各自所有、部分共同所有。约定应当采用书面形式。没有约定或约定不明确的，适用本法第十七条、第十八条的规定。

夫妻对婚姻关系存续期间所得的财产以及婚前财产的约定，对双方具有约束力。

夫妻对婚姻关系存续期间所得的财产约定归各自所有的，夫或妻一方对外所负的债务，第三人知道该约定的，以夫或妻一方所有的财产清偿。

二、继承纠纷

（十六）法定继承纠纷

【案由判定】

法定继承是指依据法律直接规定的继承人范围、顺序和遗产分配原则，将遗产合法分配给继承人的继承方式。因法定继承引发的纠纷属于法定继承纠纷。

【适用提示】

适用本案由时，需要注意其与遗嘱继承纠纷的区别。遗嘱继承是继承人按照被继承人所立的合法有效的遗嘱而继承其遗产，继承人由立遗嘱人指定。而法定继承中的继承人是法律基于继承人间的亲属关系规定的，而不是由被继承人指定的。

【权威判决一】

莫某欢、岑某明诉岑某安、岑某、林某弟继承纠纷案（《最高人民法院公报》1988 年第 1 期）

裁判要旨：根据《中华人民共和国婚姻法》第十七条规定："夫妻在婚姻关系存续期间所得的下列财产，归夫妻共同所有：（一）工资、奖金；

（二）生产、经营的收益；（三）知识产权的收益；（四）继承或赠与所得的财产，但本法第十八条第三款规定的除外；（五）其他应当归共同所有的财产。夫妻对共同所有的财产，有平等的处理权。”因此，对于在婚姻关系存续期间，由夫妻一方所承包经营的收益，依法认定为夫妻共有财产。对于该共有财产，在遗产认定时，根据《中华人民共和国继承法》第二十六条规定，应当先将共同所有的财产的一半分出为配偶所有，其余的为被继承人的遗产。

案情：

原告：莫某欢、岑某明

被告：岑某安、岑某、林某弟

第三人：方某光

就原告莫某欢、岑某明诉被告岑某安、岑某、林某弟继承纠纷案，广东省顺德县人民法院依法组成合议庭，公开进行了审理。

原告莫某欢诉称，她丈夫岑华某生前承包的五金木器店、安装的电话机和修建的二层楼房，是她与丈夫婚姻关系存续期间的财产，其依法享有分割夫妻共同财产的权利和继承丈夫财产的权利。岑某明是岑华某的法定继承人。现被告想将这些财产占为已有。其请求法院依法保护她和岑某明的合法继承权。

被告岑某安答辩称，五金木器店是岑某出资，方某光出店铺，岑华某负责管理，他负责组织货源，是4人合股经营的，不是岑华某1人独自经营。电话机是他申请安装的，岑华某代付了款，代付款他已还清。原告现住的两层楼房，岑华某只出了1000元，大部分资金是岑某和岑某安等人出的。故某请求法院保护其合法权益。

为便于判决后的执行，顺德县人民法院根据原告莫某欢的申请，依照

《中华人民共和国民事诉讼法（试行）》第九十二条第一款的规定，于1987年2月11日对诉讼请求范围内的财产作出诉讼保全的裁定。

顺德县人民法院审理查明：原告莫某欢是被告岑某安的弟媳，被告岑某、林某弟的儿媳。莫某欢与岑某之子岑华某1981年结婚，1982年生一子岑某明。1983年4月，岑华某通过岑某安与其妻舅——本案第三人方某光协商，经当时生产队的同意，将原由方某光承包并已停业的木器店转由岑华某承包。该木器店后更名为幸福乡十队五金木器店，由岑华某独资经营，其账户、贷款、交纳管理费、税款等经济活动，均以岑华某名义进行。开业初期，岑某安曾在短时间内协助岑华某组织过货源，后即由岑华某自行购销。在此期间，由于五金木器店生意兴隆，盈利较多，岑华某和莫某欢在和平村建二层楼房一幢，购买了电视机、洗衣机等电器和125C摩托车1辆，并用1900元安装电话机1部于岑某安家。莫某欢承包的商店存有货底款1000元。1986年3月，岑华某患病，委托岑某安代管五金木器店。同年4月30日，岑华某病故。同年5月，莫某欢要求接管丈夫遗下的五金木器店，被告岑某安不愿交出，引起纠纷。同年6月，莫某欢向顺德县人民法院起诉，要求保护她和岑某明继承岑华某遗产的权利。

关于五金木器店是岑华某一人承包独自经营，还是合伙经营，经查：1986年6月间，岑某安串通第三人方某光，伪造假承包合同，以此证明原承包木器店即由岑某出资、方某光出铺面、岑某安组织货源、岑华某管理铺面的合伙经营事实。岑某安等还串通知情人，“不要理他们家里的事”。由此证明，五金木器店是岑华某独自经营，并非合资经营。

原告在起诉中要求取回岑华某于1985年放在其弟岑南安家中的杉木

15根，要求继承岑华某婚前与家庭共同购置的160根杉木中的份额，以及被告岑某安提出电话机是他出资安装的，均证据不足，不予认定。

在案件审理期间，被告人岑某安和第三人方某光伪造证据，制作假合同，依照民事诉讼法（试行）第七十七条的规定，决定分别处以200元罚款，并予以训诫教育。

诉讼期间，顺德县人民法院委托该县木材公司等单位派员，对诉争的五金木器店的财产和原告现住楼房等财产，进行了核价。其中：五金木器店现存木材核价2.8万元，杉棚上盖7030元，店内机械、设备800元，摩托车1辆3815元，电话机1台1900元，原告现住的楼房33392元，原告屋内的电视机、洗衣机等核价1900元，莫某欢承包的商店货底核价1000元，以上共计77837元。

顺德县人民法院在查明事实，分清是非的基础上，经调解未能达成协议。顺德县人民法院认为：原告莫某欢与被告岑某安、岑某、林某弟诉争的五金木器店、电话机和莫某欢现住的二层楼房等财产，系莫某欢与丈夫岑华某生前婚姻关系存续期间所得的财产，依照《中华人民共和国婚姻法》第十三条第一款的规定，归夫妻共同所有。依照《中华人民共和国继承法》第二十六条第一款关于夫妻在婚姻关系存续期间所得的共同所有的财产，如果分割遗产，应当先将共同所有的财产的一半分出为配偶所有，其余的为被继承人的遗产的规定，属于莫某欢和岑华某夫妻婚姻关系存续期的共有财产77837元，分出38918.5元为莫某欢所有，其余38918.5元为岑华某的遗产。依照继承法第十条第一款规定的继承顺序，莫某欢，岑某明，岑某、林某弟为第一顺序继承人。依照继承法第十三条第二款规定，对生活有特殊困难的缺乏劳动能力的继承人，分配遗产时，应当予以照顾。继承人岑某、林某弟目前承包几十亩鱼塘，家庭较为富裕；莫某欢年富力强，有劳动能力，3 人可共继承岑华某遗产的四分之一；岑某明年仅 5 岁，尚无劳动能力，可继承四分之三。

顺德县人民法院于 1987 年 5 月 19 日，判决如下：

一、五金木器店、莫某欢现住二层楼房、安装在岑某安家的电话机 1 部、125C 摩托车 1 辆、莫某欢承包商店的货底款、电视机、洗衣机等，核价 77837 元，均为原告莫某欢和岑华某共同所有，各分一半。

二、岑华某的遗产 38918. 5 元，莫某欢、岑某、林某弟各继承 3243. 21 元；岑某明继承 29188. 87 元。岑某明所继承的份额，由法定代理人莫某欢代管。

三、岑某、林某弟 2 人所继承的 6486. 42 元，其中 1900 元由岑某安支付（岑华某的电话机归岑某安所有），其余部分自本判决发生法律效力后 30 日内，由莫某欢付清。

本案受理费 778. 37 元，由岑某安承担；聘请有关人员核查五金木器店等的费用 120 元，由莫某欢承担。

一审宣判后，原告和被告均未上诉。

【权威判决二】

纪某治诉纪某琴房屋继承纠纷案（《最高人民法院公报》1988 年第 4 号）

裁判要旨：根据《中华人民共和国婚姻法》第二十六条第二款的规定："养子女与生父母之间的权利和义务，因收养关系的成立而消除。"由此可以看出，养子女不能作为生父母的法定继承人来继承其遗产。养子女对生父母尽了较多扶养义务的，依照继承法第十四条关于"……继承人以外的对被继承人扶养较多的人，可以分给他们适当的遗产"的规定，可以给养子女适当分得生父母的遗产。

案情：

原告：纪某治

被告：纪某琴

原告纪某治诉被告纪某琴房屋继承纠纷案，向福建省厦门市开元区人民法院提起诉讼。

在诉讼期间，被告纪某琴擅自将诉争楼房的第4层拆除，欲进行翻建。为有利于案件的审理和判决的执行，开元区人民法院于1987年7月8日依照《中华人民共和国民事诉讼法（试行）》第九十二条第一款和第九十三条第二款的规定，依职权作出诉讼保全裁定，查封厦禾巷26号楼房第4层。

开元区人民法院依法组成合议庭，对该案进行了公开审理，查明：原告与被告系同胞姐妹关系。坐落在厦门市厦禾巷26号4层楼房一幢，系原告和被告生父纪某山、生母陈某共同建置，产权登记于陈某名下。被继承人生有2男2女，长子纪某河、次子纪某顺于新中国成立前去台湾省谋生，至今下落不明；长女纪某治，自幼被他人收养；次女纪某琴，长期与母陈某共同生活。诉争的楼房1、3、4层由国家改造，2层由陈某和被告居住。后来，被改造的3、4层楼房落实政策退还，由陈某出租。原告虽自幼被他人收养，但在成年后仍与生母保持来往，生活上多方给予关照。陈某晚年在病中，原告前往护理。1986年1月陈某去世，原告与被告共同主持安葬。之后，原告提出继承、分割陈某遗产楼房，被告不同意，双方发生纠纷。经亲友和居民委员会调解，被告同意支付6000元补偿原告。后因被告翻悔，原告即向开元区人民法院起诉。其诉称：原告系法定继承人之一，对生母生前尽了赡养义务，主张继承母亲遗产；兄弟纪某河、纪某顺去台湾后至今没有音讯，念及骨肉之情，同意保留他们应继承的份额，由原告和被告分别代管。

被告答辩称：原告出生 2 个月时已由他人收养，与生母之间的权利义务关系已随之消除。因此，不能作为生母的法定继承人。但念及姐妹之情，且在逢年过节探望生母，故对其诉讼请求愿以经济补偿处理（补偿人民币 6000 元，分 6 年付清，每年 1000 元），但原告应将楼房产权证交由被告保存。

开元区人民法院审理认为：厦禾巷 2、3、4 层，系被继承人纪某山、陈某的遗产，依照《中华人民共和国继承法》第十条第二款的规定，应由其法定第一顺序继承人纪某琴、纪某河、纪某顺共同继承；纪某河、纪某顺去台湾至今下落不明，其继承份额应予保留。纪某治自幼送他人收养，并与养父母保持收养关系，依照《中华人民共和国婚姻法》第二十六条第二款关于“养子女与生父母之间的权利和义务，因收养关系的成立而消除”的规定，原告不能作为被继承人的法定继承人，因此也不能法定继承被继承人陈某的遗产。但是，鉴于原告长期对被继承人陈某给予生活上关照和经济上的扶助，依照继承法第十四条关于“……继承人以外的对被继承人扶养较多的人，可以分给他们适当的遗产”的规定，可以给原告分得被继承人陈某的适当遗产。被告提出愿以 6000 元抵偿原告可以分得被继承人遗产的份款，应予支持；至于付款期限，可酌情缩短。为便于被告修缮楼房，要求原告交还楼房产权证是合理的。

综上，该院于 1987 年 8 月 31 日判决如下：

一、坐落在厦禾巷 26 号楼房的第 2、3、4 层，由被告纪某琴和去台湾的纪某河、纪某顺共同继承；

二、被告纪某琴应补偿原告纪某治人民币 6000 元，于本判决生效时交付 2000 元，生效六个月时交付 2000 元，生效一年时交付 2000 元；原告应在被告付清上述款后将诉争房屋产权证交给被告。

本案诉讼费395元，原告负担95元被告负担300元。

宣判后，原告纪某治不服，以被继承人陈某并没有将她送人收养，而且对其尽了较多的义务，要求依法继承陈某的遗产为由，向厦门市中级人民法院提出上诉。

厦门市中级人民法院审理认为；上诉人纪某治自幼由他人收养，依法与生母的权利义务关系消除，不能作为法定继承人继承被继承人的遗产。但上诉人对被继承人生前扶养较多；被继承人去世后，上诉人与被上诉人共同对其安葬，依法可适当分得陈某的遗产。根据上诉人对被继承人生前扶养的情况，分给上诉人的遗产金额偏低，可适当增加。据此，依照《民事诉讼法（试行）》第一百五十一条第（一）项的规定，于1988年6月1日判决如下：

维持原审判决第一项；第二项变更为：纪某琴、纪某河、纪某顺共同补偿纪某治可适当分得房价款人民币8000元，该款在纪某河、纪某顺未实际管业之前，先由纪某琴支付。纪某琴应在本判决生效后六个月内先付4000元，余款在一年内付清。纪某治应在纪某琴付清上列款后，将诉争房屋的产权证交由纪某琴。

二审诉讼费395元，由纪某治负担200元，纪某琴负担195元。

【参考案例】

由他人代写，仅加盖私章而没有继承人签字的放弃继承证明无效

——罗某蓉、罗某玉诉王某雅等法定继承纠纷案

权威刊载：北大法宝经典案例

案　　号：四川省成都市锦江区人民法院（2009）锦江民初字第3298号

裁判要点：私章是个人印章的简称。目前我国私章使用比较混乱，审

查管理并不规范，因此，私章不能简单地认定为个人意思的真实意思表示。另外根据《最高人民法院关于贯彻执行〈中华人民共和国继承法〉若干问题的意见》第四十七条规定，继承人放弃继承应当以书面形式向其他继承人表示。用口头方式表示放弃继承，本人承认，或有其他充分证据证明的，也应当认定其有效。综上所述，对于他人代写，只加盖私章而没有继承人签字的放弃继承证明，不能代表继承人的真实意思表示，不符合法律规定，应被认定为无效。

案情：

原告：罗某玉

被告：王某雅、罗某俊、罗某成、罗某丽、罗某群、宋某恒

成都市锦江区人民法院经审理查明黄家五与罗春林系夫妻关系，婚后共生育某毅、罗某辉、罗某蓉、罗某玉四个子女。黄家五购买了成都市金泉街99号房屋并于1959年8月12日取得房屋所有证。罗某林于1946年10月12日死亡，此后黄家某未再婚，其于1970年9月16日死亡，生前未立遗嘱。黄家某与罗某林的父母均先于黄家某、罗某林死亡。罗某辉于1958年死亡，其与妻子宋某华婚后共生育罗某庆、罗某琼两个子女，宋某华后与他人再婚。罗某庆于1994年7月26日死亡，其与丈夫宋某成婚后生育一子宋某恒。罗某于1995年10月死亡，其与妻子王某雅婚后共养育罗某丽、罗某成、罗某俊三个子女。

黄家某死亡后，罗某、王某雅、罗某俊在成都市金泉街99号房屋居住。1973年12月，罗某向成都市房产管理局产权监理处申请办理成都市金泉街99号房屋的继承登记，提交了其所在单位出具的关于罗某的基本情况及在其母亲遗产房屋内居住情况的证明，罗某申请办理房屋产权登记的申请书，由罗某书写的署名为罗某蓉并加盖一枚“罗福容”印章、内容为

同意放弃产权、房屋由罗某继承的证明，由罗某书写的署名为罗某玉并加盖一枚“罗某玉”印章、内容为同意放弃产权、房屋由罗某继承的证明。1974年1月28日，罗某取得成都市房产管理局颁发的成都市金泉街99号房屋产权证（权字第4169号），房屋产权入户名由黄家某变更登记为罗某。1976年4月14日，罗某庆、罗某群（琼）向成都市产权监理处递交申请书，认为将遗产房屋登记为罗某一人未征求其意见，申请注销罗某的产权证进行共有权利登记。此后，成都市房产管理局产权监理处将权字第4169号房屋产权证收回并加盖注销章。成都市房产管理局产权监理处曾告知罗某、罗某庆等补具各自书面意见。成都市金泉街99号房屋的相关继承人一直未向成都市房产管理局产权监理处补具关于继承成都市金泉街99号房屋的书面意见重新办理登记。2009年8月，成都市金泉街99号房屋参与改造收购，由王某雅、罗某俊、罗某成与改选方签订《改造房屋收购协议》，收购价款1576894元。现该房已腾退交出，罗某俊已申领整体搬迁一次性奖励3万元。庭审中，罗某蓉、罗某玉表示请求分割的共有财产可以是房屋补偿款，罗某丽、罗某群、宋某恒表示分割的共有财产应当是房屋而不是补偿款。

成都市锦江区人民法院经审理认为：

1. 关于成都市金泉街99号房屋的权属问题。虽然罗某曾取得成都市金泉街99号房屋产权证，将房屋产权入户名由黄家某变更登记为罗某，但在罗某庆、罗某群（琼）提出异议后，成都市房产管理局产权监理处已将该房屋产权证收回并加盖注销章，而黄家某的继承人此后未向成都市产权监理处补具关于继承该房屋的书面协议重新办理登记手续，故该房屋的权属已恢复到罗某办理变更登记前的状态，即仍然属于黄家某所有。

2. 关于罗某蓉、罗某玉是否享有房屋继承权的问题。因两份放弃产权的证明均由罗某书写，虽然加盖有“罗福容”和“罗某玉”印章，但罗某蓉、罗某玉并未在上面签字，不能确定是其本人的意思表示；虽然成都市房产管理局产权监理处在办理罗某申请变更房屋产权登记过程中，通过了相关审核程序并向罗某颁发了房屋产权证，但并无证据证明在办理房屋产权变更登记过程中有罗某蓉、罗某玉本人到场，特别是在此次继承登记程序还存在遗漏其他继承人意见、罗某蓉的署名与印章（“罗福容”）不一致等其他问题的情况下，不能据此反推出以罗某蓉、罗某玉名义出具的证明应当经过其本人的确认；再结合罗某在其房屋产权证被收回至其去世长达十多年的时间内，未再向产权监理处重新提交关于继承分割房屋的书面意见以及罗某蓉、罗某玉放弃继承的书面证明这一情况，不能认定罗某蓉、罗某玉有放弃继承的意思表示。况且，由于颁发给罗某的房屋产权证已被收回并注销，房屋恢复为产权仍属黄家某所有，现房屋尚未分割处理，目前罗某蓉、罗某玉也未表示要放弃继承，故即使罗某蓉、罗某玉曾经在罗某申请办理房屋变更登记时有过同意放弃继承的意思表示，也并不影响罗某蓉、罗某玉在房屋分割前所享有的继承权。

3. 关于本案是否已经超过诉讼时效的问题。王某雅等辩称，黄家某于1970年去世时继承就开始，罗某蓉、罗某玉至今起诉，早已超过诉讼时效。本院认为，被继承人黄家某死亡时，发生继承的事由，随着继承的开始，黄家某遗产的所有权即应从黄家某名下转到各继承人名下，在黄家某的继承人均未表示放弃继承且遗产也未进行分割的情况下，遗产应当归全体继承人共有，在遗产分割前的共有关系存续期间，任何共有人随时都可以提出分割共有物的请求，现原告罗某蓉、罗某玉作为黄家某的继承人即遗产的共有人起诉要求分割共有财产，符合法律规定，本案不适用诉讼时效的规定。相反，如果认为本案已过诉讼时效，将会导致成都市金泉街99

号房屋始终属于死亡多年的黄家某所有的情况出现，从而产生所有权缺位问题，实际上也剥夺了各继承人的法定权利。

4. 关于遗产范围及各继承人继承份额的问题。成都市金泉街99号房屋属于黄家某死亡时遗留的财产，其继承人均享有继承权，虽然该房屋已由王某雅、罗某俊、罗某成代表参与改造户黄家某（亡）签订了改造房屋收购协议，但因其他部分继承人明确表示请求分割的共有财产是房屋而不是收购价款，故本案分割处理的遗产范围为成都市金泉街99号房屋。因黄家某的配偶和父母均先于其死亡，故其第一顺序继承人应为黄家某的四个子女即罗某、罗某辉、罗某蓉、罗某玉，对成都市金泉街99号房屋的继承份额各为25%。因罗某在黄家某死亡后、遗产分割前死亡，其继承份额应依法由其配偶王某雅及其子女罗某丽、罗某成、罗某俊转继承。黄家某死亡时继承即开始，黄家某未立遗嘱，罗某因继承取得的房屋所有权份额，系罗某与王某雅婚姻关系存续期间所得的夫妻共同财产，罗某死亡后，其继承份额的一半应归王某雅所有，剩余一半再由王某雅、罗某丽、罗某成、罗某俊均等分割，即罗某继承成都市金泉街99号房屋的25%份额中，由王某雅享有15.625%，由罗某丽、罗某成、罗某俊各享有3.125%。因罗某辉先于黄家某死亡，而罗某辉共生育罗某庆、罗某群两个子女，其中罗某庆于1994年死亡，生前生育一子宋某恒，故罗某辉继承成都市金泉街99号房屋的25%份额，应依法由罗某群、宋某恒代位继承，各享有12.5%的份额。

据此，依照《中华人民共和国继承法》（以下简称《继承法》）第二条、第三条第（二）项、第五条、第十条、第十一条、第十三条第一款、第二十五条第一款，《中华人民共和国婚姻法》第十七条第一款第（四）项，《中华人民共和国物权法》（以下简称《物权法》）第二十九条、第九十九条，《最高人民法院关于贯彻执行〈中华人民共和国继承法〉若干问题的意见》第五十二条的规定，判决成都市金泉街99号房屋（建筑面积92.60平方米）由原告罗某蓉、罗某玉各享有25%的财产份额，由被告王某雅享有15.625%的财产份额，由被告罗某俊、罗某成、罗某丽各享有3.125%的财产份额，由被告罗某群、宋某恒各享有12.5%的财产份额。

案件宣判后，各方当事人均未提起上诉，判决已发生法律效力。

【办案依据】

《中华人民共和国继承法》（1985年4月10日）

第二条　继承从被继承人死亡时开始。

第三条　遗产是公民死亡时遗留的个人合法财产，包括：

（一）公民的收入；

（二）公民的房屋、储蓄和生活用品；

（三）公民的林木、牲畜和家禽；

（四）公民的文物、图书资料；

（五）法律允许公民所有的生产资料；

（六）公民的著作权、专利权中的财产权利；

（七）公民的其他合法财产。

第五条　继承开始后，按照法定继承办理；有遗嘱的，按照遗嘱继承或者遗赠办理；有遗赠扶养协议的，按照协议办理。

第八条　继承权纠纷提起诉讼的期限为二年，自继承人知道或者应当知道其权利被侵犯之日起计算。但是，自继承开始之日起超过二十年的，不得再提起诉讼。

第十条　遗产按照下列顺序继承：

第一顺序：配偶、子女、父母。

第二顺序：兄弟姐妹、祖父母、外祖父母。

继承开始后，由第一顺序继承人继承，第二顺序继承人不继承。没有第一顺序继承人继承的，由第二顺序继承人继承。

本法所说的子女，包括婚生子女、非婚生子女、养子女和有扶养关系的继子女。

本法所说的父母，包括生父母、养父母和有扶养关系的继父母。

本法所说的兄弟姐妹，包括同父母的兄弟姐妹、同父异母或者同母异父的兄弟姐妹、养兄弟姐妹、有扶养关系的继兄弟姐妹。

第十一条　被继承人的子女先于被继承人死亡的，由被继承人的子女的晚辈直系血亲代位继承。代位继承人一般只能继承他的父亲或者母亲有权继承的遗产份额。

第十三条　同一顺序继承人继承遗产的份额，一般应当均等。

对生活有特殊困难的缺乏劳动能力的继承人，分配遗产时，应当予以照顾。

对被继承人尽了主要扶养义务或者与被继承人共同生活的继承人，分配遗产时，可以多分。

有扶养能力和有扶养条件的继承人，不尽扶养义务的，分配遗产时，应当不分或者少分。

继承人协商同意的，也可以不均等。

第二十五条　继承开始后，继承人放弃继承的，应当在遗产处理前，作出放弃继承的表示。没有表示的，视为接受继承。

受遗赠人应当在知道受遗赠后两个月内，作出接受或者放弃受遗赠的表示。到期没有表示的，视为放弃受遗赠。

《中华人民共和国婚姻法》（2001 年 4 月 28 日）

第十七条　夫妻在婚姻关系存续期间所得的下列财产，归夫妻共同所有：

（一）工资、奖金；

（二）生产、经营的收益；

（三）知识产权的收益；

（四）继承或赠与所得的财产，但本法第十八条第三项规定的除外；

（五）其他应当归共同所有的财产。

夫妻对共同所有的财产，有平等的处理权。

《最高人民法院关于贯彻执行〈中华人民共和国继承法〉若干问题的意见》（1985 年 9 月 11 日）

第 52 条　继承开始后，继承人没有表示放弃继承，并于遗产分割前死亡的，其继承遗产的权利转移给他的合法继承人。

《中华人民共和国物权法》（2007 年 3 月 16 日）

第九十九条　共有人约定不得分割共有的不动产或者动产，以维持共有关系的，应当按照约定，但共有人有重大理由需要分割的，可以请求分割；没有约定或者约定不明确的，按份共有人可以随时请求分割，共同共有人在共有的基础丧失或者有重大理由需要分割时可以请求分割。因分割对其他共有人造成损害的，应当给予赔偿。

第一百零三条　共有人对共有的不动产或者动产没有约定为按份共有或者共同共有，或者约定不明确的，除共有人具有家庭关系等外，视为按份共有。

《中华人民共和国民法通则》（2009 年 8 月 27 日）

第一百三十五条　向人民法院请求保护民事权利的诉讼时效期间为二年，法律另有规定的除外。

第一百三十七条　超过诉讼时效期间，当事人自愿履行的，不受诉讼时效限制。

最高人民法院关于被继承人死亡后没有法定继承人，分享遗产人能否分得全部遗产的复函（1992年10月11日　［1992］民他字第25号）

江苏省高级人民法院：你院1991民请字第21号关于沈玉根诉马以荣房屋典当一案的请示报告和卷宗均以收悉。经研究认为，沈玉根与其叔祖母沈戴氏共同生活十多年，并尽了生养死葬的义务。依照我国继承法第十四条的规定，可分给沈玉根适当的遗产。根据沈戴氏死亡后没有法定继承人等情况，沈玉根可以分享沈戴氏的全部遗产，包括对已出典房屋的回赎权。至于是否允许回赎，应依照有关规定和具体情况妥善处理。

（十七）代位继承纠纷

【案由判定】

代位继承属于法定继承，代位继承纠纷是指被继承人的子女先于被继承人死亡的，由被继承人的子女的晚辈直系血亲代替继承被继承人的子女应继承的遗产。代位继承人一般只能继承他的父亲或者母亲有权继承的遗产份额。因代位继承引发的纠纷属于代位继承纠纷。

【适用提示】

适用本案由时，需要注意其与遗嘱继承纠纷的区别。遗嘱继承纠纷是按照被继承人所立的合法有效的遗嘱而继承其遗产的方式，继承人由立遗嘱人指定。而法定继承中的继承人是法律基于继承人间的亲属关系规定的，而不是由被继承人指定的。

【权威判决】

王某学等三人与王某德继承案（《最高人民法院公报》1985年第4期）

裁判要旨：《中华人民共和国婚姻法》第二十四条规定："夫妻有相互继承遗产的权利。父母和子女有相互继承遗产的权利。"对于被继承人的子女先于被继承人死亡的，根据《中华人民共和国继承法》第十一条的规定，应当由被继承人的子女的晚辈直系血亲代位继承。代位继承人一般只能继承他的父亲或者他的母亲有权继承的遗产份额。因此，被继承人的子女先于被继承人死亡的，其子女的晚辈直系血亲依法享有代位继承权。

案情：

上诉人（原审被告）：王某学

上诉人（原审第三人）：王某刚

上诉人（原审第三人）：王某贤

被上诉人（原审原告人）：王某德

王某学、王某刚、王某贤三上诉人，因继承一案，不服黑龙江省哈尔滨市道外区人民法院（84）第六二一号民事判决，向哈尔滨市中级人民法院提起上诉。

哈尔滨市中级人民法院经审理查明：三上诉人与被上诉人王某德系叔侄、姑侄关系。被继承人王某远、李某岭夫妇分别于一九六三年、一九八四年死亡。被继承人婚生王某学、王某芳、王某昌、王某贤、王某刚五名子女。王某昌早已死亡，无配偶和子女。王某芳于一九五四年死亡，有配偶和婚生子女王某德、王某文和王某霞。一九六七年，王某芳之妻带三名子女改嫁。王某芳之妻虽然带子女改嫁，但在被继承人李某岭在世时，经常来往，关心照顾其生活，过年过节还去探望送食品。被继承人李某岭死亡时，被上诉人王某德送去七十元，与王某学、王某刚、王某贤共同料理丧事。被继承人遗有道外区南十四道街一百三十五号院内八十三点五零七平方米房产，由王某学、王某刚和案外人周洪发分别居住。被继承人李某岭死亡后，被上诉人王某德，以要求代位继承被继承人所遗房产为由，向道外区人民法院提起诉讼。原审法院认定，三上诉人同被上诉人，对被继承人都尽了赡养义务，均是合法继承人。故判决将被继承人的所遗房产八十三点五零七平方米，由三上诉人与被上诉人平均继承，各继承二十点八七七平方米。根据房产的结构（间数）和当事人居住现状，房产实际分割如下：王某学继承二十一点四八七平方米，王某刚继承二十一点一八平方米，王某贤继承十九点九六平方米，王某德兄妹三人代位继承二十点八八平方米。多出平均继承份额部分，以款相抵，王某学、王某刚、王某德三人共补八十二元五角，由王某贤所得。对以上判决，三上诉人不服，以被上诉人王某德之父对被继承人未尽赡养义务，王某德兄妹系晚辈血亲，无权继承被继承人的遗产为由提起上诉。

哈尔滨市中级人民法院审理认为：被上诉人之父王某芳，虽然先于被继承人死亡，但在生前对被继承人尽到了赡养义务，因此，应当享有继承权利。至于被上诉人是王某芳的晚辈直系血亲，按照我国有关政策规定，有权代位继承其父应得的遗产份额。因此，原审判决根据当时双方赡养被继承人的经济能力，以及在遗产分割后，有利于生活需要和不损害使用的情况，将该项遗产平均分配是适当的。据此，于一九八五年五月七日，依照《中华人民共和国民事诉讼法（试行）》第一百五十一条（一）项的规定，判决驳回上诉，维持原判。

一九八五年十一月二十九日，最高人民法院审判委员会第二百三十七次会议，依照《中华人民共和国人民法院组织法》第十一条第一款的规定，在总结审判经验时认为，目前有些地方，特别是农村，仍存在着无故剥夺随母改嫁的子女继承生父遗产或代位继承的权利的陋习，这是不符合我国现行法律规定的。《中华人民共和国婚姻法》第二十四条规定："夫妻有相互继承遗产的权利。父母和子女有相互继承遗产的权利。"《中华人民共和国继承法》第十一条规定："被继承人的子女先于被继承人死亡的，由被继承人的子女的晚辈直系血亲代位继承。代位继承人一般只能继承他的父亲或者母亲有权继承的遗产份额。"各级人民法院今后在审理继承案件中，应认真执行这些规定，切实保护随母改嫁的子女的继承和代位继承的合法权利。哈尔滨市道外区人民法院和哈尔滨市中级人民法院对该案的判决是符合以上法律规定的，可供各级人民法院借鉴。

【参考案例】

1. **代位继承财产可以依协议放弃**

——肖某与肖某研代位继承纠纷上诉案

权威刊载：北大法宝精选案例

案　　号：广东省广州市中级人民法院（2013）穗中法民一终字第4628号

裁判要点：双方当事人对涉案财产均享有法定继承权，而双方签订的一方放弃继承财产的协议合法有效，且属真实意思表示，据此协议成立。即代位继承的财产可依协议放弃。

2. **土地补偿款属于可代位继承财产范围**

——孟某英与俞某军等代位继承纠纷上诉案

权威刊载：北大法宝精选案例

案　　号：江苏省徐州市中级人民法院（2013）徐民终字第0713号

裁判要点：土地补偿款依法律规定属于法定继承的财产范围，可以代位继承，应由其法定继承人根据继承法的相关规定继承。

【办案依据】

《中华人民共和国继承法》（1985年4月10日）

第三条　遗产是公民死亡时遗留的个人合法财产，包括：

（一）公民的收入；

（二）公民的房屋、储蓄和生活用品；

（三）公民的林木、牲畜和家禽；

（四）公民的文物、图书资料；

（五）法律允许公民所有的生产资料；

（六）公民的著作权、专利权中的财产权利；

（七）公民的其他合法财产。

第四条　个人承包应得的个人收益，依照本法规定继承。个人承包，依照法律允许由继承人继续承包的，按照承包合同办理。

第五条　继承开始后，按照法定继承办理；有遗嘱的，按照遗嘱继承或者遗赠办理；有遗赠扶养协议的，按照协议办理。

第十条　遗产按照下列顺序继承：

第一顺序：配偶、子女、父母。

第二顺序：兄弟姐妹、祖父母、外祖父母。

继承开始后，由第一顺序继承人继承，第二顺序继承人不继承。没有第一顺序继承人继承的，由第二顺序继承人继承。

本法所说的子女，包括婚生子女、非婚生子女、养子女和有扶养关系的继子女。

本法所说的父母，包括生父母、养父母和有扶养关系的继父母。

本法所说的兄弟姐妹，包括同父母的兄弟姐妹、同父异母或者同母异父的兄弟姐妹、养兄弟姐妹、有扶养关系的继兄弟姐妹。

第十一条　被继承人的子女先于被继承人死亡的，由被继承人的子女的晚辈直系血亲代位继承。代位继承人一般只能继承他的父亲或者母亲有权继承的遗产份额。

第十三条　同一顺序继承人继承遗产的份额，一般应当均等。

对生活有特殊困难的缺乏劳动能力的继承人，分配遗产时，应当予以照顾。

对被继承人尽了主要扶养义务或者与被继承人共同生活的继承人，分配遗产时，可以多分。

有扶养能力和有扶养条件的继承人，不尽扶养义务的，分配遗产时，应当不分或者少分。

继承人协商同意的，也可以不均等。

第二十七条　有下列情形之一的，遗产中的有关部分按照法定继承办理：

（一）遗嘱继承人放弃继承或者受遗赠人放弃受遗赠的；

（二）遗嘱继承人丧失继承权的；

（三）遗嘱继承人、受遗赠人先于遗嘱人死亡的；

（四）遗嘱无效部分所涉及的遗产；

（五）遗嘱未处分的遗产。

最高人民法院《关于贯彻执行〈中华人民共和国继承法〉若干问题的意见》（1985年9月11日）

第52条　继承开始后，继承人没有表示放弃继承，并于遗产分割前死亡的，其继承遗产的权利转移给他的合法继承人。

最高人民法院司法行政厅关于侄子女代位继承权问题的复函（[64]法司字第28号　1964年2月10日）

广州市中级人民法院：广州市公证处办理了杨漪云遗产继承事件以后，杨瑞馨的子女钟志和等8人向本院提起申诉，要求参与继承。我们是不承认侄子女的代位继承权的。现钟志和等提出杨瑞馨在经济上曾给予杨漪云许多帮助；杨漪云也曾给他们某些姊妹以帮助。如情况属实，可以考虑对钟志和姊妹中生活困难的人，由遗产中给以适当照顾。此点由你们酌定，并告诉申诉人。

最高人民法院关于代位继承问题的批复（法编字第5950号1951年6月15日）

河北省人民法院：1950年4月25日法行字第20号呈请解答代位继承问题，我们商询法制委员会研究提意见后，该会未有确定的答复。兹接1951年5月4日行字第8号报告并抄附前呈一件，要求对这类问题迅作答复。兹将我们的意见分述：

（一）丈夫死后，其妻要求代位继承的问题：我们认为夫妻间有互相继承遗产的权利，但相互间不应有代位继承的问题存在，也就是丈夫死后，妻不应代夫继承翁婆的遗产，同样的，妻死后，夫不应代妻继承岳父母的遗产。据来文所称："丈夫死后其妻因与婆母不睦，分居度日，其婆母由其他子女供养，至婆母死后，其分居已久之儿妇，又要求代夫继承遗产"，我们认为这个儿媳如有子女可以代父继承遗产，但其本人不能代夫继承遗产。如果丈夫生前已继承其父（即儿媳的翁）的遗产，而在生前和死后一直没有就大家庭财产中分割出来，则儿媳已经继承了丈夫所已继承的那一部份，当然现在仍可主张分割。但这并不是一个代位继承的问题。

（二）关于寡妇要求代夫继承丈夫胞兄遗产的问题，我们认为单就代位继承一点来说，弟媳是没有代夫继承其兄遗产之权的。

（十八）遗嘱继承纠纷

【案由判定】

遗嘱继承是指按照立遗嘱人生前所留下的符合法律规定的合法遗嘱的内容要求，确定被继承人及各继承人应继承的份额。遗嘱继承纠纷即因遗嘱继承产生争议而引发的纠纷。

【适用提示】

适用本案由时，需要注意其与法定继承纠纷的区别。法定继承中的继承人是法律基于继承人与被继承人间的亲属关系规定的，而不是由被继承人指定的。遗嘱继承是按照被继承人所立的合法有效的遗嘱而继承其遗产，继承人由立遗嘱人指定。

【权威判决】

向某琼等人诉张某霞等人执行遗嘱代理合同纠纷案（《最高人民法院公报》2004 年第 1 期）

裁判要旨：我国民法通则和继承法中均没有对遗嘱执行人的法律地位和遗嘱执行人的权利义务作出明确规定。只要不违反法律的禁止性规定，民事主体有权处分自己的权利。律师根据被继承人的指定，作为遗产执行人，在遗嘱人没有明确其执行遗嘱所得报酬的情况下，就执行遗嘱的相关事宜与部分遗产继承人签订的委托代理协议，并按照该协议的约定收取遗嘱执行费，不属于律师法第三十九条规定的“律师不得在同一案件中为双方当事人担任代理人”的情形，应认定该委托代理协议有效。

案情：

原告：向某琼，64 岁。

原告：熊某浩，42 岁。

原告：熊某，35 岁。

被告：张某霞，55 岁，陕西省金宝律师事务所律师。

被告：张某，58 岁，陕西省金宝律师事务所律师。

被告：张某录，54 岁，陕西省金宝律师事务所律师。

被告：冯某义，48 岁，陕西宝鸡啤酒厂职工。

原告向某琼、熊某浩、熊某因与被告张某霞、张某、张某录、冯某义发生执行遗嘱代理协议纠纷一案，向陕西省宝鸡市中级人民法院提起诉讼。

原告向某琼、熊某浩、熊某诉称：我们是熊毅武的遗产继承人，熊毅武生前在遗嘱中指定被告张某霞为遗嘱执行人。熊毅武去世后，张某霞未积极按遗嘱人嘱托分割遗产交付给各继承人，而是误导我们与之签订了执行遗嘱代理协议，并扣收所谓执行遗嘱代理费 22.9 万元，致使我们的合法财产权益受到损害。请求撤销或宣告两份执行遗嘱代理协议无效，判令张某霞返还 22.9 万元代理费，并由原张某霞所在律师事务所的合作人承担连带责任。

被告张某霞辩称：我与熊某浩、熊某签订的协议书是双方的真实意思表示，作为熊毅武生前指定的遗嘱执行人，我与继承人签订执行遗嘱代理协议，进一步确定执行遗嘱的具体事项，是合法有效的。收取各原告执行继承遗产费用，符合律师收费办法的规定。与原告熊某浩、熊某签订的协议和熊毅武指定我为遗嘱执行人是两个不同的法律关系。我在法律代理服务中无过错，不应退还代理费。

被告张某辩称：张某霞律师受律师事务所委托与各原告签订执行遗

嘱代理协议，并协商收取代理费是律师的执业行为，是合理合法的。各原告要求合作律师事务所的各合作人承担返还代理费承担连带责任没有法律依据。

被告张某录和冯某义未作答辩，经法庭传唤亦未出庭应诉。

宝鸡市中级人民法院经审理查明：1997 年 2 月 23 日，原告向某琼之夫、熊某浩和熊某之父熊毅武请当时任正达律师事务所律师的被告张某霞见证并代书了遗嘱，遗嘱对其所有的现金、企业、房产等财产向各法定继承人和其他人进行了分配，并聘请张某霞为终身法律顾问，指定张某霞为遗嘱执行人。该遗嘱一式 7 份，全部由张某霞保管，继承开始由张某霞负责实施。1997 年 2 月 28 日，熊毅武去世。1997 年 3 月 1 日和 4 月 14 日，张某霞分别与熊某、熊某浩签订协议书。协议根据熊毅武的遗嘱主要约定以下事项：张某霞要遵照遗嘱的规定办好各种手续；熊某浩、熊某聘请张某霞担任法律顾问、财务顾问，维护熊某浩、熊某合法权益，全权委托张某霞对继承的企业财产进行审计，保障熊某浩、熊某两人的权益得到充分实现；律师应收遗嘱析产代理费按国家规定从遗产中扣除。因向某琼为精神病患者，其民事行为由熊某浩代理。1997 年 4 月 22 日，张某霞分别向向某琼、熊某浩出具了正达律师事务所收到 15 万元、3 万元律师遗嘱析产代理费的收款收据。但其所收到的 18 万元未交正达律师事务所。1997 年 4 月 7 日，张某霞向熊某出具了“情况说明”，情况说明中称执行遗嘱全部费用已交清。张某霞在庭审中承认实际收取了熊某 2 万元现金，没有出具收据。1997 年 4 月底，张某霞按照熊毅武遗嘱将遗产全部分配完毕。张某霞在 1997 年 3 至 4 月执行遗嘱期间共领取北方集团公司工资、补贴、顾问费等共计 3048 元，并报销了差旅费。

另查明：正达律师事务所为合作制律师事务所，由张某、张某录、张某霞、冯某义4人申报，1994年7月25日经陕西省司法厅批准成立。1998年1月1日，张某、张某录退出正达律师事务所。1998年3月24日，正达律师事务所经清产后移交宝鸡县司法局。

上述事实，有以下主要证据证明：

1. 各当事人在庭审中的陈述。

2. 熊毅武生前遗嘱及公证书。

3. 张某霞分别与熊某浩、熊某签订的两份协议书。

4. 张某霞向向某琼、熊某浩出具的正达律师事务所两份收款收据。

5. 熊毅武遗产的“执行财产移交表”。

6. 张某霞向熊某出具的“情况说明”。

7. 正达律师事务所移交宝鸡县司法局的移交书。

宝鸡市中级人民法院认为：《律师法》第三十九条规定：“律师不得在同一案件中，为双方当事人担任代理人。”《中华人民共和国民法通则》（以下简称民法通则）第五十八条第一款第（五）项规定，“违反法律或者社会公共利益的民事行为无效。”第六十一条规定：“民事行为被确认为无效或者被撤销后，当事人因该行为取得的财产，应当返还给受损失的一方。有过错的一方应当赔偿对方因此所受的损失，双方都有过错的，应当各自承担相应的责任。”被告张某霞与原告熊某浩、熊某以协议书的形式签订代理合同，其实质内容源于熊毅武生前遗嘱。张某霞作为律师接受熊毅武生前嘱托担任其遗产执行人，应视为与熊毅武生前形成了委托代理关系，张某霞在执行遗嘱时从遗产中扣收代理费，不仅违背了立遗嘱人生前嘱托，使继承人财产受到损失，而且违反了律师法的禁止性规定，故原告主张张某霞执行遗嘱代理协议无效的请求，应予支持。张某霞作为执业律师，理应知道我国法律对律师执业活动的规定，但在与各原告签订合同时，未按法律规定执业，有缔约上的过失，应对合同无效承担全部责任，因无效合同取得的20万元应予返还。原告熊某主张返还4.9万元，但张某霞只承认收取了2万元，因熊某不能提供证据证明其主张，故对熊某关于张某霞收取4.9万元代理费用的主张不予支持。正达律师事务所1998年3月24日清产后即应视为依法解散，鉴于其收费一直采取所内统一开票，律师个人收取的办法，张某霞又是本案争议财产的实际占有人，故返还代理费的民事责任应由张某霞承担，各原告主张正达律师事务所所有合作人均承担连带责任的请求不予支持。

据此，宝鸡市中级人民法院于2000年10月26日判决：

一、被告张某霞与熊某浩、熊某签订的执行遗嘱协议书无效；

二、被告张某霞返还原告向某琼人民币3万元，返还原告熊某浩人民币15万元、返还原告熊某人民币2万元。

三、驳回原告向某琼、熊某浩、熊某其他诉讼请求。

一审宣判后，张某霞不服，向陕西省高级人民法院提起上诉。

张某霞的上诉理由是：我担任熊毅武遗嘱执行人与熊某浩、熊某签订的执行遗嘱代理协议书不属于“在同一案件中为双方当事人担任代理人”。要求确认正达律师事务所与熊某、熊某浩分别签订的协议书合法有效。

陕西省高级人民法院根据一审有关证据查明：向某琼之夫、熊某浩、熊某之父熊毅式，于1996年10月17日在河南省浚县遭遇车祸。后因病重，转入陕西省西安市红会医院住院治疗。

1997年2月23日，熊毅武邀请张某霞到西安，并将孙亚鹏（熊毅武秘书）、熊某浩、吴秋文（熊某之夫）叫到病床前，由张某霞代书立下生前遗嘱。内容为：“我一九九六年十月十七日在河南浚县视查工作时不幸发生车祸，现正在医院治疗恢复阶段，为了答谢张金云的照顾以及了结我的心愿特写此遗书。一、现金：现有现金壹仟叁佰壹陆万元（13160396.73元，暂在吴秋文、张金云处保管），分成四份，熊某浩、熊某、张金云、向某琼各壹份。向某琼的一份由熊某浩代为保管，由向某琼和熊红共同使用。二、企业：1. 烟台毅武食品有限公司的股份由儿子熊某浩、女儿熊某继承，由女婿吴秋文代为参与管理，所取得效益归他们共同所有。2. 梅河口熊毅武食品有限公司由张金云同志代替我管理，执行原合同，因为我有今天事业上的成功全靠我妻张金云对我的关心、照顾和支持，因而所取得的效益归张金云同志所有。3. 宝鸡毅武食品有限公司、熊毅武北方集团兴平公司由熊某浩负责管理，张某霞律师协助，所取得效益归熊某浩所有。三、房产：1. 坐落在珠海市平沙的房屋产权归熊某浩所有。2. 坐落在广州的房产，以及番禺的铺子均归熊某所有。3. 坐落在梅河口市利丰新村的房产、坐落在阜新的房产以及阜新城中城的门面房产归张金云所有。四、其他：1. 聘请宝鸡县正达律师事务所张某霞律师做我私人终身法律顾问，有权代为审查上述各企业账务，保护我的合法权益。2. 我指定张某霞律师作为我的遗嘱执行人。3. 目前由于握笔困难由法律顾问张某霞执笔书写。4. 我与各公司所签的合同履行期满后凡继续使用商标，要从利润中提取20%，作为商标使用费（合同另签），企业属谁，由谁得益。5. 此遗嘱一式七份，由遗嘱执行人保管，继承开始由执行人负责实施。见证人：张某霞（签名），单位：宝鸡县正达律师事务所；见证人：孙亚鹏（签名），单位：熊毅武集团公司；见证亲属：熊某浩（签名）；吴秋文（签名）；遗嘱人：熊毅武；代书人：张某霞；遗书时间：1997年2月23日。”此遗嘱经宝鸡市公证处公证。

1997年2月28日熊毅武逝世。1997年3月1日和4月14日，张某霞分别与熊某、熊某浩签订了《协议书》，约定：根据1997年2月23日熊毅武先生生前遗嘱第四项第一条、第二条、第四条规定双方协商签订如下协议：一、乙方（张某霞）要遵照遗嘱的规定办好各种手续，差费由甲方（熊某、熊某浩）负责解决。二、甲方聘请乙方担任法律顾问、财务顾问，维护乙方合法权益，全权委托乙方对甲方继承权益得到充分兑现。查账按总裁指示办。三、在合同履行期间就甲方遇到有关涉及法律及财务方面的问题乙方帮助解决。四、给乙方的报酬：按原签法律顾问合同执行，由集团办发放。奖金由甲方自行酌定。五、甲方无论是否在此单位任职，乙方均有权代替甲方按协议进行工作。六、律师应收遗嘱分配析产代理费，按国家规定从遗产中扣除。七、此协议有效期三年，自签订协议之日起计算有效期。1997 年 4 月 22 日，张某霞向熊某浩、向某琼出具了宝鸡县正达律师事务所收到 15 万、3 万元遗嘱析产律师代理费的收款收据，但所收到的 18 万元未交正达律师事务所。1997 年 4 月 7 日，张某霞在给熊某的“情况说明”中称执行遗嘱全部费用已交清。庭审中张某霞陈述该笔 2 万元现金，个人已收取，但未向熊某打收据。以上共计 20 万元。1997 年 4 月底，张某霞按照熊毅武生前遗嘱将其遗产全部分配完毕。

1997 年 6 月 13 日，原告向某琼、熊某浩、熊某向宝鸡市中级人民法院提起诉讼，称张某霞以遗嘱执行人的身份将熊毅武名下的 329 万元分给所谓熊毅武之“妻”张金云，属非法所得，请求确认《生前遗嘱》无效；判令张金云返还非法所得 329 万元；责令张某霞负责退回执行费 22.9 万元。宝鸡市中级人民法院于 1997 年 8 月 15 日立案，并向张金云、张某霞发出了应诉通知书。张金云对案件管辖权提出异议，认为此案不应由宝鸡市中级人民法院管辖，被宝鸡市中级人民法院裁定予以驳回。张金云不服，向陕西省高级人民法院提出上诉。陕西省高级人民法院认为：向某琼等人要求确认熊毅武《生前遗嘱》无效，既不属于追还财产纠纷，也不属于侵权纠纷，应为继承纠纷；向某琼等人与张某霞的纠纷，不属于返还财产纠纷，应为因代理费发生的纠纷，遂裁定继承纠纷移送不动产所在地吉林省高级人民法院处理（该案现已审结）；向某琼等人与张某霞的代理费纠纷，由宝鸡市中级人民法院决定管辖。本案的诉讼即向某琼等人变更诉讼请求后重新提起的诉讼。

在二审期间，经陕西省高级人民法院主持调解，熊某自愿放弃对上诉人张某霞的诉讼请求，并就一、二审案件的受理费与张某霞达成调解协议，该调解协议经双方签字，已发生法律效力。

陕西省高级人民法院认为，本案双方当事人的争议焦点是：张某霞作为遗产执行人与部分遗产继承人就执行遗产相关事宜签订的委托代理协议是否有效？

《民法通则》和《中华人民共和国继承法》均没有对遗嘱执行人的法律地位和遗嘱执行人的权利义务作出明确规定。只要不违反法律的禁止性规定，民事主体有权处分自己权利。张某霞作为熊毅武指定的遗嘱执行人，在熊毅武没有明确其执行遗嘱应得到报酬的情况下，与继承人熊某浩、熊某等人就执行遗嘱的相关事项签订协议，并按照该协议的约定收取遗嘱执行费，不属于《律师法》第三十九条禁止的律师在同一案件中为双方当事人代理的情况。一审判决根据《律师法》第三十九条的规定认定当事人之间的协议无效，属适用法律错误，应予纠正。

熊某浩等人与张某霞签订的委托代理协议是否有效，应依据《中华人民共和国合同法》的规定审查。熊某浩等人虽主张与张某霞签订委托代理协议，是受张某霞的误导，但却无法提供相应证据证明该协议是在违背其真实意思表示的情况下签订的，或者该协议是法律规定的无效合同或可撤销合同，故对其要求撤销或宣告两份委托代理协议无效的主张，依法不予支持。

综上，依照《中华人民共和国民事诉讼法》第一百五十三条第一款第（二）项之规定，于2003年3月1日判决：

一、撤销宝鸡市中级人民法院的民事判决；

二、宝鸡县正达律师事务所张某霞与熊某浩签订的执行遗嘱协议书有效；

三、驳回向某琼、熊某浩的诉讼请求。

本判决为终审判决。

【参考案例】

1. **遗嘱人的多份遗嘱内容相抵触的，其中有公证遗嘱的，以最后所立公证遗嘱为准；没有公证遗嘱的，以最后所立的遗嘱为准**

——李某英诉苗某征遗嘱继承纠纷案

权威刊载：北大法宝经典案例

案　　号：新疆维吾尔自治区乌鲁木齐市中级人民法院（2007）乌中民一终字第430号

裁判要点：遗嘱人可以撤销、变更自己所立的遗嘱。遗嘱的撤销或变更是遗嘱人处分自己财产的一种法律行为。公民不仅可以自由地撤销或变更自己所立的遗嘱，处分自己死后的财产，而且还可以随时随地撤销或变更自己所立的遗嘱。《继承法》第二十条第二款规定："立有数份遗嘱，内容相抵触的，以最后的遗嘱为准"。《最高人民法院关于贯彻执行〈中华人民共和国继承法〉若干问题的意见》第四十二条作出了更为详细的规定："遗嘱人以不同形式立有数份内容相抵触的遗嘱，其中有公证遗嘱的，以最后所立公证遗嘱为准；没有公证遗嘱的，以最后所立的遗嘱为准。"

案情：

原告（上诉人）：李某英，女，1949年11月1日出生，汉族，新疆伊宁市正新总场退休工人，暂住乌鲁木齐市×路×号。

被告（被上诉人）：苗某征，男，1954年11月20日出生，汉族，新疆电力局新能实业有限公司职工，住乌鲁木齐市×路附×号电力设备修配厂家属院。

原告诉称：1994年9月15日，被告通过中介公司聘请我做其父亲苗某文的保姆，约定每月支付120元。直到第二年的6月份，我只领到苗某文支付的3次工资。我看到苗某文经济困难，没有坚持苗某文每月按期支付。1995年苗某文单位实行房改需要一次性支付2.4万元购房款，苗某文的四个儿女无人为其凑钱，故我将自己的1万元存款给了苗某文，并又和苗某文一起到处借钱凑齐了剩余的房款，将该房屋买下。后苗某文与我约定：以保姆费抵作房款，直到他去世，房屋归我所有，苗某文就再未给我支付过工资。1998年4月30日，苗某文向其四个儿女宣布该房屋的归属问题，当时苗某文的四个儿女没有意见。但到1998年5月24日，被告苗某征夫妻为房子的事来闹苗某文，无奈苗某文于1998年8月10日与我登记结婚，以确保我能够得到房屋。2005年5月1日，被告因故将我赶出家门。2006年3月2日，被告强迫苗某文修改遗嘱，同年3月9日，被告要苗某文聘请代理人，请求达坂城人民法院撤销我与苗某文的结婚证书，达坂城人民法院没有支持苗某文的诉讼请求。后被告又于2006年1月13日向天山区法院提出解除我与被告苗某文的婚姻关系，后因苗某文死亡，法院终结诉讼。现请求法院查清事实，依法判令我继承其水区六道湾路副11号1栋3—201室，判令被告苗某征立即退出上述房屋归还我，本案的诉讼费由被告承担。

被告辩称：原告李某英无权继承水区六道湾路副11号1栋3—201室房产。因为原告李某英与我父亲是1998年8月10日登记结婚，天山区法院（2006）天民一初字第3075号判决书已判决我父亲与原告离婚。而该房屋产权确定日为1998年4月30日，是我父亲的婚前财产；买房时，我父亲是借了原告1万元，但已全部还给了原告。原告所持遗嘱无效，我父亲虽立下过遗嘱，表示在其死后房屋归原告李某英，但之后我父亲又公证声明：遗嘱作废，并立下新的遗嘱：房产归我所有。原告称我逼迫我父亲修改遗嘱不属实，故请求法院驳回原告李某英的诉讼请求。

新疆维吾尔自治区乌鲁木齐市水磨沟区人民法院经公开审理查明：被继承人苗某文于1998年4月30日以优惠售房的形式购买取得位于水区六道湾路副11号1栋3—3室住房的所有权，为购买该房屋苗某文向当时在家中做保姆的原告李某英借款10 000元，后归还。1998年8月10日，苗某文与原告李某英登记结婚。2000年2月1日，苗某文立遗嘱：其死后，水区六道湾路副11号1栋3—3室房屋及室内一切物品归李某英所有，新疆维吾尔自治区公证处对该遗嘱进行了公证。2006年3月2日，苗某文又立遗嘱：在其百年之后自愿将水区六道湾路副11号1栋3—3室房屋留归其二子被告苗某征个人所有，乌鲁木齐市公证处对该遗嘱进行了公证。2006年5月15日，苗某文公证声明：撤销2000年2月1日所立（2000）新证字第542号公证遗嘱，同时声明该遗嘱内容自声明之日起废止。2006年8月30日，苗某文去世。

另查明：原告李某英每月退休工资550元，遗嘱中位于丰收电厂1号楼3单元201室住房与水区六道湾路副11号1栋3—3室房屋系同一住房。

上述事实有下列证据证明：李某英提供的产权证复印件、（2000）新证字第542号公证书复印件、（2006）天民一初字第3075号民事判决书；

被告苗某征提供的（2006）新乌证内字第677号公证书、（2006）新证民字第4515号公证书；双方当事人的陈述；庭审笔录。

新疆维吾尔自治区水磨沟区人民法院经审理认为：虽苗某文生前曾立遗嘱在其死后将其个人所有的房屋及房内一切物品归原告李某英所有，但苗某文又立遗嘱表示在其百年之后，将房屋留归其二子即被告苗某征所有，并公证声明撤销了将房屋及房内一切物品归原告所有的公证遗嘱。苗某文撤销、变更遗嘱行为，符合相关的法律规定，故被告苗某征在其父苗某文去世后，继承其父个人所有的位于水区六道湾路副11号1栋3—3室房屋合理、合法。因原告李某英未提供证据印证其所称“苗某文修改遗嘱系被告苗某征所迫”，故原告李某英以此为由请求法院判令其继承水区六道湾路副11号1栋3—3室房屋，判令被告苗某征立即退出上述房屋归还给她的诉讼请求不成立，予以驳回。

新疆维吾尔自治区水磨沟区人民法院依照《中华人民共和国继承法》第十六条第二款、第二十条第一款，《中华人民共和国民事诉讼法》第六十四条之规定，作出如下判决：

驳回原告李某英的诉讼请求。

案件受理费970元、邮寄送达费20元（原告已预交），由原告李某英负担。

二审中，上诉人诉称：（1）原审法院判决认定事实不清。首先，原审查明争议住房苗某文立有书面遗嘱，其明确了房屋由我所购，故原审认定为苗某文个人财产无证据。其次，原审认定购房向我借款10 000元后归还，该款是以双方夫妻共同财产归还。（2）原审运用法律不当。苗某文立遗嘱之时已达88岁高龄，且身体虚弱、神志不清，依据《遗嘱公证细则》第十六条之规定，公证人在与遗嘱人谈话时发现遗嘱人年老体弱或者为危重伤病人时，应当录音或录像，而本案中被上诉人苗某征未向法庭出示此证据，故原审认定遗嘱有效不当。综上，请求二审法院依法改判。

被上诉人辩称：本案诉争房屋属答辩人之父的婚前财产，该事实有乌鲁木齐市城乡建设委员会房地产权产籍处档案为证。我父亲已撤销了将房产交李某英的遗嘱公证书。偿还李某英的10 000元借款系我父亲的婚前财产。上诉人李某英对公证机关所作的遗嘱公证有异议，可另案起诉。综上，要求二审法院驳回其上诉请求，维持原判。

二审事实和证据：新疆维吾尔自治区乌鲁木齐市中级人民法院经审理，确认原一审法院认定的事实和证据。

新疆维吾尔自治区乌鲁木齐市中级人民法院经审理认为：《城市房屋权属登记管理办法》第五条规定：房屋权属证书是权利人依法拥有房屋所有权并对房屋行使占有、使用、收益和处分权利的唯一合法凭证。本案诉争房屋系苗某文婚前个人财产。《最高人民法院关于贯彻执行中华人民共和国继承法若干问题的意见》第四十二条规定，遗嘱人以不同形式立有数份内容相抵触的遗嘱，其中有公证遗嘱的，以最后所立公证遗嘱为准。诉争房屋系苗某文于2006年5月15日以公证遗嘱形式，将其名下的房屋处分由被上诉人苗某征继承，其遗嘱符合法律规定，故该遗嘱在被继承人去世后可以作为继承人继承取得遗产的依据。现李某英以苗某文的书面遗嘱明确了诉争房屋是其出资所购，并享有继承权，对此被上诉人苗某征不予认可，且此后苗某文作为房屋所有权人生前的意思表示已确定所有权人为被上诉人苗某征，李某英要求归还房屋的诉讼请求无事实及法律依据，本院不予支持。上诉人李某英上诉认为公证人在与遗嘱人谈话时发现遗嘱人年老体弱或者为危重伤病人时，应当录音或录像，对此被上诉人苗某征未向法庭出示证据，认定该遗嘱有效不当的上诉理由，因这不属本案审理的范围，故不予采纳。综上，原审法院认定事实清楚，适用法律正确，应予维持。

新疆维吾尔自治区乌鲁木齐市中级人民法院依照《中华人民共和国民事诉讼法》第一百五十三条第一款第（一）项之规定，作出如下判决：

驳回上诉，维持原判。

二审案件受理费970元，由上诉人李某英负担。

2. 代书遗嘱中无见证人签名，且未对缺乏劳动能力又没有生活来源的继承人保留必要遗产份额，遗嘱无效

——朱某娥等诉朱某斌等遗嘱继承纠纷案

权威刊载：北大法宝经典案例

案　　号：江苏省启东市人民法院（2008）启民一初字第2099号

裁判要点：《继承法》第十七条第三款规定，代书遗嘱应当有两个以上见证人在场见证，由其中一人代书，注明年、月、日，并由代书人、其他见证人和遗嘱人签名。此为代书遗嘱的形式构成要件。此外，《继承法》第十九条又规定，遗嘱应当对缺乏劳动能力又没有生活来源的继承人保留必要的遗产份额。综上，代书遗嘱中没有见证人签名，形式上已不符合法定构成要件，同时，遗嘱中未对缺乏劳动能力又没有生活来源的继承人保留必要遗产份额，违法了法律的强制性规定，所以该代书遗嘱无效。

案情：

原告：朱某娥，女，汉族，住江苏省启东市。

原告：朱秀某，女，汉族，住址同上。

原告：朱赛某，女，汉族，住址同上。

被告：朱某斌，男，汉族，住址同上。

被告：施某兴，女，汉族，住址同上。

原告朱某娥、朱秀某、朱赛某诉称：三原告与被告朱某斌系姐弟关系，均系被继承人朱某环、杨某平之子女。2003年，两被继承人相继死亡，生前留下遗嘱，将房屋及其附属设施留与三个原告继承。2008年6月10日，二被告擅自与拆迁单位签订了朱某环遗产房拆迁补偿协议，补偿总额为128380元。被告领款后，分文未给原告。为此，要求被告给付三原告房屋拆迁补偿款127380元（剔除补偿总额中贴补给被告的外地回启费用1000元）并承担本案诉讼费。

被告朱某斌、施某兴辩称：该份遗嘱不符合遗嘱的形式要件，对遗嘱的效力有异议。在父亲朱某环死亡后，4个子女已对其遗产进行了处理；被告在父母生前尽了主要赡养义务，支付了大笔的生活费、医疗费等各项费用，该费用应从遗产中扣除；被告所支付的父母丧葬费、房屋修缮费、代父母偿还债务的费用应从遗产中扣除；讼争的127380元中，签约奖励费10000元是奖给被告夫妇的，并非遗产；原告的诉讼请求已超过诉讼时效。

江苏省启东市人民法院经公开审理查明：两被告系夫妻关系。三原告与被告朱某斌系姐弟关系，均系朱某环、杨某平之子女。因被告朱某斌长期在外地工作，极少有时间抽空探望父母，故在父母生病期间，照顾的任务由三原告轮流负责，而被告朱某斌负责每月贴补父母生活费及支付父母生病住院期间的所有医疗费用。2001年11月4日，朱某环执笔立下遗嘱一份，其内容为“……我俩所有东宅大小房子三间，现已破旧不堪，我西宅有一间朝东屋，大小桌子三张、凳子八张、被橱一张、挂衣橱一张、凉床一张、总连架子一幅、大小箱子七只、沙发一张、微波炉一台、电话一只、大小缸六只，这些房屋家私在我俩千年之后（即死亡之后）全归三个女儿所得，与玉斌无干，我俩死后丧事由三个女儿负责料理，与玉斌无涉。特请公证处给我公证，遗嘱是实。申请人朱某环、杨某平”。后将该遗嘱置放于宅基证内未予公证，朱某环夫妇亦未告知任何人。2003年2月9日，朱某环去世，丧葬事宜由被告朱某斌、施某兴操办。考虑到母亲杨某平常年生病，已丧失生活自理能力，故原、被告于2月22日商量一致后将杨某平安排至启东市老年公寓生活，至同年7月6日退寓，期间费用均由被告朱某斌负担。因不知遗嘱的存在，故原、被告在处理完父亲丧事后，在舅舅、堂叔等几位家中长辈的见证下，对父母家中物品（仅指动产）进行了简单分割。7月6日退寓当日，杨某平去世，丧事亦由被告朱某斌夫妇操办。2005年，因朱某环、杨某平遗留下来的房屋破旧不堪，被告朱某斌遂出资6500元委托朱金中对该房屋进行修缮。2008年6月10日，被告朱某斌、施某兴以继承人的身份与启东市盛德房屋拆迁有限公司签订了启东市城市房屋拆迁补偿安置协议一份，并领取了朱某环、杨某平房屋的拆迁补偿安置款128380元，其中房屋重置成新价21766元、土地区位补偿价71700元、附属设施设备及装饰装修等补偿金23764元、拆迁补助费150元、外地回启费用1000元、签约奖励费10000元。该款现在两被告处。2008年9月，三原告在宅基证中发现父母所立遗嘱，遂诉至本院主张权利。审理中，因双方意见不一，致使调解未果。另查明，被告朱某斌在父亲朱某环去世后代其偿还徐某处债务500元。

上述事实有下列证据证明：被告朱某斌提供医院的记录、药费发票、丧葬费用的票据、老年公寓的证明等；启东市城市房屋拆迁补偿安置协议一份；徐某证言；朱某中证言；胡某英、朱某秀到庭作证的证言及当事人庭审陈述。

江苏省启东市人民法院经审理认为：两被告系夫妻关系。三原告与被告朱某斌系姐弟关系，均系朱某环、杨某平之子女。因被告朱某斌长期在外地工作，极少有时间抽空探望父母，故在父母生病期间，照顾的任务由三原告轮流负责，而被告朱某斌负责每月贴补父母生活费及支付父母生病住院期间的所有医疗费用。2001 年 11 月 4 日，朱某环执笔立下遗嘱一份，其内容为“……我俩所有东宅大小房子三间，现已破旧不堪，我西宅有一间朝东屋，大小桌子三张、凳子八张、被橱一张、挂衣橱一张、凉床一张、总连架子一幅、大小箱子七只、沙发一张、微波炉一台、电话一只、大小缸六只，这些房屋家私在我俩千年之后（即死亡之后）全归三个女儿所得，与朱某斌无干，我俩死后丧事由三个女儿负责料理，与朱某斌无涉。特请公证处给我公证，遗嘱是实。申请人朱某环、杨某平”。后将该遗嘱置放于宅基证内未予公证，朱某环夫妇亦未告知任何人。2003 年2 月9 日，朱某环去世，丧葬事宜由被告朱某斌、施某兴操办。考虑到母亲杨某平常年生病，已丧失生活自理能力，故原、被告于2 月 22 日商量一致后将杨某平安排至启东市老年公寓生活，至同年 7 月 6 日退寓，期间费用均由被告朱某斌负担。因不知遗嘱的存在，原、被告在处理完父亲丧事后，在舅舅、堂叔等几位家中长辈的见证下，对父母家中物品（仅指动产）进行了简单分割。7 月 6 日退寓当日，杨某平去世，丧事亦由被告朱某斌夫妇操办。2005 年，因朱某环、杨某平遗留下来的房屋破旧不堪，被告朱某斌遂出资6500 元委托朱某中对该房屋进行修缮。2008 年 6 月 10 日，被告朱某斌、施某兴以继承人的身份与启东市盛德房屋拆迁有限公司签订了启东市城市房屋拆迁补偿安置协议一份，并领取了朱某环、杨某平房屋的拆迁补偿安置款 128380 元，其中房屋重置成新价 21766 元、土地区位补偿价 71700 元、附属设施设备及装饰装修等补偿金 23764 元、拆迁补助费 150 元、外地回启费用 1000 元、签约奖励费 10000 元。该款现在两被告处。被告朱某斌在父亲朱某环去世后代其偿还徐某处债务 500 元。2008 年9 月，三原告在宅基证中发现父母所立遗嘱，遂诉至本院主张权利。

江苏省启东市人民法院依照《中华人民共和国继承法》第九条、第十条第一款、第十三条第三款、第十七条第三款、第十九条之规定，作出如下判决：

被告朱某斌、施某兴给付原告朱某娥、朱秀某、朱赛某应继承的朱某环、杨某平法定继承款各18933.6元，限于本判决生效之日起10日内履行。

如果未按本判决指定的期间履行给付金钱义务，应当依照《中华人民共和国民事诉讼法》第二百二十九条之规定，加倍支付迟延履行期间的债务利息。

本案受理费2848元，依照法律规定减半收取1424元（原告已预交），由原告朱某娥、朱秀某、朱赛某负担814元，被告朱某斌、施某兴负担610元。

【办案依据】

《中华人民共和国继承法》（1985年4月10日）

第十六条　公民可以依照本法规定立遗嘱处分个人财产，并可以指定遗嘱执行人。

公民可以立遗嘱将个人财产指定由法定继承人的一人或者数人继承。

公民可以立遗嘱将个人财产赠给国家、集体或者法定继承人以外的人。

第十七条　公证遗嘱由遗嘱人经公证机关办理。

自书遗嘱由遗嘱人亲笔书写，签名，注明年、月、日。

代书遗嘱应当有两个以上见证人在场见证，由其中一人代书，注明年、月、日，并由代书人、其他见证人和遗嘱人签名。

以录音形式立的遗嘱，应当有两个以上见证人在场见证。

遗嘱人在危急情况下，可以立口头遗嘱。口头遗嘱应当有两个以上见证人在场见证。危急情况解除后，遗嘱人能够用书面或者录音形式立遗嘱的，所立的口头遗嘱无效。

第十八条　下列人员不能作为遗嘱见证人：

（一）无行为能力人、限制行为能力人；

（二）继承人、受遗赠人；

（三）与继承人、受遗赠人有利害关系的人。

第十九条　遗嘱应当对缺乏劳动能力又没有生活来源的继承人保留必要的遗产份额。

第二十条　遗嘱人可以撤销、变更自己所立的遗嘱。

立有数份遗嘱，内容相抵触的，以最后的遗嘱为准。

自书、代书、录音、口头遗嘱，不得撤销、变更公证遗嘱。

第二十一条　遗嘱继承或者遗赠附有义务的，继承人或者受遗赠人应当履行义务。没有正当理由不履行义务的，经有关单位或者个人请求，人民法院可以取消他接受遗产的权利。

第二十二条　无行为能力人或者限制行为能力人所立的遗嘱无效。

遗嘱必须表示遗嘱人的真实意思，受胁迫、欺骗所立的遗嘱无效。

伪造的遗嘱无效。

遗嘱被篡改的，篡改的内容无效。

《最高人民法院关于贯彻执行〈中华人民共和国继承法〉若干问题的意见》（1985年9月11日）

35. 继承法实施前订立的，形式上稍有欠缺的遗嘱，如内容合法，又有充分证据证明确为遗嘱人真实意思表示的，可以认定遗嘱有效。

36. 继承人、受遗赠人的债权人、债务人，共同经营的合伙人，也应当视为与继承人、受遗赠人有利害关系，不能作为遗嘱的见证人。

37. 遗嘱人未保留缺乏劳动能力又没有生活来源的继承人的遗产份额，遗产处理时，应当为该继承人留下必要的遗产，所剩余的部分，才可参照遗嘱确定的分配原则处理。

继承人是否缺乏劳动能力又没有生活来源，应按遗嘱生效时该继承人的具体情况确定。

38. 遗嘱人以遗嘱处分了属于国家、集体或他人所有的财产，遗嘱的这部分，应认定无效。

39. 遗嘱人生前的行为与遗嘱的意思表示相反，而使遗嘱处分的财产在继承开始前灭失、部分灭失或所有权转移、部分转移的，遗嘱视为被撤销或部分被撤销。

40. 公民在遗书中涉及死后个人财产处分的内容，确为死者真实意思的表示，有本人签名并注明了年、月、日，又无相反证据的，可按自书遗嘱对待。

41. 遗嘱人立遗嘱时必须有行为能力。无行为能力人所立的遗嘱，即使其本人后来有了行为能力，仍属无效遗嘱。遗嘱人立遗嘱时有行为能力，后来丧失了行为能力，不影响遗嘱的效力。

42. 遗嘱人以不同形式立有数份内容相抵触的遗嘱，其中有公证遗嘱的，以最后所立公证遗嘱为准；没有公证遗嘱的，以最后所立的遗嘱为准。

43. 附义务的遗嘱继承或遗赠，如义务能够履行，而继承人、受遗赠人无正当理由不履行，经受益人或其他继承人请求，人民法院可以取消他接受附义务那部分遗产的权利，由提出请求的继承人或受益人负责按遗嘱人的意愿履行义务，接受遗产。

（十九）被继承人债务清偿纠纷

【案由判定】

被继承人债务是指被继承人死亡时遗留的应由被继承人清偿的财产义务，由此发生的债务纠纷即为被继承人债务清偿纠纷。被继承人的债务属于遗产中的消极财产，又称遗产债务。因此，只有在被继承人死亡时尚未清偿的依法应由其清偿的债务，才为被继承人的债务。被继承人的债务既包括被继承人个人承担的债务，也包括被继承人在共同债务中应承担的债务份额。

【适用提示】

适用本案由时，需要注意其与法定继承纠纷的区别。法定继承是根据法律的规定继承被继承人的遗产。而被继承人债务清偿纠纷则是对被继承人死亡时遗留的应当由被继承人清偿而尚未清偿的财产债务进行的清偿。审判实践中，涉及被继承人生前个人债务的清偿，均应适用本案由。

【权威判决】

李甲、周乙、周丙、周丁与王戍被继承人债务纠纷案（湖南省永州市中级人民法院（2014）永中法民再终字第15号）

案情：

抗诉机关：湖南省人民检察院

申诉人、被申请人（一审被告、二审上诉人）：李甲

申诉人、被申请人（一审被告、二审上诉人）：周乙

申诉人、被申请人（一审被告、二审上诉人）：周丙

申诉人、被申请人（一审被告、二审上诉人）：周丁

申请再审人、被申诉人（一审原告、二审被上诉人）：王成

申诉人李甲、周乙、周丙、周丁因与被申诉人王成被继承人债务纠纷一案，不服本院（2012）永中法民三终字第59号民事判决，向检察机关申诉。湖南省人民检察院于二○一三年三月二十九日作出湘检民抗（2013）16号民事抗诉书，向湖南省高级人民法院提出抗诉。湖南省高级人民法院于二○一三年四月二十三日作出（2013）湘高法民抗字第0024号民事裁定，指令本院再审本案。原审被上诉人王成亦向本院申请再审。本院于二○一四年一月二日作出（2013）永中法立民申字第39号民事裁定，再审本案。同年4月9日移送审理。本院依法另行组成合议庭，于2014年5月8日在本院第五审判庭公开开庭审理了本案。永州市人民检察院指派检察员杨玉出庭。申诉人李甲、周丁及四申诉人的共同委托代理人黄某田，申请再审人王成及委托代理人黄某杨到庭参加诉讼。本案现已审理终结。

2011年6月3日，原告王成起诉至永州市冷水滩区人民法院称：2003年10月30日，死者周某宏以经商为由向原告借款本金150000元，并约定月息为3分，并约定将珊瑚路北侧280平方米土地抵债给原告，出现纠纷由冷水滩区法院处理。尔后，原告多次找死者周某宏归还借款本金及要求抵债未果。周某宏于2010年3月份死亡，上述四被告为死者的法定继承人。为维护原告的合法权益，特诉请法院依法判决被告：1. 偿还借款本金150000元及利息；2. 承担本案诉讼费。

一审被告李甲、周乙、周丙、周丁答辩称：1. 原告诉请答辩人偿还借款人民币150000元及利息，缺乏事实依据，其诉请不能成立；2. 原告提

供的《协议书》和借条存在瑕疵，不能作为本案认定事实的依据；3. 原告所称周某宏于2003年10月30日借款是经商，与事实不符，且原告无经济能力一次性借款人民币150000元给周某宏，当时周某宏也不需要向他人借款。综上，原告所述借款，缺乏所述依据，且《协议书》本身存在多处疑点，与原告提供的借条在时间上也相互矛盾，因此，恳请法院本着以事实为依据，以法律为准绳的原则，依法判决驳回原告的诉请。另外即使原告所述2003年10月30日的借款属实，现在才主张权利，已明显超过诉讼时效，不受法律保护。

永州市冷水滩区人民法院一审查明：2005年12月15日，周某宏向王成出具一张借条，借条内容为“今借到王成人民币壹拾伍万元整”，借条上注明是以前借款。其借款是原告分两次支付现金给周某宏的，原告的款一部分是自己的，一部分是借别人的。周某宏借款后，因无法偿还，于是双方又签订一份《协议书》，协议内容为“我借王成现金壹拾伍万元，月息3分，现将珊瑚路西路北侧280平方米土地转让抵债［（1998）土地字第187号］给王成。出现纠纷，由冷水滩人民法院处理”。其协议中，书写“月息3分”后的日期有涂改，即1993年改为2003年10月30日。协议后的落款日期周某宏的签名前是“2001”，但无年、月、日，王成的签名后是“2010年2月11号”。协议中涂改的原因，原告王成陈述是：周某宏2003年借款后，原告找其归还借款，因周某宏没钱偿还，故重新写了一张借条。到2010年原告再次找周某宏催收借款时，因周某宏暂时无钱偿还，愿意将自己的土地抵债给原告。协议书是原告起草的，书写时误将2003年写成了1993年故有涂改。周某宏签名前的日期也是误写。其借款，周某宏本利均分文未付，原告多次催收未果。协议上约定将土地抵押给原告，但周某宏一直未给原告办理过户手续，亦未办理抵押手续。另查明，周某宏于2010年3月死亡，其法定继承人有：周某宏的妻子李甲，儿子周乙、周丙，女儿周丁。

永州市冷水滩区人民法院一审认为：本案中原告王成与死者周某宏的借款是存在的，但借款协议中利息的约定明显高出法律规定的范围，因此，高出部分的利息应不受法律的保护，利息应按中国人民银行同期贷款基准利率的4倍予以计算。周某宏借款后，未归还借款，是没有道理的；周某宏死亡后，其财产由法定继承人继承，周某宏的债务应由法定继承人承担，因此四被告作为死者周某宏的法定继承人应当承担偿还借款的民事责任。四被告辩称《协议书》和借条上存在瑕疵，但四被告申请笔迹鉴定后，又自动放弃申请鉴定权利，因此该院认为不能否认借款事实的存在。四被告辩称即使原告所述2003年10月30日的借款属实，现在主张权利，已明显过了诉讼时效，从而丧失了胜诉权。原告的借条和协议书上均没有约定还款期限，因此该笔借款不受二年的时效限制，故该院对被告的该辩称不予支持。综上，原告的诉讼请求应予支持。该院根据《中华人民共和国民法通则》第九十条和《中华人民共和国合同法》第二百零六条、第二百一十一条，《中华人民共和国继承法》第三十三条和《中华人民共和国民事诉讼法》第一百三十条之规定，于二〇一二年一月十七日作出（2011）永冷民初字第926号民事判决：

限被告李甲、周乙、周丙、周丁在本判决书生效后十日内偿付原告王成借款本金人民币150，000元及利息，利随本清（利息应按中国人民银行同期贷款基准利率的4倍从2003年10月30日起予以计算）。

一审宣判后，原审被告李甲、周乙、周丙、周丁不服，上诉称：1. 本案是因继承权产生的民间借贷纠纷，法院应当查明债务人周某宏的遗产情况，但一审法院未对周某宏的遗产进行查实；2. 一审法院未查明四上诉人是否愿意放弃继承权；3. 被上诉人王成提供的《协议书》和《借条》存有重大瑕疵，不能据此认定原告王成与死者周某宏之间成立借贷关系；4. 原判决对15万元借款的资金来源和付款方式的事实认定不清，证据不足；5. 原判程序违法，一审法院未在开庭前将开庭传票送达四上诉人。

被上诉人王成答辩称：原审判决认定事实清楚，程序合法，并且被上诉人的上诉超过了上诉期限，请求人民法院依法驳回上诉，维持原判。

在二审诉讼中，王成陈述了关于此借款的构成及来源，借款共由三笔组成：第一笔于2003年4月15日发生，由王成将其存有7.5万元的建设银行存折和卡交给周某宏，周某宏从该存折（卡）上支取；第二笔于2003年6月发生，王成嫁至台湾后从台湾通过工商银行汇给周某宏4300元美金；第三笔，2003年9月，王成再次从台湾寄了5000元美金给周某宏，但该笔周某宏未能从银行支取，是王成于2003年10月3日从台湾回来后拿着自己的身份证去宁远县工商银行取出来，10月30日周某宏写借条时将钱交给了周某宏。

在二审诉讼中，法院查询了王成在中国建设银行股份有限公司永州零陵路支行账户为299008010xxx6752明细，证实该账户在2003年4月期间的账户余额不足1，000元。

本院二审查明：2005年12月15日，周某宏向王成出具的借条中所涉及的15万元，关于其中7.5万元资金的来源，被上诉人王成的陈述与事实不符。周某宏死后，留下土地一宗，位于珊瑚西路，面积为280平方米。四上诉人均不放弃继承权。其他事实与原审查明的事实一致，对原审查明的其他事实予以确认。

本院二审认为：本院通过向中国建设银行股份有限公司永州零陵路支

行调取户名为王成，账号为xxx的银行账户明细，王成交给周某宏的账户在2003年4月期间的余额不足1，000元，明显与王成陈述的第一笔7.5万元借款不符。由此可以推定，第一笔借款没有合理的资金来源，周某宏与王成并没有发生第一笔金额为7.5万元的借款关系。故本院依法确认周某宏向王成借款的金额为15万元-7.5万元=7.5万元。除借条15万元中的7.5万元不予认定外，本院确认周某宏与王成于2010年2月11日签订的协议书为有效，但借款利息应从2005年12月15日开始计算。2010年2月11日，周某宏与王成签订的协议书虽然存在一定瑕疵，但并不影响该协议的效力，因此，该协议是有效的。该协议约定月息三分，但并没有明确约定利息的起算时间。王成陈述利息起算时间从2003年10月30日开始，首先，协议书上“2003年10月30日”这一时间存在改动，改动人系王成，并且当事人并没有在改动处按手印，故这一改动是无效的；其次，2005年12月15日的借条上注明借款属此前借款，但并没有说明“此前”具体是什么时间。故本院认为，本案的利息应从借条上的落款时间（即2005年12月15日）开始计算。此外，协议中约定的利息明显高出法律规定的范围，高出部分不受法律的保护，因此，利息应按中国人民银行同期贷款基准利率的四倍予以计算。综上，依照《中华人民共和国民法通则》第九十条，《中华人民共和国合同法》第二百零六条、第二百一十一条，《中华人民共和国继承法》第三十三条，《中华人民共和国民事诉讼法》第一百五十三条的规定，于二〇一二年六月五日作出（2012）永中法民三终字第59号民事判决：

变更湖南省永州市冷水滩区人民法院（2011）永冷民初字第926号民事判决为：限上诉人李甲、周乙、周丙、周丁在收到本判决书之日起十日内偿付王成借款本金人民币75，000元及利息，利随本清（利息按中国人民银行同期贷款基准利率的四倍从2005年12月15日开始计算)。

湖南省人民检察院抗诉认为：永州市中级人民法院（2012）永中法民三终字第59号民事判决认定周某宏向王成借款7.5万元的事实缺乏证据证明。理由如下：

在二审诉讼中，王成陈述了关于此借款组成：第一笔于2003年4月15日发生，由王成将其建设银行的存折和卡（账号为xxx）交由周某宏，周某宏从该存折（卡）上支取；第二笔于2003年6月发生，王成嫁至台湾后从台湾通过工商银行汇给周某宏4300元美金；第三笔，2003年9月，王成再次从台湾寄了5000元美金给周某宏，但该笔款项周某宏未能从银行支取，是由王成于2003年10月3日从台湾回来后拿着自己的身份证去宁远县工商银行取出来，10月30日周某宏出具借条时将钱交给周某宏。

对于第一笔借款，法院根据查实的情况予以核减。但于二、三笔借款，通过检察机关于2013年3月18日向中国工商银行股份有限公司宁远支公司查询，周某宏无2003年开户记录，王成也无开户记录。查实的情况与王成陈述的此笔借款来源不符，可以认定此笔借款无合理的资金来源，不能认定周某宏与王成发生了此笔借款的事实。因此，法院认定周某宏与王成发生借款的事实依据不足。随案移送查询银行存款通知及回执各一份。

申诉人述称表示同意检察机关的抗诉意见，并提供了其代理律师黄某田对肖六清、欧小明、周茂成、万集中、李加财调查笔录，拟证明周某宏与王成的关系及周某宏的经济条件较好，不需要借款等事实。

申请再审人王成在再审过程中称：2003年再审被申请人的父亲周某宏向申请再审人王成借款不能如期归还，在申请再审人王成再三追还不成的情况下，于2005年12月15日写给申请再审人王成一张借款壹拾伍万元整的借条，于2010年2月11日与申请再审人王成再次立协议，约定原借款壹拾伍万元和月息3分愿将自己购买冷水滩珊瑚西路北侧（1998）土出字第187号280平方米的土地作为抵债给再审申请人王成。周某宏先后两次（一次借条、一次还款协议）均都承认向申请再审人王成借款壹拾伍万元，月息3分的事实，故周某宏向申请再审人王成借款本金壹拾伍万元和月息3分是铁的事实。原二审在本案中确认被申请人父亲周某宏与申请再审人王成2010年2月11日签订的土地抵债的协议有效，又同时确认还款利息以2005年12月15日周某宏写的借条时间算起，那么，周某宏的借条与还款协议数额相一致，均都是壹拾伍万元，但二审以299008010xxx6752账户上的余额不足1000元假设，推定其中的柒万伍仟元被申请人父亲周某宏没有借，减去柒万伍仟元予以改判，纯属错判。请求再审支持其一审诉讼请求。

被申诉人王成对抗诉辩称：从台湾汇款回来，是通过工商银行外汇汇款业务代办的，不是汇到某个账号，在工商银行没有账户不能否定汇款的事实，请法院核查。申诉人提供的证言有很多典型的推断性语言，与实际情况不符，属于无效证据，其主张应不予采信。

本院依职权于2013年8月23日、8月26日分别向中国工商宁远支行、中国工商银行永州市分行调取了汇款及承兑凭据9份，证实2003年7月11日、2003年10月9日从台湾由万天福分别汇入侨汇4200美元给周某宏、5300美元给王成，并分别于2003年7月22日、2003年10月17日由周某宏、王成领取。

上述证据经本院庭审质证，对证据的真实性、合法性均未提出异议，申诉方只是对证据的关联性有异议。上述证据足以印证王成在二审对借款之美金来源的陈述，应予采信。其证明的事实，本院予以确认。检察机关抗诉提供的证实周某宏、王成在工商银行无开户记录的证据，当事人无异议，本院予以采信。对申诉人在再审中提供的证据，被申请人提出异议，且与本案无关联性，不予采信。

另查明，周某宏死后，留下土地一宗，位于珊瑚西路，面积为280平方米。法定继承人即四申诉人在一、审诉讼中均未表示放弃继承权。

本院再审查明的其他事实，与原一审判决一致，对一审认定的事实予以确认。

本院再审认为：本案的争执焦点有二，一是借款是否发生，本金是多少；二是如何承付利息。

关于第一个焦点问题。本院认为周某宏向王成借款15万元事实存在。2005年12月15日周某宏写给王成的借条，借条上注明是以前借款，表明借款已实际履行。在二审中王成对借款构成及来源进行了陈述，二审应根据《中华人民共和国民事诉讼法》第七十五条的规定，结合其他证据，审查确定能否作为认定事实的根据，其陈述的第一笔数，因没有其他证据相印证，应不予采信，但不足以否定借条这一书证的效力。二审采信证据有误，再审应予纠正。检察机关抗诉认为周某宏向王成借款7.5万元（王成陈述的第二、三笔数）的事实缺乏证据证明的理由，经本院向工商银行查询，通过工商银行外汇（侨汇）业务汇款无需银行账户，且调取的证据足以证明王成借款给周某宏的台湾汇款来源合法有据，足以认定，故检察机关抗诉的理由不能成立。

关于第二个焦点问题，2005年12月15日的借条没有约定利息，视为不支付利息。虽然2010年王成与周某宏签订了抵债协议，但王成没有依据该协议请求以物抵债，对方当事人亦未提出异议，该协议效力，本院不予审查认定。且2010年协议中周某宏对利息的表述，是诉讼外的自认，没有诉讼中自认可免除对方举证责任的效力，又与没有约定利息的2005年借条相矛盾，该诉讼外自认没有其他证据佐证，证据本身又有许多疑点，故王成主张的约定利息缺乏证据支持。但根据《最高人民法院关于人民法院审理借贷案件的若干意见》第九条“公民之间的定期无息借贷，出借人要求借款人偿付逾期利息，或者不定期无息贷款经催告不还，出借人要求偿付催告后利息的，可参照银行同类贷款的利率计息”的规定，王成可以主张逾期利息，2005 年 12 月 15 日周某宏写给王成的借条是基于王成催要借款而形成的，自该日起周某宏应承担逾期利息。

综上所述，周某宏借款后，未归还借款，周某宏死亡后，其财产由法定继承人继承，周某宏的债务亦应由法定继承人承担，因此四名被申请人作为死者周某宏的法定继承人应当承担偿还借款的民事责任。申诉人要求再审改判驳回王成的诉讼请求，无事实依据，本院不予支持。申请再审人要求再审支持其一审诉讼请求，本院部分予以支持。原二审判决认定事实部分错误，实体处理不当，再审依法予以改判。本案经本院审判委员会讨论决定，依照《中华人民共和国民法通则》第九十条，《中华人民共和国合同法》第二百零六条、第二百一十条、第二百一十一条，《中华人民共和国继承法》第三十三条，《最高人民法院关于人民法院审理借贷案件的若干意见》第九条和《中华人民共和国民事诉讼法》第二百零七条、第一百七十条第一款（二）项，《最高人民法院关于适用〈中华人民共和国民事诉讼法〉若干问题的意见》第 201 条之规定，判决如下：

一、撤销本院（2012）永中法民三终字第 59 号民事判决和湖南省永州市冷水滩区人民法院（2011）永冷民初字第 926 号民事判决；

二、限被申请人李甲、周乙、周丙、周丁在本判决书送达后 10 日内偿付申请再审人王成借款人民币 150000 元及逾期利息（即自 2005 年 12 月 15 日至本判决生效之日止，按中国人民银行同期贷款基准利率计息）。

如果未按判决指定的期间履行金钱给付义务，应当依照《中华人民共和国民事诉讼法》第二百五十三条之规定，加倍支付迟延履行期间的债务利息。

一、二审案件受理费19600元，由申请再审人王成负担7000元，被申请人负担12600元。

本判决为终审判决。

【参考案例】

1. 借款人已故，其法定继承人应在其继承遗产范围内承担该债务的清偿责任

——赵某兰等与邬某灵被继承人债务清偿纠纷上诉案

权威刊载： 北大法宝经典案例

案　　号： 广东省佛山市中级人民法院（2004）佛中法民一终字第652号

裁判要点： 本案中借条的真实性无异议，且属双方真实意思表示，由于借款人梁少甫已故，其法定继承人应在其继承梁少甫遗产范围内承担该债务的清偿责任。作为借款担保人的赵庆球依法应对该借款承担连带清偿责任。

案情：

上诉人（原审被告）：赵某兰，女，1957年2月14日出生，住所：佛山市南海区×路。

上诉人（原审被告）：梁某珍，女，1983年12月20日出生，住所：佛山市南海区×路。

被上诉人（原审原告）：邬某灵，男，1942年4月29日出生，住所：广州市×路。

原审被告：赵某球，男1936年1月5日出生，住所：佛山市×街。

上诉人赵某兰、梁某珍因被继承人债务清偿纠纷一案，不服广东省佛山市南海区人民法院（2004）南民一初字第789号民事判决，向本院提起上诉。本院受理后，依法组成合议庭审理了本案，现已审理终结。

原审判决认定：邬某灵经人介绍认识了赵某球，后赵某球介绍其侄女婿梁少甫向邬某灵借款。2002年4月8日，梁少甫向邬某灵借款30000元，并出具了《借条》，赵某球在借款担保人处签名。借款后，梁少甫只于2003年初左右归还了借款10000元。2003年9月10日，梁某甫因病去世，尚欠借款20000元至今未还。另查，赵某兰是梁某甫的妻子，梁某珍是梁某甫的女儿，均系梁某甫的法定第一顺序继承人。

原审判决认为：梁某甫生前尚欠邬某灵借款20000元属实，应当清偿。由于梁某甫已死亡，故该债务应由其继承人在继承其遗产范围内承担清偿责任。赵某球是该笔借款的担保保证人，由于没有约定保证的方式，故应按照连带责任保证承担保证责任，依法对上述借款承担连带清偿责任。为此，依照《中华人民共和国民法通则》第一百零八条、《中华人民共和国继承法》第十条第一款、第三十三条、《中华人民共和国合同法》第十九条、第三十一条的规定，判决：1. 赵某兰、梁某珍应于判决生效之日起十日内在继承梁某甫遗产的范围内归还借款20000元予邬某灵；2. 赵某球对上述借款承担连带清偿责任。案件受理费810（邬某灵已预交），由赵某兰、梁某珍在继承梁某甫遗产的范围内承担。

上诉人赵某兰、梁某珍不服上述判决，向本院提起上诉称：一审判决认定被上诉人邬某灵与梁某甫之间存在借贷关系是对事实和双方法律关系性质的错误认定。被上诉人邬某灵出于联系工程和需要，通过赵某球间接认识了梁某甫，由于邬某灵有其自身的考虑，于是要求梁某甫将工程联系金“以借款形式借钱”。梁某甫在邬某灵预先打印好的“借条”上签名后，考虑到此款并非借款，而是自己与邬某灵合作、帮助邬某灵联系工程所用的工程联系金，为避免以后对该款性质发生争议，梁某甫特别在该所谓“借条”的后面注明：“此款作工程联系基金，本人可按实情保留或退回”，然后将该“借条”交给了邬某灵。邬某灵在收到有梁某甫和赵某球签名以及有梁某甫的特别备注的“借条”后，并未向梁某甫提出任何异议，且在拿到该“借条”后即将三万元的工程联系基金交给了梁某甫。后来，邬某灵与梁某甫就工程联系金的使用发生争议，梁某甫根据实际情况退回了一万元给邬某灵，但邬某灵仍不满足，以联系工程失败为由要求全部退回。上诉人赵某兰、梁某珍认为，梁某甫与邬某灵之间并不存在借贷关系，而是一种合作关系，梁某甫收到的三万元事实上并非借款，而是帮助邬某灵联系工程的工程联系金，梁某甫有权根据实际情况保留或者部分退回。从邬某灵向法庭提交的“借条”内容可以看出，梁某甫与邬某灵双方并未形成借款的合意，在梁某甫明确表明“此款作工程联系基金，本人可按实情保留或退回”时，邬某灵没有提出异议，并且还将三万元交给了梁某甫，这表明邬某灵对该款作工程联系金用的性质是清楚的，其故意要求梁某甫以借款形式借款有其个人目的。被上诉人邬某灵所提交的证据是名为“借条”实为“收条”的东西，它只能证明梁某甫收到过被上诉人的三万元，而不能证明梁某甫与邬某灵之间存在借贷关系，所谓“借条”上的“借款人”实际上是指收款人，“借款担保人”也只是见证人或是证明人。被上诉人邬某灵以存在严重瑕疵的所谓“借条”主张其与梁某甫之间存在借贷关系的证据不足。综上，上诉人赵某兰、梁某珍请求：1. 撤销一审判决，驳回被上诉人的诉讼请求；2. 判令被上诉人承担本案一、二审的全部诉讼费用。

被上诉人邬某灵答辩称：一、上诉人赵某兰、梁某珍对借据是已经确认了的，原审认定事实清楚，适用法律正确。二、赵某球介绍我与梁某甫认识，说梁某甫能介绍给我工程，后来梁某甫说要先给三万元的工程联系金，我就不同意，然后梁某甫要求我先借款三万元给他，我就回家打印了一张借条，让梁某甫填写，梁又在借条上写“此款作工程联系基金，本人可按实情保留或退回”。赵某球也说他会保证梁某甫把钱退回给我的，并且梁某甫表示此款是其自己的私人借款，不用盖单位的公章，我就同意了。二、如果说双方存在合作关系，那么双方的合作内容是什么？双方的权利义务是什么？如果是工程收款，那么梁某甫为什么不将借款人改变为收款人？因此，上诉人的上诉理由不能成立。三、借据并不是收条，邬某灵与梁某甫之间是借款关系而不是收款关系。综上，请求驳回上诉，维持原判，并判决上诉人加付利息840.04元。

上诉人赵某兰、梁某珍及被上诉人邬某灵二审期间均未提交新的证据。

经审查，本院对原审认定的事实予以确认。

本院认为：本案争议的焦点是对梁某甫收到被上诉人邬某灵的三万元款项的性质如何进行确定的问题。首先，本案三方当事人对据以证明讼争款项发生之事实的《借条》的真实性均无异议。根据该《借条》中“借条”、“借到”、“借款人”、“借款担保人”等的文字表述，梁某甫与被上诉人邬某灵之间发生的款项性质应为梁某甫向邬某灵所借款项，而不是作为梁某甫联系工程报酬的收款。尽管在该借条中有“此款作工程联系基金，本人可按实情保留或退回”的字样，但其只能说明梁某甫借款的用途，而不能证明款项的性质为工程收款。从梁某甫和作为保证人的赵某球在明知该单据为“借条”而仍然签名予以确认的行为，亦可以认定梁某甫与赵某球对讼争款项系借款性质是明知并予以认可的。其次，作为保证人的赵某球在一审答辩中也承认邬某灵在借款时对梁某甫说“如三万元作工程联系金的话，将来工程接成或接不成，这联系金很难取回的，我只能借给你本人”。其还证明，“梁对邬的要求答应后，邬就把三万元交给梁。”其后，梁某甫在借条的借款人处签名，原审被告赵某球在借款担保人处签名。在被上诉人邬某灵未能接到工程后，向梁某甫提出要取回借款三万元，梁某甫也同意并表示予以偿还。事后梁某甫告知担保人赵某球借款已偿还完毕。综上，结合《借条》及担保人赵某球在原审过程中的答辩意见，可以确认梁某甫与被上诉人邬某灵就该三万元的性质系借款已经形成了合意。上诉人赵某兰、梁某珍虽然认为该款为工程联系金、借款应为收款，梁某甫对其可根据情况予以保留，但其并没有提供相关的证据以支持其主张，且梁某甫最终亦未成功介绍工程予被上诉人邬某灵，因此，上诉人赵某兰、梁某珍的上诉主张缺乏事实和法律依据，本院不予支持。梁某甫向被上诉人邬某灵借款三万元、已经偿还了一万元而尚欠二万元的事实清楚，依法应予以偿还。由于梁某甫已故，其法定继承人应在其继承梁某甫遗产范围内承担该债务的清偿责任。作为借款担保人的赵某球依法应对该借款承担连带清偿责任。综上，原审判决认定事实清楚，适用法律正确，本院予以维持。

另外，被上诉人邬某灵在二审答辩期间要求上诉人赵某兰、梁某珍支付借款利息840.04元的请求属于其在二审期间新增加的独立的诉讼请求，由于当事人在本案二审期间未能达成一致调解意见，根据《最高人民法院关于适用〈中华人民共和国民事诉讼法〉若干问题的意见》第一百八十四条的规定，本院不予处理，当事人可以另案主张。

据此，依照《中华人民共和国民事诉讼法》第一百五十三条第一款第（一）项的规定，判决如下：

驳回上诉，维持原判。

本案二审受理费810元，由上诉人梁某珍、赵某兰负担。

本判决为终审判决。

2. 被继承人的债务、遗赠和必留权之间的清偿顺序问题

——潘邓氏诉董某男及第三人段某萱、沈阳市东陵区汪家镇李巴彦村民委员会遗赠、被继承人债务清偿案

权威刊载：北大法宝经典案例

案　　号：辽宁省沈阳市中级人民法院（2004）沈民（1）合终字第237号

裁判要点：《继承法》对被继承人的债务、遗赠和必留权之间的清偿顺序问题没有明确规定，但根据该法第三十四条“执行遗赠不得妨碍清偿遗赠人依法应当缴纳的税款和债务”的规定，以及最高人民法院《关于贯彻执行〈中华人民共和国继承法〉若干问题的意见》第六十一条“继承人中有缺乏劳动能力又没有生活来源的人，即使遗产不足清偿债务，也应为其保留适当遗产，然后再按继承法第三十三条和民事诉讼法第一百八十条的规定清偿债务”的规定，应先给潘邓氏留下必要的份额，剩余的财产由董某男清偿潘刚铎生前所欠债务后接受遗赠。

案情：

原告（上诉人）：潘某铎（原审原告潘邓氏的长子），男，农民，住沈阳市东陵区×镇×村。

原告（上诉人）：孙某（原审原告潘邓氏的长媳），女，农民，住沈阳市东陵区×镇×村。

被告（被上诉人）：董某男，女，无职业，住沈阳市大东区×街。

第三人：段某萱，女，沈阳市东陵区汪家镇计生办工作人员，住沈阳市东陵区×镇×村。

第三人：沈阳市东陵区汪家镇李巴彦村民委员会。住所地：沈阳市东陵区×镇×村。

原告（潘邓氏）诉称：我儿潘某铎于2001年10月9日因交通事故去世，留下财产被董某男占用，故要求继承潘某铎全部遗产，判令董某男退还所占用的房屋。

被告辩称：潘某铎生前写有“郑重声明”，将其全部财产遗赠给本人，原告的诉讼请求应予驳回。

第三人段某萱述称：潘某铎于2001年5月13日在我处购买水泵件，欠货款人民币699元未付，应以其财产偿还。

第三人沈阳市东陵区汪家镇李巴彦村民委员会述称：潘某铎因建房于1999年1月22日、6月17日分两次向村委会借款人民币1万元，还欠其他电费，应以潘某铎的房产处理价款，偿还其生前所欠债务。

辽宁省沈阳高新技术产业开发区人民法院经公开审理查明：遗赠人潘某铎系潘邓氏的次子，曾因盗窃罪于1982年10月被判刑，1998年12月刑满释放后，居住在沈阳市东陵区汪家镇李巴彦村，自1999年7月起，潘某铎与董某男同居生活。2000年10月13日，潘某铎书写“郑重声明”一份，内容为：“我自1999年8月份建房以来，无论在资金上，还是在劳力方面，我的朋友董某男都给予了大量的支援和帮助，特在此郑重声明，如果我以后在人身安全方面出现过重的伤或亡，我的朋友董某男将享有我的全部家产，全部归她所有，其他兄弟姐妹均无权占有，为以防后顾，特此声明。2000年10月13日潘某铎。”2001年8月8日，董某男与其前夫邓国经沈阳市大东区民政局登记离婚后，与潘某铎继续同居生活。2001年10月9日，潘某铎驾车与他人相撞死亡，其个人负事故的主要责任，潘邓氏从肇事对方处得到死亡赔偿金6 000元。潘某铎生前有存款人民币1 000

元，平房7间（房内无间壁墙、192平方米），门市房、厢房各2间（均无产籍证明），上述3处房屋位于同一院落。潘某铎死亡后，董某男一直居住在潘某铎遗留的2间无产籍厢房内，并在农村信用社提取了潘某铎生前存款人民币1 000元。

另查明：潘某铎因建房于1999年1月22日、6月17日分两次向村委会借款人民币1万元。2001年5月13日，潘某铎在段某萱处购买水泵件，欠货款人民币699元未付。在审理中，潘邓氏对董某男出示的潘某铎所写的“郑重声明”提出异议，认为该份声明并非潘某铎本人所写。为此，法院委托沈阳市中级人民法院诉讼证据鉴定中心，以潘邓氏提供的潘某铎生前所留笔迹为样本，对该份“郑重声明”中的签名进行笔迹鉴定，结论为：检验材料中“潘某铎”签名是其本人所写。潘邓氏对此鉴定结论不服，本院又委托辽宁省高级人民法院技术处再次鉴定，结论为：“郑重声明”中的两组“潘某铎”签名及正文均为潘某铎本人所写。潘邓氏仍不服，再次要求对“郑重声明”进行指纹鉴定，本院又委托辽宁省公安厅刑事技术处，对“郑重声明”上的两枚指纹与沈阳市东陵区人民法院（1982）刑字第128号潘某铎刑事卷宗中的指纹进行比较鉴定，结论为：（1）“郑重声明”中的两枚指纹与刑事卷宗中的5枚指纹不同，不是同一手指遗留；（2）“郑重声明”中的指纹与刑事卷宗中的4枚指纹均不具备同一认定条件，无法确定它们之间是否相同。同时，本院委托沈阳市房信房地产评估有限公司，对争议遗产进行了评估，2间无产籍门市房估价人民币8 638元，7间平房估价人民币17 918元。厢房2间，经潘邓氏、董某男协商估价为人民币3 000元。

上述事实有下列证据证明：潘某铎生前所写的“郑重声明”；沈阳市中级人民法院诉讼证据鉴定中心、辽宁省高级人民法院技术处分别对“郑重声明”的笔迹作出的鉴定结论；辽宁省公安厅刑事技术鉴定书；沈阳市房信房地产评估有限公司的物价评估结论；潘某铎向李巴彦村委会借款的借条；潘某铎向段某萱购买水泵件时出具的欠条。

辽宁省沈阳高新技术产业开发区人民法院根据上述事实和证据认为：公民有立遗嘱处理个人财产的权利，遗赠人潘某铎生前自书的“郑重声明”虽然在名称上不叫遗嘱，但该“郑重声明”载明了“如果我以后在人身安全方面出现过重的伤或亡，我的朋友董某男将享有我的全部财产”等内容，应推断出董某男是其遗产的惟一继承人。“郑重声明”有具体内容及遗赠人潘某铎本人的签名，并注明了形成的时间，符合自书遗嘱的形式要件和实质要件，且法院在审理过程中又经有关部门鉴定系其本人所写，可见遗赠人潘某铎此份自书遗嘱系其真实意思表示，合法、有效。根据法律规定，遗嘱继承的效力优于法定继承，虽然潘邓氏有继承权，但在继承开始后，有遗嘱的，先要按照遗嘱进行继承，遗嘱中指定继承人对遗产的继承，不受法定继承时法律对继承顺序、继承人应继承份额规定的限制，故对潘邓氏要求确认其是遗赠人潘某铎生前遗产的惟一合法继承人的诉讼请求，不予支持。但考虑到潘邓氏是遗赠人潘某铎的亲生母亲，现又年老体弱，缺乏劳动力，生活确有困难，可适当分得遗赠人潘某铎的遗产份额。根据本案的具体情况，即遗赠人潘某铎共有遗产折合人民币 30 546 元，在审理过程中，董某男明确表示同意偿还第三人的债务后可给予潘邓氏人民币 1 万元，予以准许。对于村委会、段某萱要求从潘某铎的遗产中偿还其生前欠款人民币 1 万元、人民币 699 元的主张，证据充分且符合法律规定，予以支持，但对于村委会主张潘某铎生前欠其电费款人民币 4 543.60 元，因证据不足，不予支持。

辽宁省沈阳高新技术产业开发区人民法院依据《中华人民共和国继承

法》第五条、第十六条、第十九条、第三十三条、第三十四条，最高人民法院《关于贯彻执行〈中华人民共和国继承法〉若干问题的意见》第三十七条、第四十条的规定，作出如下判决：

一、遗赠人潘某铎的遗产平房7间、门市房2间、厢房2间、存款人民币1 000元归被告董某男所有。

二、被告董某男于本判决生效之日起10日内，

三、被告董某男于本判决生效之日起10日内，村民委员会人民币1万元。给付原告潘邓氏人民币1万元。给付第三人沈阳市东陵区汪家镇李巴彦

四、被告董某男于本判决生效之日起10日内，给付第三人段某萱人民币699元。

五、鉴定费人民币3 600元，由原告潘邓氏承担人民币2 050元，被告董某男承担人民币1 550元。

六、驳回原告潘邓氏及第三人沈阳市东陵区汪家镇李巴彦村民委员会的其他诉讼请求。

案件受理费人民币1 850元，由原告潘邓氏承担人民币810元、被告董某男承担人民币860元，第三人沈阳市东陵区汪家镇李巴彦村民委员会承担人民币180元。

二审中，上诉人潘邓氏诉称：（1）潘某铎生前只会签写自己的名字，“郑重声明”不是其亲笔所写，而是伪造的；（2）建7间平房的宅基地是村委会批给我和潘某铎二人的，2间无产籍房屋是我出资购买的，潘某铎无权处分应属于我的份额；（3）董某男是有夫之妇，与潘某铎是非法同居关系，“郑重声明”是一种恶意串通的遗赠，是违反公序良俗的民法基本原则的无效行为，不应受到法律的保护。

在对方当事人答辩期内，潘邓氏于2004年6月22日因病去世。

被上诉人辩称：(1)“郑重声明”是潘某铎亲笔所写，是其真实意思表示，且遗赠物合法，遗赠的效力与受赠人的身份无关；(2) 7间平房的产权证上的产权人是潘某铎本人，没有其他共有人的记载，建设用地使用证上土地使用者仅为潘某铎一人，购买两间无产籍房屋的契约中买受人是潘某铎本人，所以，现存遗产没有潘邓氏的份额。原审认定事实清楚，判决正确，且我方能够按一审法院判决履行，二审法院应予维持。

原审第三人段某萱辩称：对一审法院判决没有异议。

原审第三人村委会未作答辩。

辽宁省沈阳市中级人民法院经审理查明：原审法院认定的事实正确。另查明：潘邓氏于1920年4月3日出生，系农民，生有三儿一女，在潘某铎生前，潘邓氏在其女儿家居住，由潘某铎的两个哥哥给付生活费。潘邓氏生前分别于2002年5月25日、2004年5月15日留有内容大致相同的代书遗嘱2份。2004年5月15日的代书遗嘱明确：“如果我去世，我把我生前的一切财产都给我儿子潘某铎、儿媳孙某。”故本院按潘邓氏的遗嘱，更换其长子潘某铎、儿媳孙某为本案上诉人，本院在审理中，二人没有提出新的上诉主张。

上述事实有下列证据证明：潘邓氏所留的代书遗嘱（2份）；潘邓氏的另两名子女的陈述。

辽宁省沈阳市中级人民法院根据上述事实和证据认为：潘某铎于2000年10月13日书写的“郑重声明”中涉及了其死后个人财产处分的内容，而且有其本人签名并注明了年、月、日，现没有任何证据证明非其真实意思表示，也无其他相反的证据推翻其形式和内容，根据最高人民法院《关于贯彻执行〈中华人民共和国继承法〉若干问题的意见》第四十条的规定，该“郑重声明”应按自书遗嘱对待。按照我国继承法的有关规定，潘某铎去世后，对其遗产应按该自书遗嘱的内容处理。但在该遗嘱生效时，潘某铎的生母潘邓氏已81岁高龄，自己本身没有诸如养老金、退休金等收入，需依靠子女赡养而生活，属于缺乏劳动能力又没有生活来源的继承人，根据上述法律第三十七条的规定，在处理遗产时，应当给潘邓氏留有必要的份额，剩余的部分方可按照潘某铎遗嘱确定的分配原则处理。由于原审法院在审理此遗产纠纷案件中，潘某铎生前的债权人——村委会、段某萱主张债权，并要求以潘某铎遗产处理价款偿还其所欠债务，原审法院将三案合并审理，并根据潘某铎的遗产多为一个院落内的房产、遗产估价后的总额为30 546元，而其债务总额为10 699元的情况，结合潘邓氏还有其他3名子女赡养的实际，确定财产总额中的1万元作为潘邓氏的必留份，由董某男直接给付潘邓氏，债务10 699元由董某男偿还，房屋等财产归董某男所有是合适的。

关于潘邓氏本人及其遗嘱继承人潘某铎、遗嘱受赠人孙某提出的潘某铎生前只会签写自己的名字，“郑重声明”不是其亲笔所写，而是伪造的上诉理由，因董某男提供了潘某铎所写的“郑重声明”的原件，原审法院以潘邓氏提供的潘某铎生前笔迹为样本，委托有关鉴定机关对该“郑重声明”进行了鉴定，结论为：“郑重声明”中的两组“潘某铎”签名及正文均为潘某铎本人所写，而且在检验中，鉴定机关还鉴定出“郑重声明”与潘某铎的平素笔迹均为左手书写的情况，现潘邓氏本人及潘某铎、孙某均无相反证据推翻该鉴定结论，故本院只能认定“郑重声明”系潘某铎生前所写，此项上诉理由与证据所证实的法律事实不符，本院不予支持。

关于潘邓氏本人及其遗嘱继承人潘某铎、遗嘱受赠人孙某提出的7间平房的宅基地是潘邓氏和潘某铎二人所有，2间无产籍房屋是潘邓氏出资购买，潘某铎无权处分的问题，虽然潘某铎的农村居民建房用地批件上家庭人口一栏填写为二人、二辈，但没有具体写明另一人是谁，因此不能以此认定7间平房的宅基地是潘邓氏和潘某铎二人共有；相反潘某铎的集体土地建设用地使用证上土地使用者仅为潘某铎一人，7间平房的所有权证上所有人也为潘某铎一人，共有人一栏为空白，法院只能以该房屋所有权证认定该7间平房的所有权人为潘某铎。至于2间无产籍房屋的所有权问题，根据购买该2间房的契约上资产购买人为潘某铎，没有潘邓氏的名字及至今为止潘邓氏本人及潘某铎、孙某均未提供出资购买该房的任何证据的情况，本院只能认定该2间无产籍房屋为潘某铎所买。综上所述，潘某铎所留房产为其一人所有，其遗嘱并未处分潘邓氏的财产，此项上诉主张，证据不足，本院不予确认。

关于潘邓氏本人及其遗嘱继承人潘某铎、遗嘱受赠人孙某始终坚持董某男是有夫之妇，与潘某铎是非法同居关系，“郑重声明”是一种恶意串通的遗赠，是违反公序良俗民法基本原则的无效行为的问题，本院认为：

首先，《中华人民共和国继承法》赋予公民遗嘱自由的权利。该法第十六条第三款规定，公民可以立遗嘱将个人财产赠给国家、集体或者法定继承人以外的人，据此，任何一个公民生前均有权依法处分其个人所有的合法财产，除违反该法第十九条必留份的规定应该受到限制外，只要遗嘱是有行为能力的人所写、是遗嘱人的真实意思表示、形式符合法律规定、未处分他人财产，就应该认定为有效。本案潘某铎所立的该份遗嘱，无论从他本人的行为能力、意思表示、遗嘱形式，还是其处分的财产，均符合继承法的明文规定，除未给潘邓氏保留必要的份额应该受到部分限制外，未侵害国家、集体或者其他任何人的利益，其余部分应认定有效。

其次，《继承法》中对受赠人的身份和主体资格没有限制性规定，董某男的婚外同居行为虽然为婚姻法所否定，但该法对婚外同居者受赠他人财产的权利未加以限制，而且本案虽然在潘某铎书写该份遗嘱时，董某男是有夫之妇，与潘某铎是婚外同居关系，但在该份遗嘱生效时，董某男已与其前夫登记离婚，其作为单身女子与单身男子的潘某铎的非婚同居关系，虽然不为我们社会主义国家所提倡，但现行的法律、法规中并没有禁止性规定，因此，其有权受赠潘某铎所留的该份遗产。

再次，公序良俗是我国《民法通则》总则中的规定，而《继承法》是民法的特别法，按照法律适用的方法，只有在对争议的问题特别法中没有规定的情况下才可以适用普通法的规定，而本案是继承纠纷案件，继承法已赋予公民立遗嘱将其个人财产赠给国家、集体或者法定继承人以外任何人的权利，潘某铎立遗嘱将其财产赠与董某男的行为，是有法可依的，不属于特别法没有明文规定、应该适用普通法的情形。退一步讲，即使本案存在适用《民法通则》的条件，也应该首先适用分则中有关民事行为效力的规定，该法第五十八条第一款第（五）项规定的“违反法律或者社会公共利益的”，属于无效民事行为，而在本案中，潘某铎立遗嘱将其财产赠与董某男的行为，并不涉及国家基本制度、根本利益和社会稳定等方面要求的社会公共利益，因此，不能适用该条规定认定遗嘱无效。此外《民法通则》第七条规定的“民事活动应当尊重社会公德”是倡导性规范，在当今社会还不能以行为人的行为不符合道德规范，就认定该行为违法、无效。综上所述，本案不能撇开《继承法》的具体规定，而直接适用《民法通则》的总则规定认定遗赠行为无效。

根据上述法律规定和法律适用方法，潘邓氏本人及其遗嘱继承人潘某铎、遗嘱受赠人孙某提出的潘某铎的遗嘱违反公序良俗民法基本原则，是无效行为的上诉理由不成立，本院不予采纳。至于其提出的潘某铎与董某男恶意串通的问题，从本案一审至今，无论是潘邓氏本人，还是其遗嘱继承人潘某铎、遗嘱受赠人孙某均未向法庭提供任何二人是恶意串通的事实和证据，故本院对此上诉理由亦不予采信。

综上所述，潘某铎所写的“郑重声明”，涉及其个人财产的处理问题，应按自书遗嘱对待，现无任何事实和法律依据证明该遗嘱无效，因此，在该遗嘱生效且董某男以自己的行动表明接受遗赠时，对潘某铎的遗产应按遗嘱内容处理，但应给潘邓氏留下必要的份额，剩余的财产由董某男清偿潘某铎生前所欠债务后接受遗赠。由于一审法院宣判后，潘邓氏提出上诉后去世，其生前已以代书遗嘱的形式确定了其遗产的继承人、受赠人，故本院按照其遗嘱内容，对原判决部分条款予以变更，判决潘邓氏所享有的必留份财产由潘某铎继承、孙某受赠，潘邓氏在本案中应承担的义务，由潘某铎、孙某承担。

辽宁省沈阳市中级人民法院依据最高人民法院《关于贯彻执行〈中华人民共和国继承法〉若干问题的意见》第五十二条的规定，作出如下判决：

一、维持辽宁省沈阳市高新技术产业开发区人民法院（2003）沈高新法民权初字第125号民事判决的第一项、第三项、第四项。

二、变更辽宁省沈阳市高新技术产业开发区人民法院（2003）沈高新法民权初字第125号民事判决的第二项为：董某男于本判决生效之日起10日内给付潘邓氏的遗产继承人潘某铎、遗产受赠人孙某人民币1万元。

三、变更辽宁省沈阳市高新技术产业开发区人民法院（2003）沈高新法民权初字第125号民事判决的第五项为：鉴定费人民币3 600元，由潘某铎、孙某承担人民币2 050元，董某男承担人民币1 550元。

四、变更辽宁省沈阳市高新技术产业开发区人民法院（2003）沈高新法民权初字第125号民事判决的第六项为：驳回潘某铎、孙某及第三人沈阳市东陵区汪家镇李巴彦村民委员会的其他诉讼请求。

一审案件受理费人民币1 850元，由潘某铎、孙某承担人民币810元，董某男承担人民币860元，第三人沈阳市东陵区汪家镇李巴彦村民委员会承担人民币180元。

二审案件受理费1 850元，由潘某铎、孙某负担。

【办案依据】

《中华人民共和国继承法》（1985年4月10日）

第三十三条　继承遗产应当清偿被继承人依法应当缴纳的税款和债务，缴纳税款和清偿债务以他的遗产实际价值为限。超过遗产实际价值部分，继承人自愿偿还的不在此限。

继承人放弃继承的，对被继承人依法应当缴纳的税款和债务可以不负偿还责任。

第三十四条　执行遗赠不得妨碍清偿遗赠人依法应当缴纳的税款和债务。

《中华人民共和国民法通则》（2009年8月27日）

第八十四条　债是按照合同的约定或者依照法律的规定，在当事人之间产生的特定的权利和义务关系。享有权利的人是债权人，负有义务的人是债务人。

债权人有权要求债务人按照合同的约定或者依照法律的规定履行义务。

第八十五条　合同是当事人之间设立、变更、终止民事关系的协议。依法成立的合同，受法律保护。

第八十六条　债权人为二人以上的，按照确定的份额分享权利。债务人为二人以上的，按照确定的份额分担义务。

第八十七条　债权人或者债务人一方人数为二人以上的，依照法律的规定或者当事人的约定，享有连带权利的每个债权人，都有权要求债务人履行义务；负有连带义务的每个债务人，都负有清偿全部债务的义务，履行了义务的人，有权要求其他负有连带义务的人偿付他应当承担的份额。

（二十）遗赠纠纷

【案由判定】

遗赠纠纷是指遗赠人在设立遗嘱或其继承人在实施其遗嘱过程中产生的纠纷。遗赠，是指自然人以遗嘱的方式将其财产赠与国家、集体或者法定继承人之外的人，而于其死亡后发生效力的民事行为。

【适用提示】

适用本案由时，需要注意其与遗嘱继承纠纷之间的区别。遗嘱继承客体是遗产，既包括财产权利，也包括财产义务。而遗赠客体只是遗产中的权利，不包括义务，因而受遗赠人只享受遗产中的权利，不负担遗产中的义务。

【权威判决】

杨某某与邱某丁等遗赠纠纷上诉案（河南省洛阳市中级人民法院(2014）洛民终字第907号）

裁判要旨：公民依法有权立遗嘱处分个人财产，但遗嘱的订立应当符合法律规定。

案情：

上诉人（原审原告）：杨某某

被上诉人（原审第三人）：邱某丁、邱某丙、邱某乙、邱某、邱某甲

原审被告：曹某某

上诉人杨某某因与被上诉人邱某丁、邱某丙、邱某乙、邱某、邱某甲，就原审被告曹某某遗赠纠纷一案，由河南省洛阳市涧西区人民法院于2010年1月6日作出（2010）涧民三初字第69号民事判决，曹某某不服一审判决，提起上诉，本院于2010年9月27日作出（2010）洛民终字第1570号民事裁定书，撤销（2010）涧民三初字第69号民事判决，本案发回重审。河南省洛阳市涧西区人民法院于2011年9月16日作出（2011）涧民三初字第93号民事判决，因当事人不服一审判决，提起了上诉，本院于2012年4月23日作出（2012）洛民终字第153号民事裁定书，撤销（2011）涧民三初字第93号民事判决，再次将本案发回重审。河南省洛阳市涧西区人民法院于2011年9月16日作出（2012）涧民四初字第225号民事判决，杨某某不服，向本院提起上诉。本院受理后，依法组成合议庭，公开开庭审理了本案。上诉人杨某某及其委托代理人韩校玲，被上诉人邱某丁、邱某丙、邱某乙、邱某、邱某甲的共同委托代理人唐秀强（兼原审被告曹某某的委托代理人）及原审被告曹某某到庭参加了诉讼。本案现已审理终结。

原审法院经审理查明，朱某钰（于2009年10月27日去世）与曹某新（于2005年4月去世）系夫妻关系，生前均无子女；曹某某系曹某新胞弟，朱某钰与杨某某系同事关系（均系洛阳石油化工工程公司职工）；朱某钰夫妇生前与原告杨某某夫妇关系密切，杨某某夫妇经常去看望朱家钰夫妇并在生活中给予照顾等。2002年11月17日，朱某钰与曹某新订立遗嘱一

份，内容为："1. 我们夫妻两人中有一人去世，另一人继承其全部遗产，别人不容过问。2. 两人都去世后，全部遗产由曹某某继承，其中部分遗产的处理由我们两人中的在世者另行安排"。2004 年 4 月 9 日形成由朱某钰签字、加盖有曹某新印章的书面材料一份，内容为："朱某钰夫妇身后愿将现住房（坐落在洛阳市珠江路 9 号街坊 2 号楼 1 单元 101 号）无偿让给杨某某。因房产证未发下，现将石化公司预收房款凭证共两张，以及相应的职工购置公有住房审批综合表一张交给杨某某，以便到时办理房产过户手续，特立此为据"。2007 年 4 月 5 日形成署名为朱某钰的书面"补充"材料一份，内容为："我的遗产由我的胞妹朱宝珍和子女继承。"本案审理过程中，根据杨某某的申请，法院委托河南中允司法鉴定中心对该材料上笔迹是否是朱某钰书写进行了鉴定，该中心于 2011 年 4 月 28 日作出《鉴定意见书》，鉴定意见为：署名"朱某钰"、落款日期为"07. 4. 5"的补充材料上的"我的遗产由我的胞妹朱宝珍和子女继承。朱某钰 07. 4. 5"笔迹是朱某钰本人所写。

原审法院认为，公民依法有权立遗嘱处分个人财产，但遗嘱的订立应当符合法律规定。本案被继承人朱某钰、曹某新生前先后对争议的房产立有三份遗嘱或者遗赠文件，且三份文件之间存在内容冲突、矛盾的地方，在此情况下，法院应当首先对各个文件的效力进行确认。关于 2002 年 11 月 17 日形成的遗嘱，系被继承人朱某钰、曹某新生前共同订立，体现了被继承人的真实意思表示，且没有违反国家法律、法规的强制性规定，应当依法认定为有效。关于 2004 年 4 月 9 日形成的由朱某钰签字、加盖曹某新印章的书面材料，从该材料的内容分析，符合我国法律规定的遗赠的法律要件；该材料中仅有房产共有权人曹某新加盖的印章，违反了自书遗嘱应当由遗嘱人亲笔书写、签名的法律规定，对违反该规定的部分，应当依法认定为无效；该遗赠文件处分的财产为夫妻共同所有的房产，在该房产成为遗产后，被继承人朱某钰对于属于自己的房产份额进行的处分行为，应当依法认定为有效。关于2007年4月5日形成的由朱某钰签名的补充材料，系被继承人的真实意思表示，未违反国家法律、法规的强制性规定，应当依法认定为有效。本案审理过程中，被告曹某某提交了其与被继承人朱某钰谈话的录音资料，欲以证明朱某钰撤销了2004年4月9日形成的遗嘱，因该证据不符合录音遗嘱有效的法定形式要件，应视为曹某某与朱某钰的谈话录音依法不产生录音遗嘱的法律效力。以上三个有效或者部分有效的遗嘱、遗赠文件内容存在相互矛盾。根据《继承法》规定，对内容矛盾的遗嘱、遗赠文件，依法应当以在后形成的文件确定的内容作为处理遗产的依据。2004年4月9日形成的遗赠性质的遗嘱与2007年4月5日形成的遗嘱内容抵触，根据上述遗嘱的有效内容，原告的诉讼请求缺乏事实及法律依据，应当依法予以驳回。依照《中华人民共和国物权法》第四条、第三十九条、《中华人民共和国继承法》第三条、第五条、第十六条、第十七条、第二十条、第二十五条、第二十六条、第二十七条、最高人民法院关于贯彻执行《中华人民共和国继承法》若干问题的意见第三十八条、第四十条、《中华人民共和国民事诉讼法》第六十四条之规定，判决：

驳回原告杨某某的诉讼请求。

本案受理费302元，由原告杨某某负担。

宣判后，杨某某不服并向本院提起上诉称，一、朱某钰夫妇2004年4月9日书写的遗嘱，是其真实意思表示，曹某新盖章与签字具有同等的法律效力，该份遗嘱符合法律规定，无任何违法行为，应得到法律的保护，上诉人依此应享有洛阳市涧西区丽春东路石化兴隆寨生活区2号楼1门101号房产的所有权。（一）上诉人杨某某不仅是朱某钰夫妇的知心好友，更是将其当作亲人一样对待，不仅在日常生活中对其关照有加，且在朱某钰夫妇住院期间，上诉人更是既送饭又护理。对朱某钰夫妇数十年无微不至的照顾，不仅得到朱某钰夫妇的认同，更是得到单位领导和其亲戚们的一致认可。朱某钰夫妇在2004年4月9日，书写遗嘱将房产遗赠给上诉人，并将该房的预收房款凭证两张、职工购买公有住房登记审批综合表交给上诉人。2007年5月10日朱某钰又将房屋所有权证、土地使用证、公有住房出售产权界定卡交给上诉人，该交付时间得到被上诉人的认可。被上诉人仅辩称上诉人“取得的房产手续并非朱某钰赠与得到的，而是另有他因”，但是并未提供相关的证据予以支持。朱某钰夫妇将房产赠与上诉人是其真实意思表示，并将该意思表示付诸实处。如果朱某钰在2007年4月5日立遗嘱将该房产另行处理，就不会在2007年5月10日将房屋产权证等手续全部交给上诉人，该给付行为，系朱某钰再次以行动表示将房产遗赠给上诉人。故依照《继承法》的相关规定，该遗嘱成为房产处置的最后遗嘱，上诉人可依法取得诉争的房产。（二）2004年4月9日的遗赠协议，虽然在形式上没有曹某新的亲笔签名，但是结合此前所立的遗嘱及在交付遗赠协议的同时又将房屋购买凭证等证件交由上诉人保管，这可充分地说明该遗赠协议系遗嘱人曹某新的真实意思表示。结合当时那个年代的特点以及社会习惯等均能证明盖章和签字具有同等的法律效力，均能代表本人的真实意思表示。虽然被上诉人辩称该印章不是曹某新加盖，但未提供相应的证据予以支持，应认定为遗嘱有效。二、原审法院认定“2004年4月9日形成的遗赠性质的遗嘱与2007年4月5日形成的遗嘱内容抵触”，系认定错误。实际上，不论从形式上还是从内容上，该两份遗嘱都不存在相互抵触之处。在原审审理中，被上诉人曹某某陈述朱某钰2002年11月17日的遗嘱有两份，一份在朱某钰保存，一份在自己保存，对于上诉人保存的遗嘱曹某某事先并不知情。同时曹某某又认可2007年4月5日的补充遗嘱和其手中的2002年11月17日的遗嘱系书写在同一张纸上。朱某钰在曹某某不知情的情况下，为了书写内容相抵触的遗嘱，在纸张并不缺乏的年代，放着自己手边的纸张不用，偏偏用曹某某手中遗嘱的下半页来进行书写，不符合常理。退一步讲，即便朱某钰2007年4月5日的补充遗嘱是其真实意思表示，依照文意解释，补充是指因有不足或损失而加以添补或在主要事物之外另行追加之意。朱某钰书写补充是表明遗赠给上诉人的涉案房产排除在该份遗嘱之外。朱某钰在2007年4月5日的补充遗嘱中称“我的遗产”与其2002年给曹某某的遗嘱称“我的全部遗产”所不同，这也表明该遗嘱是朱某钰对在遗赠中没有涉及的遗产所做的进一步处置，也就是朱某钰老人对自己所拥有的35万元的存款及其他财产进行的处分。结合2007年5月10日朱某钰老人将房屋产权证、土地使用证、产权界定卡等证件交给杨某某，依据《继承法》和《物权法》的相关规定，上诉人在朱某钰去世，受遗赠开始时取得物权。三、尊老爱老敬老，是中华民族的传统美德。本案中朱某钰夫妇没有子女，作为同事和邻居的上诉人对朱某钰夫妇尽心照顾，就连生活费用的支取都是由上诉人帮忙料理，该事实从庭审中照顾朱某钰夫妇多年的保姆及其共同生活多年邻居的证人证言，及其庭审中提交的由朱某钰签字的委托上诉人代为支取生活费的证明，均可以证实上诉人的该行为也得到单位领导同事的赞同。上诉人对朱某钰无微不至的关怀，被上诉人也表示感谢。上诉人虽然与朱某钰没有任何血缘和亲属关系，但是正是上诉人的这种尊老爱老敬老的精神和行为，让朱某钰倍感温暖，才将自己的房产无偿赠与上诉人，让上诉人年老时出行方便，并将该意思表示用实际行动落实到了实处。综上所述，原判认定错误，导致错误判决，请求撤销河南省洛阳市涧西区人民法院（2012）涧民四初字第

223号民事判决并改判为位于洛阳市涧西区丽春东路石化兴隆寨生活区2号楼1门101号房产归上诉人所有，本案所有诉讼费用由被上诉人承担。

被上诉人邱某丁、邱某丙、邱某乙、邱某、邱某甲共同答辩，继承法对遗嘱采取严格的法定形式，自书遗嘱应包括四个要件，必须完整。上诉人所持遗嘱缺乏必备的四要件。根据遗嘱法定主义，上诉人应当举证证明其所持遗嘱符合法定形式，但是上诉人却不能证明其所持遗嘱的合法性和有效性。上诉人所称购房凭证和房产证等手续并非是朱某钰交给上诉人的。按照继承法的规定，遗嘱冲突的时候，按照新遗嘱执行。

原审被告曹某某陈述，共同遗赠应是两个人的共同行为，上诉人持有的遗赠是朱某钰的个人行为，遗赠行为是违法的，违反了《婚姻法》的第十七条规定。遗赠也违反了继承法对自书遗嘱的规定，曹某新没有签字，也没有参与。根据一审庭审笔录，2003年年底的时候曹某新已经神志不清，上诉人也只知道曹某新已经痴呆，是无民事行为能力人，所以遗赠无效。

本院经审理查明的事实与一审认定的事实一致。

本院认为，杨某某在朱某钰夫妇生前给予其生活上的照顾和精神上的慰藉，体现了中华民族的传统美德，值得肯定和褒扬。但朱某钰夫妇生前分别在2002年11月17日的遗嘱、2004年4月9日的书面材料、2007年4月5日的补充材料中对所属财产进行了处置，一审法院对三份文件的性质及效力的认定以及确认2007年4月5日的补充材料作为处理遗产的依据，符合《继承法》等相关法律的规定，本院予以维持。关于杨某某上诉称其于2007年5月10收到涉案房屋的产权证等手续及2007年4月5日的补充材料不包括涉案房屋，据此其可取得诉争房产的主张，首先，杨某某称其于2007年5月10收到涉案房屋的产权证，只有杨某某本人的陈述，无其他证据印证，且曹某某等不予认可；其次，2007年4月5日的补充遗嘱虽名为补充，但从补充材料的内容看，并不能当然的认定将涉案房产排除在外，故对该主张本院不予支持。综上，一审认定事实清楚，适用法律正确，判决结果并无不当，依照《中华人民共和国民事诉讼法》第一百七十条第一款第（一）项之规定，判决如下：

驳回上诉，维持原判。

二审案件受理费300元，由上诉人杨某某负担。

本判决为终审判决。

【参考案例】

1. 立遗嘱人在生前对其财产作出处分时，将配偶是否再婚作为取得其相应财产继承权的先决条件的，遗嘱无效

——张某军诉蔡某珍遗赠纠纷案

权威刊载：北大法宝经典案例

案　　号：江苏省无锡市中级人民法院（2013）锡民终字第0453号

裁判要点：根据《中华人民共和国继承法》，公民可以依照该法规定立遗嘱处分个人财产，可以立遗嘱将个人财产赠给国家、集体或者法定继承人以外的人。但遗嘱人所立遗嘱中就遗产继承设定的约束内容有违法律规定的，该遗赠应属无效。

案情：

原告：张某军

被告：蔡某珍

原告张某军诉称：其系立遗嘱人张某元的侄子，蔡某珍系张某元妻子，蔡某珍与张某元婚后未生育子女，张某元于2006年12月4日去世。张某元去世之前就其居住的坐落于锡山区东港镇港下社区张巷上9号三间平房及10号三间二层楼房立下遗嘱：张某元去世后如妻子蔡某珍嫁人，则归张某军所有。在张某元去世后，蔡某珍即与张某平结婚，一直占据上述房屋，张某军曾多次要求蔡某珍将房屋归还，但无果，故现要求判令上述房产归张某军所有。

被告蔡某珍辩称：其与张某元于1994年5月以夫妻名义共同生活，不久即向张某兴购买坐落于锡山区东港镇港下社区张巷上10号三间二层楼房，该楼房系夫妻共同财产，其中张某元遗产的份额应由第一顺序法定继承人即妻子蔡某珍继承，故张某军无权分得该楼房的房产份额；位于锡山区东港镇港下社区张巷上9号三间平房系张某元建造，其与张某元婚后一直居住在该平房内。张某元遗嘱的真实意思是其如在张某元病故后离开所居住的平房嫁到别处去，平房才归张某军所有。而在张某元病故后蔡某珍与张某平再婚一直居住在该平房内，实际未离开该平房，且蔡某珍与张某平婚后对该三间平房进行了翻造。在翻造平房及蔡某珍与张某平结婚、养育女儿、摆女儿百日酒席等过程中，张某军从未提出过将平房归张某军所有，故张某军现主张平房归其所有已超过继承时效，请求驳回张某军的诉讼请求。

法院经审理查明：张某妹与张某生婚后先后生育长女张宝某、长子张胜某。张某生病故后，张某仁入赘与张某妹再婚，并生育儿子张某元。张胜某与张某元系同母异父的兄弟关系。母亲张某妹于1994年8月去世，张某元之父张某仁于2004年11月去世。1994年5月蔡某珍与张某元以夫妻名义共同生活，于2006年10月31日办理结婚登记手续，双方未生育子女。张某元已于2006年12月4日病故，生前与蔡某珍共同居住在锡山区东港镇港下社区张巷上10号三间二层楼房和张巷上9号的三间平房内。张某元于2006年11月19日在病重期间书写遗书一份，载明："我去世后，东面三间楼房使用权归我妻蔡某珍，西面三间平房也归我妻蔡某珍安身之处，如我妻蔡某珍今后嫁人，三间平房归我侄子张某军所有。”在遗书上有蔡某珍、张胜某、兄长朱某法、姐夫孙某德、蔡某东等作为见证人签名。遗书中所列张某军系张胜某之子、张某元之侄子。

另查明：蔡某珍与张某平于2007年6月12日登记结婚，于2007年10月对三间平房进行修缮和墙面粉饰，2008年4月生育一女，同年11月在该平房内为女儿举办“百日酒”。

无锡市锡山区人民法院于2013年1月9日作出（2012）锡法湖民初字第0307号民事判决驳回张某军诉讼请求。宣判后，张某军提起上诉，在二审期间申请撤回上诉，2013年4月28日无锡市中级人民法院准许张某军撤回上诉，原审判决即发生法律效力。

法院生效判决认为：公民可以依法立遗嘱处分个人财产。本案中张某元亲笔书写遗书及签名、注明年、月、日，并经数名见证人见证签名，就其居住的房产予以处分，故其书写的遗书为自书遗嘱。公民立遗嘱将个人财产赠给国家、集体或者法定继承人以外的人，为遗赠。张某军系张某元之侄子，属于法定继承人以外的人，其诉讼主张基于遗赠法律关系而提出，故本案案由应为遗赠纠纷。张某军在本案中提起的诉讼主张涉及两处房产，即张巷上9号三间平房与张巷上10号三间二层楼房，本案的争议焦点是上述两处房产是否应归张某军所有。

关于张巷上10号三间二层楼房，因张某元书写的遗书中涉及遗赠的部分为张巷上9号三间平房，而张巷上10号三间二层楼房并未列入遗赠的范围，张某军也非张某元的法定继承人，也不存在代位继承、转继承等情形，故张某军要求判令张巷上10号三间二层楼房归其所有的诉讼请求，无法律依据，本院不予支持。

关于张巷上9号三间平房，因张某元所立遗嘱中就该处遗产的继承设定了约束内容，即“如我妻蔡某珍今后嫁人，三间平房归我侄子张某军所有”，该约束内容有违法律规定，故涉及遗赠的内容无效，张某军无受遗赠权，理由如下：婚姻自由是我国宪法规定的一项公民基本权利，是我国《婚姻法》规定的基本婚姻制度，具体而言体现为婚姻自主权这一人格权利，即自然人有权在法律规定的范围内，自主自愿决定本人的婚姻，不受其他任何人强迫与干涉。张某元去世后，蔡某珍是否再婚应完全由蔡某珍自行决定，如蔡某珍选择再婚也是人之常情，故张某元立下遗嘱但设定了约束内容，限制蔡某珍的婚姻自由，违反了有关婚姻自由的法律规定，故张某元所立遗嘱中“如我妻蔡某珍今后嫁人，三间平房归我侄子张某军所有”的内容应属无效，即张某军受遗赠的内容无效。

需要指出的是，即使张某元的遗赠行为有效，根据法律规定，受遗赠人应当在知道受遗赠后两个月内，作出接受或者放弃受遗赠的表示。到期没有表示的，视为放弃受遗赠。本案中张某元死亡后，蔡某珍与张某平于2007年6月起在原蔡某珍与张某元共同生活的房屋中结婚、共同生活、修缮房屋，且于2008年11月生育女儿举办“百日酒”。张某军作为遗书持有人并居住在同村，应当知道张某元遗产内容中其受遗赠的“条件”成就，但张某军未举证证明其在“条件”成就后两个月内作出接受遗赠的表示，亦应视为放弃受遗赠。综上，张某军在本案中的诉讼主张，无法律依据，法院不予支持。

2. 公民可以立遗嘱将个人财产赠给国家、集体或者法定继承人以外的人

——王某芳与王某霞遗赠纠纷上诉案

权威刊载：北大法宝经典案例

案　　号：云南省昆明市中级人民法院（2007）昆民三终字第627号

裁判要点：《中华人民共和国继承法》第五条规定：“继承开始后，按

照法定继承办理；有遗嘱的，按照遗嘱继承或者遗赠办理；有遗赠扶养协议的，按照协议办理。”根据《中华人民共和国继承法》第十六条第三款规定：“公民可以立遗嘱将个人财产赠给国家、集体或者法定继承人以外的人。”

案情：

上诉人（原审原告）：王某芳，女，1953 年 12 月 20 日出生，云南省鹤庆县人，昆明制药股份有限公司退休职工，住昆明市×路。

上诉人（原审被告）：王某霞（曾用名：徐某花），女，1969 年 11 月 21 日出生，汉族，云南省会泽县人，在红云集团昆明卷烟厂安全保卫部消防队工作，现住昆明市×小区。

上诉人王某芳、上诉人王某霞因遗赠纠纷一案，不服昆明市五华区人民法院（2007）五法民二初字第 42 号民事判决，向本院提起上诉。本院于 2007 年 4 月 23 日受理此案后，依法组成合议庭审理了本案，现已审理终结。

一审判决确认：被告与被继承人王某仙系养母女关系。被继承人于 2006 年 10 月 26 日去世。被继承人在本市北郊上庄 26 幢 3 单元 201 号有套住房，房屋所有权人为被继承人王某仙，无共有人。2004 年 4 月 6 日被继承人到南亚法律服务所立下遗嘱，载明：1. 一切身后之事与各项债权、债务及单位给予的各种福利待遇，全部财物都交给侄女王某芳承担，并全权处理，后事的料理和今后墓地的照管，及生、老、病中的帮抚都由侄女王某芳承担。2. 现居住的福利房一套（昆烟宿舍礼堂区 26 幢 3 单元 201 号），身故后归侄女王某芳全权处理或居住。3. 有养女王某霞就不必参与后事的处理和遗产的继承。代书人、立遗嘱人及见证人均在遗嘱书上签了字。同日，南亚法律服务所对遗嘱书出具了见证书。2003 年 12 月 30 日被继承人单位为被继承人购买了保险，金额为24680.45元，受益人为法定。另查明，被告申请证人出庭，证人的证言均证明被告对被继承人尽了赡养义务。为此，原告王某芳向一审法院提起诉讼，请求：1. 确认房屋一套（昆烟宿舍礼堂区26幢3单元201号），属于原告所有；2. 确认王某仙老人去世后的丧葬费、抚恤金由原告领取；3. 确认团体人身保险单的受益人为原告；4. 由被告承担诉讼费。

根据上述确认的事实，一审法院认为：被告与被继承人系养母女关系，被告依法享有继承权。根据《中华人民共和国继承法》第五条的规定，继承开始后，按照法定继承办理；有遗嘱的，按照遗嘱继承或者遗赠办理；有遗赠抚养协议的，按照协议办理。本案被继承人去世前，于2004年4月6日立下了遗嘱书，该遗嘱书符合法律程序，即有两个见证人在场见证，由其中一人代书，并由代书人，其他见证人和遗嘱人签名。故遗嘱书是合法有效的，一审法院依法予以采信。被继承人遗留的房屋由原告所有。被继承人去世后的丧葬费、抚恤金属于福利性质的费用，按遗嘱理应由原告领取。对被继承人单位为被继承人购买的保险单，受益人为法定。根据该保险条款第6条受益人的指定和变更，被保险人或者投保人可指定一人或数人为身故保险金受益人，受益人为数人时，应确定受益人顺序和受益份额，未确定份额的，各受益人按照相等份额享有受益权。被保险人或者投保人可以变更身故保险受益人，但需书面通知本公司，由本公司在保险单上批注。而该保单无被继承人要求变更受益人的申请，故对该保险款项只能由被继承人的法定继承人即被告继承享有。对原告诉请的该项请求，依法不予支持。据此，一审法院依照《中华人民共和国继承法》第十条、第十六条第三款、第十七条第三款，《中华人民共和国民事诉讼法》第六十四条、第一百零七条之规定，判决：一、本市北郊上庄26幢3单元201号房屋归原告王某芳所有；二、被继承人王某仙去世后的丧葬费、抚恤金由原告王某芳领取；三、驳回原告的其他诉讼请求。

宣判后，王某芳、王某霞均不服上述判决，向本院提起上诉。

王某芳上诉称：老人在遗嘱中已明确变更了人身保险合同的受益人，一审法院没有支持上诉人关于“确认团体人身保险单的受益人为原告”的诉讼请求，是不符合法律规定和保险合同约定的。老人所在工作单位为包括老人在内的退休职工投保了人身保险，并签订了团体人身保险合同。这是单位给予退休职工的一种福利待遇。保险合同第七条明确规定，被保险人有权变更保险受益人，但应书面通知保险人。从老人在遗嘱中强调“单位给予的各种福利待遇”赠与给上诉人的表述看，它至少表明：其一，其遗赠范围包括了该部分权益；其二，其明确表示将该保险合同的受益人变更为上诉人。需要特别强调的是，从保险合同第七条的约定看，它明确的是被保险人可以变更保险受益人，也就是说，变更受益人是被保险人权利。至于“应书面通知保险人”，它只是规定了通知的方式，而并没有要求该变更受益人的意思表示必须由被保险人本人送达，即上诉人可以按照老人的意愿代为履行通知的义务。实际上，老人去世，上诉人已将遗嘱代为履行通知的义务，且老人去世后，上诉人已将遗嘱中关于变更受益人的意思书面告之保险机构，但因本案双方纠纷尚在诉讼中，故保险机构表示须待诉讼结束后才能按照人民法院的裁判支付相应的保险金。综上，一审法院认为必须由老人书面通知保险人才能产生变更受益人的解释，是片面和错误的。请求二审法院对一审判决予以改判，支持上诉人的全部诉讼请求，由被上诉人承担本案一、二审全部诉讼费用。

王某霞上诉称：1. 上诉人对《遗嘱书》的真实性有异议，一审法院将《遗嘱书》认定为合法有效的理由和依据不足。上诉人一直以来都对母亲尽着赡养的义务，但从未听其说过留有任何遗嘱，凭现有证据不能证明《遗嘱书》是真实合法的。在母亲已经去世的情况下，《见证书》中既没有代书人、见证人的身份证明，也没有母亲的身份证明，这样就不知道代书人、见证人身份的合法性，也不知道见证人是否核对过立遗嘱的人就是母亲本人？见证过程没有当事人的基本情况的记载，因此该份见证不具有法律效力。《遗嘱书》真实性的问题在一审当中并没有进行审查，并且《遗嘱书》与《谈话笔录》上“王某仙”的签名笔迹存在很大差异，庭审中上诉人对《遗嘱书》真实性已经提出异议，但仅凭被上诉人出示的《遗嘱书》就认定其合法有效明显属于依据不充分。2. 本案并非遗嘱继承纠纷，而是遗赠扶养协议纠纷。即使《遗嘱书》内容及形式合法属实，其性质也是遗赠扶养协议。在遗嘱继承中，接受遗嘱继承的继承人主体只能是法定继承人范围以内的人。如果被继承人将财产留给了法定继承人以外的人，那么这种遗嘱的性质根据是否有偿要么属于遗赠扶养协议，要么属于遗赠。由于王某芳不在《继承法》所规定的法定继承人之列，因此即使母亲将其遗产留给王某芳，这也不属于遗嘱继承。根据《遗嘱书》的内容，被上诉人接受被继承人的财产并非无偿，而是附有条件：即“后事的料理和今后墓地的照管，及生、老病中的帮抚都由王某芳承担”，也就是说被上诉人并非在母亲去世后就可以当然地得到财产，而要是看其是否履行了扶养的义务。所以一审将本案作为遗嘱继承来处理与事实不符，在未审查被上诉人是否履行了义务的情况下就判决财产归其所有是错误的。3. 被上诉人无权领取丧葬费、抚恤金。丧葬费、抚恤金的性质是母亲生前所在单位在母亲去世后给予家属的精神关怀和物质帮助，不是发放给母亲本人的，是在母亲去世以后才由单位发放给家属，所以该二笔费用不是母亲生前遗留的个人财产，故不能作为遗产进行处理，应当由母亲的法定继承人来领取。

综上所述，一审法院认定《遗嘱书》合法有效没有事实依据，不能证实内容系王某仙真实意思表示的《遗嘱书》是无效的，没有经过合法见证程序见证的《遗嘱书》同样是没有法律效力的。请求二审法院：1. 撤销昆明市五华区人民法院（2007）五法民二初字第42号民事判决，驳回被上诉人的诉讼请求；2. 判令王某芳承担本案一、二审诉讼费。

综合诉辩双方当事人的主张，本案争议的问题是：本案是否应当按照《遗嘱书》的内容处理。

二审中，王某霞对《遗嘱书》的真实性提出异议，并申请法院对《遗嘱书》、《谈话笔录》上“王某仙”的签名等内容进行笔迹鉴定。王某芳认为，王某霞到见证部门复印的《遗嘱书》等证据，已经表明《遗嘱书》等证据是真实的，对方要求鉴定，仅是为了拖延时间。本院认为，《中华人民共和国继承法》第十七条规定：代书遗嘱应当有两个以上见证人在场见证，由其中一人代书，注明年、月、日，并由代书人、其他见证人和遗嘱人签名。本案中，双方争议的《遗嘱书》，系被继承人王某仙于2004年4月6日在南亚法律服务所所立。该《遗嘱书》在形式上符合上述规定，与王某芳提供的《遗嘱书》相吻合，因此可以确认本案双方当事人争议的《遗嘱书》，系被继承人王某仙生前所立，且系其真实意思表示，该事实本院依法予以确认。而王某霞现要求对该《遗嘱书》中“王某仙”的签字进行鉴定，因王某霞仅对“王某仙”的签名提出怀疑，并未提交其他相关证据予以证实，故本院对王某霞要求鉴定的主张不予支持。

综上，二审经审理确认的事实与一审判决确认的事实相一致。另外，王某芳、王某霞对以下事实无异议：被继承人王某仙去世后的相关丧葬费、抚恤金等费用尚在红云集团昆明卷烟厂，王某芳及王某霞均未领取。被继承人王某仙生前所在单位红云集团昆明卷烟厂，在中国平安人寿保险股份有限公司为其购买了平安创世纪团体养老金保险。保险期限自2003年12月31日起至身故时止，该保险合同的受益人为法定。本院对该部分事实予以确认。

本院认为：《中华人民共和国继承法》第五条规定：继承开始后，按照法定继承办理；有遗嘱的，按照遗嘱继承或者遗赠办理；有遗赠扶养协议的，按照协议办理。本案继承开始后，上诉人王某芳出具了《遗嘱书》，并要求按照《遗嘱书》的内容处理本案。经审查，上诉人王某芳非被继承人王某仙的法定继承人，因此本案不适用法定继承及遗嘱继承的相关规定。根据《中华人民共和国继承法》第十六条第三款规定：公民可以立遗嘱将个人财产赠给国家、集体或者法定继承人以外的人。从《遗嘱书》的形式上看，该《遗嘱书》符合代书遗嘱的规定，合法有效。从《遗嘱书》的内容看，被继承人王某仙将其相关财产权益及其后事等交由王某芳处理，该意思表示符合遗赠的特征，王某芳作为受遗赠人，通过其行为接受了该遗赠。因此，本案应按照遗赠法律关系来处理本案。本案涉及的相关财产权益有：1. 本市北郊上庄26幢3单元201号房屋为被继承人王某仙的遗产，本案双方当事人对此事实并无争议，按照《遗嘱书》的内容，该房产应由王某芳所有。2. 被继承人王某仙去世后的丧葬费、抚恤金的领取问题，按照《遗嘱书》的内容，该两笔费用，应确定为王某芳领取。3. 被继承人王某仙的保险单中，受益人的确定问题。保险单中的受益人为法定，按照《遗嘱书》的内容所反映出的意思，被继承人王某仙已将该笔保险的受益人确定为王某芳，因此王某芳应确定为受益人，相关保险利益应确认由王某芳享有，王某芳上诉要求继承享有该笔保险相关权益的主张成立，本院依法予以支持，一审将保险合同的相关受益权确定由王某霞继承有误，本院依法予以改判。综上所述，王某芳的上诉主张成立，本院依法予以支持；

王某霞的上诉主张因无相应事实及法律依据，本院依法予以驳回；一审判决部分有误，本院依法予以改判。据此，依照《中华人民共和国继承法》第五条、第十六条第三款、第十七条第三款，《中华人民共和国民事诉讼法》第一百五十三条第一款第一项、第二项及第一百零七条，《诉讼费用交纳办法》第十七条、第二十九条之规定，判决如下：

一、驳回上诉人王某霞的上诉，维持原判；

二、被继承人王某仙在中国平安人寿保险股份有限公司的相关保险合同权益由上诉人王某芳享有。

本案一审案件受理费人民币1455元，由上诉人王某芳负担727.50元，上诉人王某霞负担727.50元；上诉人王某芳预交的二审案件受理费人民币703.13元，予以退还；上诉人王某霞预交的二审案件受理费人民币587.50元，由上诉人王某霞负担。

本判决为终审判决。

【办案依据】

《民法通则》（2009年8月27日）

第五十四条　民事法律行为是公民或者法人设立、变更、终止民事权利和民事义务的合法行为。

第五十五条　民事法律行为应当具备下列条件：

（一）行为人具有相应的民事行为能力；

（二）意思表示真实；

（三）不违反法律或者社会公共利益。

第五十六条　民事法律行为可以采取书面形式、口头形式或者其他形式。法律规定用特定形式的，应当依照法律规定。

第五十七条　民事法律行为从成立时起具有法律约束力。行为人非依法律规定或者取得对方同意，不得擅自变更或者解除。

第五十八条　下列民事行为无效：

（一）无民事行为能力人实施的；

（二）限制民事行为能力人依法不能独立实施的；

（三）一方以欺诈、胁迫的手段或者乘人之危，使对方在违背真实意思的情况下所为的；

（四）恶意串通，损害国家、集体或者第三人利益的；

（五）违反法律或者社会公共利益的；

（六）经济合同违反国家指令性计划的；（此款2009年8月27日删除）。

（七）以合法形式掩盖非法目的。

无效的民事行为，从行为开始起就没有法律约束力。

第五十九条　下列民事行为，一方有权请求人民法院或者仲裁机关予以变更或者撤销：

（一）行为人对行为内容有重大误解的；

（二）显失公平的。

被撤销的民事行为从行为开始起无效。

第六十条　民事行为部分无效，不影响其他部分的效力的，其他部分仍然有效。

第六十一条　民事行为被确认为无效或者被撤销后，当事人因该行为取得的财产，应当返还给受损失的一方。有过错的一方应当赔偿对方因此所受的损失，双方都有过错的，应当各自承担相应的责任。

双方恶意串通，实施民事行为损害国家的、集体的或者第三人的利益的，应当追缴双方取得的财产，收归国家、集体所有或者返还第三人。

《中华人民共和国继承法》（1985年4月10日）

第十六条　公民可以依照本法规定立遗嘱处分个人财产，并可以指定遗嘱执行人。

公民可以立遗嘱将个人财产指定由法定继承人的一人或者数人继承。

公民可以立遗嘱将个人财产赠给国家、集体或者法定继承人以外的人。

第二十二条　无行为能力人或者限制行为能力人所立的遗嘱无效。

遗嘱必须表示遗嘱人的真实意思，受胁迫、欺骗所立的遗嘱无效。

伪造的遗嘱无效。

遗嘱被篡改的，篡改的内容无效。

第二十五条　继承开始后，继承人放弃继承的，应当在遗产处理前，作出放弃继承的表示。没有表示的，视为接受继承。

受遗赠人应当在知道受遗赠后两个月内，作出接受或者放弃受遗赠的表示。到期没有表示的，视为放弃受遗赠。

第三十二条　无人继承又无人受遗赠的遗产，归国家所有；死者生前是集体所有制组织成员的，归所在集体所有制组织所有。

第三十四条　执行遗赠不得妨碍清偿遗赠人依法应当缴纳的税款和债务。

《最高人民法院关于贯彻执行〈中华人民共和国继承法〉若干问题的意见》（1985年9月11日）

第36条　继承人、受遗赠人的债权人、债务人，共同经营的合伙人，也应当视为与继承人、受遗赠人有利害关系，不能作为遗嘱的见证人。

第43条　附义务的遗嘱继承或遗赠，如义务能够履行，而继承人、受遗赠人无正当理由不履行，经受益人或其他继承人请求，人民法院可以取消他接受附义务那部分遗产的权利，由提出请求的继承人或受益人负责按遗嘱人的意愿履行义务，接受遗产。

（二十一）遗赠扶养协议纠纷

【案由判定】

遗赠扶养协议纠纷是指遗赠人与扶养人在履行遗赠扶养协议过程中产生的纠纷。遗赠扶养协议，是指自然人（遗赠人、受扶养人）与扶养人之间关于扶养人扶养受扶养人，受扶养人将财产遗赠给扶养人的协议。

【适用提示】

适用本案由时，需要注意其与遗赠纠纷的区别。遗赠是一种单方法律行为，遗赠人不需要征得任何人的同意，只要遗赠人用遗嘱表明了遗赠的意思，并且不违反法律的强制性规定，在遗赠人死亡后，就发生法律效力。而遗赠扶养协议是一种双方法律行为，只有在遗赠人和扶养人双方自愿协商一致的基础上，不违反国家法律规定、不损害公共利益、不违反社会主义道德准则的遗赠扶养协议才具有法律约束力。

【权威判决】

毛顺清、龙福臣诉梅正仙遗赠扶养协议纠纷抗诉案（《最高人民检察院公报》2000年第5号（总第58号））

裁判要旨：遗赠扶养协议是遗赠人与扶养人签订的关于扶养人承担遗

赠人生养死葬义务，遗赠人在自己死后将财产转移给扶养人的协议。遗赠扶养协议包括遗赠和扶养两方面的内容。其中，关于扶养权利义务的协议条款自双方当事人依法订立协议之日起发生效力；而遗赠条款须在遗赠人死亡后才发生效力，即扶养人在遗赠人死亡后才能取得遗赠人财产的所有权，在遗赠人死亡前，扶养人只对遗赠人的财产享有期待权。因此，遗赠扶养协议与附义务的赠与合同不同，后者在合同依法订立后即生效，受赠人即有权要求赠与人转移赠与财产的所有权，而无须以赠与人死亡为前提。遗赠扶养协议亦不是附条件的法律行为，因为附条件的法律行为只有在条件成就时才生效，而遗赠扶养协议在当事人依法订立时已经生效。

公证是公证机构根据自然人、法人或者其他组织的申请，依照法定程序对民事法律行为、有法律意义的事实和文书的真实性、合法性予以证明的活动。公证具有很高的证据效力，但其效力并不绝对。根据《民事诉讼法》第六十九条规定，“经过法定程序公证证明的法律事实和文书，人民法院应当作为认定事实的根据。但有相反证据足以推翻公证证明的除外。”因此，当公证处将双方协议公证为“赠与书”，但法院结合事实认定双方当事人的真实意思表示为公证证明遗赠扶养协议时，该“赠与书”因违背了当事人的真实意思表示应当归于无效，当事人之间的法律关系仍是遗赠扶养关系。

遗赠扶养协议是有偿的、双务的法律行为，扶养人必须履行对遗赠人的生养死葬义务，才有权在遗赠人死后获得其遗产。根据《最高人民法院关于贯彻执行〈中华人民共和国继承法〉若干问题的意见》第五十六条规定，扶养人与公民订有遗赠扶养协议，扶养人无适当理由不履行的，致协议解除的，扶养人不能享有受遗赠的权利，且其支付的供养费用一般不予补偿。

案情：

1987年2月17日，出家人毛顺清、龙福臣在张廷亮、陈卫华等人见证，况廷达、肖光伦、况忠良代笔，立下遗嘱。遗嘱主要内容为："毛顺清、龙福臣师徒二人因年高缺乏劳力，……目前生活无人奉养，一旦死了又有谁来安埋？日夜忧思无方可想，只有我的亲外甥梅正仙可以寄托我们的晚年，为此，经亲邻朋友证明，当场移交给梅正仙继承我原建的住房三间，在解放路299号，但我师徒二人的生前生活梅正仙要负责到底，我们死后要梅正仙风光安埋，我自立字据之日起这一屋三间的产权属梅正仙所有，任何人不得侵犯干涉，空口无凭立遗嘱一纸为据。"同年3月6日，毛顺清、龙福臣与梅正仙到贵州省赫章县公证处公证。公证文书名为"赠与书"，主要内容为："赠与人毛顺清、龙福臣、受赠人梅正仙，赠与人毛顺清、龙福臣在赫章县城关镇解放东路299号有自己修建的土木瓦结构平房三间，面积约60平方米，价值11000元，现因年老多病，又无其他亲人，为减轻国家和人民负担，自愿将上述房屋和压面机及其他家具有条件的赠与侄女梅正仙，从赠与书生效之日起，产权即归梅正仙所有，同时梅正仙必须负责毛顺清、龙福臣的生养死葬。"同年4月16日，赫章县公证处在出具公证书时，公证员找梅正仙谈话并作记录，梅正仙表示：老人在时负责吃、穿，死时负责安葬。如不尽"赠与书"所说的义务，老人有权收回财产。协议签订后，毛、龙二人将房屋、压面机等交付梅正仙，梅正仙也给毛、龙二人提供了粮食、蔬菜等。同年，梅正仙在征得毛、龙二人同意后，对解放东路299号房屋进行重建，将该房屋拆除并修建成面积为120平方米砖混结构一楼一底的房屋，花费约15000元。拆房之初，毛、龙二人向城关镇居委会借房居住。但房屋建好后，梅正仙并未将毛、龙二人接回，而是将该房用作经营，楼上开旅馆，楼下开餐馆。1990年，雷先吉

（女，系出家人）经人介绍来到赫章县与毛、龙二人共居住，自食其力。梅正仙对此不满，双方产生矛盾，加之毛顺清的经书被当地公安机关没收，毛怀疑是梅正仙告发，双方关系进一步恶化。梅正仙即放弃了对毛、龙二人的扶养，毛、龙二人靠借种他人土地、捡拾破烂和群众的接济维持生活。毛、龙二人多次向居委会、公证处反映梅正仙不尽生养义务。赫章县公证处曾经组织调解，城关镇居委会亦于1990、1991年两次组织调解。1991年5月25日城关镇居委会调解时，梅正仙承认几年来没有尽到义务，自己对不起老人。但因梅正仙无扶养毛、龙二人的诚意，多次调解均无结果。在城关镇居委会和群众的支持下，毛顺清、龙福臣二人以“房屋赠与梅正仙，是有条件的赠与，现梅正仙对我们不尽义务”为由，于1991年6月5日向赫章县人民法院起诉，请求解除遗赠关系并归还房屋和其他财产。

赫章县人民法院审理认为，毛、龙二人与梅正仙之间的遗赠扶养协议属实，但梅正仙未尽到生养义务，双方矛盾逐渐加深，关系日趋恶化，致使原告拒绝梅正仙对其扶养，遗赠扶养协议难以继续维持。原告毛、龙二人所赠房屋及财产，梅正仙理应返还。梅正仙翻修后的房屋与原房屋之间的差价，毛、龙二人应适当补偿。1991年11月5日，赫章县人民法院作出（1991）赫法民字第437号民事判决书判决：1. 毛顺清、龙福臣与梅正仙所订立的赠与合同，至本判决生效起废止；2. 梅正仙将毛顺清、龙福臣房屋翻建的房屋归毛顺清、龙福臣所有。由梅正仙退还毛顺清、龙福臣压面机2台、电动机1台、大小方桌各1张、木床2张、被子1床、板凳4条、水泥缸1个、碗柜1个、电表一个；3. 由毛顺清、龙福臣付给梅正仙人民币15000元；4. 上述互相给付的房屋、财产和现金，均在判决生效后2个月内一次付清。梅正仙不服一审判决，向毕节地区中级人民法院提出上诉。

毕节地区中级人民法院审理认为：梅正仙与毛顺清、龙福臣签订“遗赠扶养”协议后，梅正仙尽了一定的义务。雷先吉来赫章与毛顺清共同生活，梅正仙不满，加之毛顺清经书被公安机关收缴而怀疑梅正仙告发，故双方发生纠纷。梅正仙修建房屋是征得毛顺清、龙福臣同意后才拆除原房修建的，原房屋已不存在，梅正仙原住房已出卖，现无房居住，因此对毛顺清要求返还原房屋的诉讼请求不予支持。双方不能继续履行“遗赠扶养”协议，应由梅正仙对毛顺清、龙福臣的原房折价赔偿。1992 年 5 月 13 日毕节地区中级人民法院作出（1991）民上字第592 号民事判决书，判决：1. 维持赫章县人民法院（1991）赫法民字第437 号民事判决书第一条；2. 改判赫章县人民法院（1991）赫法民字第437 号民事判决书第二、三条为：新建房屋归梅正仙所有，由梅正仙付给毛顺清、龙福臣人民币 15000 元。梅正仙返还毛顺清、龙福臣压面机等财产。

二审判决后，1992 年6 月21 日毛、龙二人向检察机关提出了申诉。同年7 月，龙福臣因病死亡，当地群众集资将其安葬。贵州省人民检察院经审查认为，根据《中华人民共和国继承法》规定，遗赠扶养协议是一种附条件的法律行为。扶养人只有在全面、切实履行协议规定的“生养死葬”义务后，方可享受接受遗赠物的权利，梅正仙拒绝履行对毛、龙二人的扶养义务，二审法院却判决房屋归其所有，适用法律错误。且经检察机关调查，梅另有房屋居住。1993 年 8 月，贵州省人民检察院以黔民抗字（1993）第3 号抗诉书就本案向贵州省高级人民法院提出抗诉。1993 年 9 月 3 日，贵州省高级人民法院作出（1993）黔民再字第 7 号民事裁定书，指令毕节地区中级人民法院另行组成合议庭对本案进行再审。毕节地区中级人民法院再审认为：梅正仙与毛顺清、龙福臣所签订的遗赠扶养协议，是附条件民事法律行为，其所附条件符合，协议自然生效，否则反之。梅未能很好地履行生养义务，其所改建之房应归还毛顺清、龙福臣，毛、龙对梅作适当补偿。基于上述认识，毕节地区中级人民法院以（1994）民再终字第20号民事判决书判决：1. 撤销本院二审（1991）民上字第592号民事判决，维持一审赫章县人民法院（1991）赫法民字第437号民事判决；2. 房屋归属及一应物品按一审判决执行。梅正仙不服毕节地区中级人民法院的再审判决，向贵州省高级人民法院提出申诉。

1995年11月6日，贵州省高级人民法院裁定对本案提审。贵州省高级法院经审理认为：毛顺清、龙福臣与梅正仙于1987年3月16日签订的“赠与书”是双方真实意思表示，并经公证，应认定为合法有效，该“赠与书”不是遗赠扶养协议，亦不是附条件的法律行为，应认定为合法有效的有条件的赠与合同。从该赠与合同的履行情况看，房屋及其他财产的所有权已转归梅正仙所有，毛、龙也接受了梅正仙的扶养。毛、龙二人要求收回房屋及其他财产所有权的理由不充分。该院以（1995）黔民再字第3号民事判决书判决：1. 撤销毕节地区中级人民法院（1994）民再终字第20号民事判决和（1991）民上字第592号民事判决以及赫章县人民法院（1991）赫法民字第437号民事判决；2. 诉争之房即赫章县双河镇解放东路299号房屋归梅正仙所有，其他财产即压面机2台、电动机1台、大小方桌各1张、木床2张、被子1床、板凳4条、水泥缸1个、碗柜1个、电表1个归梅正仙所有，但应由毛顺清使用；3. 梅正仙支付毛顺清从1991年2月至今的生活补助费5000元人民币；4. 自本判决生效之日次日起，梅正仙每月支付给毛顺清生活费200元，直到毛顺清死亡；5. 毛顺清的住院医疗费及死亡安葬由梅正仙负责。

贵州省高级人民法院再审判决送达后，梅正仙依据该判决支付给毛顺清生活补助费5000元，但毛顺清拒收，故存放于赫章县人民法院。1995年5月3日毛顺清立下遗嘱，在其死后由赫章县城关镇居委会作为其权利承受人。1996 年 1 月 9 日，毛顺清死亡，梅正仙依据贵州省高级法院的上述判决办理了毛顺清的后事，共计支出 13717.38 元。

贵州省人民检察院认为贵州省高级人民法院（1995）黔民再字第 3 号民事判决确有错误，依法向最高人民检察院提请抗诉。赫章县城关镇居委会作为毛顺清的权利承受人，亦向最高人民检察院提出申诉。

1996 年 12 月 16 日最高人民检察院审理后，以高检发民行抗字（1996）第 6 号民事抗诉书，向最高人民法院提出抗诉。

最高人民检察院认为贵州省高级人民法院（1995）黔民再字第 3 号民事判决存在下列问题：

一、贵州省高级人民法院再审判决认定毛顺清和龙福臣将其所有的房屋和其他财产赠与梅正仙，经公证以后，梅正仙即取得该财产的所有权，不符合客观事实。

毛顺清、龙福臣与梅正仙签订的遗赠扶养协议，是以遗嘱的形式作出的。在公证过程中，经办的公证员本应公证该遗嘱，但却另行起草《赠与书》进行公证。尽管如此，该赠与书的内容仍然是在遗赠财产的同时，梅正仙必须承担毛顺清二人的生养死葬义务。该民事法律关系的基本特征，仍然是遗赠扶养协议。且梅正仙虽然占有毛顺清、龙福臣的财产，但是，无论在毛顺清、龙福臣的生前还是死后，其房屋的所有权都没有过户，至今仍为毛顺清二人的遗产。再审判决认定《赠与书》有效，梅正仙已经取得了毛顺清二人的财产所有权，违背事实。

二、贵州省高级人民法院再审判决认定梅正仙对毛顺清、龙福臣尽了生养死葬义务，与事实不符。

再审判决认定梅正仙在签订了赠与书以后，双方关系尚好，其扶养事实，双方均予以认可，梅正仙向毛顺清二人提供生活日用品及钱物均是事实。但客观事实是，梅正仙在《赠与书》公证以后，仅向毛顺清二人提供了部分钱物，与毛顺清二人的生活需要相差悬殊；且梅正仙在占有了毛顺清二人的房屋以后，用毛顺清的房屋经营饭店和旅店，却不再提供任何生活用品及钱款，毛顺清二人的生活靠拾破烂、借种他人土地和20多名群众以及城关镇居民委员会、城关镇下街村委会的接济帮助来维持。事实证明，梅正仙与毛顺清签订遗赠扶养协议的真实意图，就是企图侵占毛顺清二人的遗产，在得到遗产以后，即不再承担扶养义务。对于这种违背社会主义公德的恶意行为，再审判决却予以支持，严重侵害了当事人的合法权益。

三、贵州省高级人民法院再审判决将遗赠扶养协议确定的权利义务，按照有条件的赠与合同确认当事人的权利义务，适用法律确有错误。

再审判决认定，赠与书为合法有效的有条件的赠与合同，从赠与生效之日起，所赠的房屋及其他财产即归梅正仙所有，同时梅正仙承担毛顺清二人的生养死葬的义务，这两个内容同时生效。这一认定混淆了遗赠扶养协议与赠与合同的法律界限，违背了《中华人民共和国民法通则》规定的公平、正义、等价有偿原则，违背了《中华人民共和国继承法》第二十一条关于“遗嘱继承或者遗赠附有义务的，继承人或者受遗赠人应当履行义务。没有正当理由不履行义务的，经有关单位或者个人请求，人民法院可以取消他接受遗赠的权利”的规定，同时，也违背了最高人民法院《关于贯彻执行〈中华人民共和国继承法〉若干问题的意见》第五十六条关于“扶养人或集体组织与公民订有遗赠扶养协议，扶养人或者集体组织无适当理由不履行，致协议解除的，不能享有受遗赠的权利，其支付的供养费用一般不予补偿”的规定。再审判决在扶养人不履行抚养义务的情况下，判令在遗嘱人死亡前其遗赠物就已经转移了所有权，适用法律确有错误。

1998年3月10日最高人民法院受理抗诉后，以（1997）民监字第183

号函指令贵州省高级人民法院对本案进行再审。1998年4月26日，贵州省高级人民法院裁定对本案进行再一次再审。该院再审认为：1987年2月18日毛顺清、龙福臣所立下的遗嘱及1987年3月6日与梅正仙到赫章县公证处签订的“赠与书”的内容为梅正仙在接受遗赠财产的同时必须承担毛、龙二人的生养死葬义务，从梅正仙对毛、龙所赠与的房屋进行修建需征求毛、龙二人同意的事实表明，梅正仙虽然占有了毛、龙二人的财产，但房屋的所有权没有过户，其产权的合法转移应在梅正仙对毛、龙二人尽了生养死葬义务后才得以实现，据此，双方协议的真实意思表示应为遗赠扶养的法律关系。赫章县公证处将双方协议的文书公证为“赠与书”，将遗赠扶养的法律关系变更为赠与法律关系，违背了《中华人民共和国民法通则》规定的公平、等价有偿原则，亦违背了毛顺清、龙福臣的真实意思表示，该“赠与书”应属无效。梅正仙对毛顺清、龙福臣二人没有完全履行生养死葬义务，在当地造成不良影响，依法不能享有受遗赠财产的权利。原再审判决认定“赠与书”有效，双方签订的协议属有条件的赠与合同适用法律不当，应予以改判。最高人民检察院的抗诉理由成立。贵州省高级人民法院经审判委员会讨论，依照《中华人民共和国继承法》第二十一条及《中华人民共和国民事诉讼法》第一百八十四条规定，于1999年2月26日作出（1998）黔民再字第25号民事判决：

一、维持本院（1995）黔民再字第3号民事判决第一项；

二、撤销本院（1995）黔民再字第3号民事判决第二、三、四、五项；

三、诉争之房即赫章县双河镇解放东路299号房归毛顺清的权利承受人赫章县城关镇居委会所有，其他财产即压面机等亦归赫章县城关镇居委会所有；

四、由赫章县城关镇居委会给付梅正仙房屋修建费15000元，毛顺清安葬费13717.38元，两项合计28717.38元；

五、存放于赫章县人民法院的梅正仙支付给毛顺清的生活补助费人民币5000元归梅正仙所有。

原一、二审案件受理费1200元，由梅正仙负担。

【参考案例】

1. 与扶养人签订遗赠抚养协议后，被扶养人可以要求解除该协议

——刘某聪等诉杨某银等遗赠扶养协议案

权威刊载：北大法宝经典案例

案　　号：云南省富民县人民法院（2007）富民初字第227号

裁判要点：根据我国《继承法》第三十一条第一款之规定，公民可以与扶养人签订遗赠扶养协议。按照协议，扶养人承担该公民生养死葬的义务，享有受遗赠的权利。遗赠扶养协议实质是双务合同，双方当事人的权利义务具有对应性。从履行义务的角度看，一方面，扶养人应对遗赠人履行生养死葬的义务，另一方面，遗赠人应当将协议约定的财产遗赠给扶养人。除非扶养人不履行抚养义务，否则被扶养人一般不能主张解除遗赠抚养协议。扶养人无正当理由不履行协议，致协议解除的，不能享有受遗赠的权利，其已经支付的供养费用一般不予以补偿；遗赠人无正当理由不履行协议，致协议解除的，应偿还扶养人供养费用。

案情：

原告：刘某聪，男，1940年1月1日生，云南省富民县人，农民，住富民县×镇×村。盲人。

原告：邵某英，女，1938年5月15日生，云南省富民县人，农民，住富民县×镇×村。

被告：杨某银，男，1974年6月4日生，云南省禄劝县人，农民，住富民县×镇×村。

被告：陈某粉，女，1973年10月25日生，云南省禄劝县人，农民，住富民县×镇×村。

原告诉称：我们婚后一直未生育子女，为了年老丧失劳动能力后有人照管我们的生活，我们一直考虑收养一个义子。1995年经人介绍我们收养被告夫妇为义子、义女，认被告之女为孙女，经双方同意后便共同在一起生活，但生活半年后被告就带着孩子离开我们家。1998年两被告又带着孩子来到我们家，我们也愿意接纳被告，就把被告和其女儿的户口迁到北营村来与我们一起共同生活。近年来，双方因家庭琐事经常吵闹产生矛盾。2007年2月在双方的一次吵闹中被告杨某银还要用刀来杀我们，是被旁人劝开才未造成严重后果。现双方的关系已恶化，无法再继续相处生活，特起诉请求解除双方之间的遗赠扶养关系并对家庭财产进行分割。

被告辩称：原告所诉与客观事实不符，我们是因原告要收养子女对其赡养，经人介绍后才带着孩子和禄劝老家的所有财产到北营村与原告共同生活的，共同生活期间我们对原告进行了赡养。我们带着孩子与原告共同生活后，我们视原告为自己的父母，原告想吃什么我们就买什么，遇原告过生日我们还杀羊请客为其庆祝，原告生病我们就带他们去治疗，我们与原告之间未为经济的收支发生过吵闹。为了使原告过上更好的生活，我们在外做生意，但原告的田地还是我们回去耕种照管。由于家中的所有开支包括水电费、生产垫本、全家的生活费都是我们承担，原告信任我们才与我们签订了收养协议，我们也才将户口从禄劝迁到富民县北营村。我们与原告共同生活期间未发生过大的矛盾，偶尔有一点小矛盾是正常的。2006

年12月原告向法院起诉要求分家析产，在诉讼过程中原告发生交通事故，也是我们送原告到医院治疗和护理，后原告要求分家析产的请求被法院判决驳回，我们还是对原告很好。虽然现在是原告第二次起诉我们，我们还是不同意解除双方之间的遗赠扶养关系，因原告年岁已高，又无劳动能力，需要有人照顾，并且我们到原告家后为家中添置了财产、建盖了石棉瓦房，一家人的日子是过得越来越好。若原告要单独吃住，我们愿意给他们生活费赡养他们。我们不同意解除双方之间的遗赠扶养关系。

云南省富民县人民法院经公开审理查明：二原告和二被告分别系夫妇。原告刘某聪系盲人，二原告结婚后未共同生育子女。二被告原系禄劝县皎西乡半角办事处铁房村人。因原告刘某聪双目失明、原告邵某英身体残疾，1995年，二原告有意收养子女对自己尽赡养义务，经被告的大舅刘荣辉介绍，二被告带着自己的女儿杨某翠一家三口到原告家与二原告共同生活，半年后因双方关系不睦二被告带着女儿离开了原告家。1998年二被告又带着女儿来到原告家与原告夫妇共同生活，原告夫妇也愿意继续接纳二被告及其女儿在家共同生活，原、被告双方即在一起共同生活。一年后，1999年11月13日，双方在原富民县者北乡北营办事处的见证下签订“收养协议书”，收养协议书的实质内容实际是法律上规定的遗赠扶养协议，协议书约定：由二原告收养二被告和其女儿杨某翠对二原告尽赡养义务，北营村同意二被告和其女儿到北营村落户口，二被告对二原告尽赡养义务后，二原告的财产由二被告继承。之后二被告和其女儿将户口从禄劝县迁到富民县与二原告在一起，并与二原告共同生活。2001年9月4日原告刘某聪与被告杨某银因赡养问题发生矛盾，经原者北乡社会矛盾调处中心调解，原告刘某聪与被告杨某银达成调解协议：双方同意解除1999年11月13日双方签订的“收养协议书”，今后被告杨某银不再赡养原告刘某聪，被告杨某银也无权继承原告刘某聪的财产。协议签订后被告夫妇即带着女儿离开原告家外出单独生活，两年后即从2003年起被告夫妇和其女儿又回到原告家与原告夫妇在一起生活，近四年来被告夫妇都是在富民县城租房居住做生意，不常在北营村与原告夫妇一起生活，被告的女儿是在北营村上小学与原告夫妇一起居住生活。这些年被告夫妇虽在县城租房居住做生意，但还是回家照管原告夫妇的田地及交纳原告家中的部分水电费用等开支，双方在一起生活期间被告夫妇还支付原告的部分医疗费。2006年12月二原告曾向本院起诉，请求分割财产，经本院（2007）富民初字第55号民事判决书判决驳回二原告的诉讼请求。

上述事实有下列证据证明：

原告提交的证据：1999年11月13日双方签订的“收养协议书”一份，证明原、被告双方之间存在遗赠扶养关系；2001年9月4日双方签订的“调解协议书”一份，证明原、被告双方已同意解除遗赠扶养关系；“土地承包协议书”、村民金朝富的证明、孙明华的证明各一份，证明被告不照管原告的生活、不耕种原告的田地、不照管自己的孩子、不对原告尽赡养义务的情况；“农业税完税证”两张、原告的富民县人民医院门诊收费收据14张、北营办事处卫生所门诊收费收据7张、者北卫生院收据1张，富民县人民医院“X线检验报告单”1张、“超声影像报告单”1张，证明原告生病是自己治疗，被告未予照管；“付款证明”、“证明材料”各一份，证明原告是自己出钱买木料、买石棉瓦盖石棉瓦房，被告未参加建盖；“协议书”一份，证明原告发生交通事故后获得的赔偿款被被告领取，未转交给原告。

被告提交的证据：本院（2007）富民初字第55号民事判决书一份，证明法院已判决确认解除遗赠扶养协议的“调解协议书”无效，并确认被告对原告尽了一定的赡养义务；调查证人曾某华、宋某富、杨某芬、白某珍、骆某玉的笔录各一份，证明被告一直都照管着原告的生活，对原告尽着扶养义务；电费缴费凭证6张、水费收据1张，欲证明被告与原告共同生活期间，家中的水电费是被告支付；

另，被告还向本院申请调取本院（2007）富民初字第55号民事一审卷宗中已提交的调查笔录、门诊收据、电费发票等全部证据材料，证明被告一直扶养、照管着原告的生活，帮原告给付医疗费，支付家中的水电费、农业税等费用。同时还申请被调查人曾永安出庭作证。

云南省富民县人民法院经审理认为：《中华人民共和国继承法》第三十一条规定：公民可以与扶养人签订遗赠扶养协议。按照协议，扶养人承担该公民生养死葬的义务，享有受遗赠的权利。本案原、被告双方自愿在1999年11月13日签订的“收养协议书”，其实质内容实际是上述法律规定的遗赠扶养协议，该协议一经签订，作为扶养人的被告就应从协议签订生效之日起履行扶养义务，负责被扶养人原告的衣、食、住、行，妥善照管好原告的生活，并且扶养人不得随意中断对被扶养人的扶养和照顾。本案双方签订遗赠扶养协议后，虽在一起和睦地相处生活了两年，但自2001年9月原告刘某聪和被告杨某银闹矛盾经乡社会矛盾调处中心调解两人同意解除协议后，被告夫妇就带着女儿离开原告夫妇离家单独生活，虽两年后原、被告双方又同意继续在一起共同生活，但被告夫妇自此就常在富民县城租房居住做生意，只是有时回家照管原告夫妇和自己的女儿，因原告夫妇是身患残疾的老年人，被告夫妇不常在家与原告夫妇相处生活，必然双方之间会产生矛盾。现原告夫妇认为双方之间已无法继续在一起相处生活，结合双方现在的实际情况，经本院多次调解，原告夫妇还是坚持要求解除双方之间的遗赠扶养关系，符合相关的法律规定，对原告夫妇要求解除遗赠扶养关系的请求予以支持。因双方签订协议形成遗赠扶养关系后，已断断续续在一起共同生活了近十年，根据被告夫妇支付了原告部分医疗费、给付了家中的水电费、农业税等情况，现原告夫妇应给予被告夫妇适当的经济补偿。对被告夫妇到原告家后购买的财产，原告也同意让被告带走，应由被告带走为宜；双方共同建盖的石棉瓦房、购买的粉糠机、饲养着的牲口，根据物尽其用的原则，应归原告夫妇所有为宜，由原告夫妇适当地补给被告夫妇一定的经济补偿。

云南省富民县人民法院依照《中华人民共和国继承法》第三十一条、《中华人民共和国民法通则》第七十八条之规定，作出如下判决：

一、解除原告刘某聪、邵某英与被告杨某银、陈某粉之间于1999年11月13日签订的“收养协议书”。

二、被告杨某银、陈某粉夫妇到原告刘某聪、邵某英家后所购买的一台电视机、一台VCD机、一套布沙发、一台电视接收机和一辆微型车归被告杨某银、陈某粉夫妇所有并带走。

三、原、被告双方共同建盖的石棉瓦厨房、石棉瓦偏厦、购买的粉糠机、饲养着的一头骡子和两匹马归原告刘某聪、邵某英夫妇所有。

四、由原告刘某聪、邵某英在本判决生效后30日内付给被告杨某银、陈某粉已产生的扶养费和双方共同财产的补偿费共计3 000元。

案件受理费免交。

2. 监护人代为订立的遗赠扶养协议之效力

——张某根与张某娣等遗赠扶养协议纠纷上诉案

权威刊载：北大法宝经典案例

案　　号：上海市第二中级人民法院（2010）沪二中民一（民）终字第2498号

裁判要点：遗赠扶养协议的本质是合同，应当有条件地认可无民事行为能力人的监护人代其订立的遗赠扶养协议的效力。

案情：

原告（上诉人）：张某根

被告（被上诉人）：张某娣

第三人（被上诉人）：黄某雄

原告张某根与被告张某娣分别系被继承人张某珍的兄、姐，第三人黄某雄系被告之子。被继承人张某珍于2010年5月13日死亡，其配偶于1994年1月死亡，双方无子女。被继承人的父母、祖父母、外祖父母均先于被继承人死亡。被继承人遗留有上海市华严路68弄1号202室房屋一套，产权于2001年2月登记在被继承人名下。

另，被继承人张某珍系精神发育迟滞者，于2009年4月15日被法院宣告为无民事行为能力人，被告张某娣为其监护人。2009年10月，被告张某娣诉至法院，要求撤销其为被继承人张某珍的监护人资格，指定原告张某根或第三人黄某雄为被继承人的监护人。在该案审理中，原告表示其无法担任张某珍的监护人，同意由第三人作为张某珍的监护人。第三人表示愿意担任张某珍的监护人，承担扶养张某珍的义务，其认为权利和义务应当相一致，要求张某珍的遗产由其继承。原告、被告在庭审中均明确表示放弃对张某珍遗产的继承权，张某珍今后遗产均由第三人继承。法院遂判决撤销被告为张某珍的监护人资格，指定第三人为张某珍的监护人。

2010年7月26日，原告向上海市虹口区人民法院起诉，要求判决被继承人名下系争房屋由原告张某根和被告张某娣共同继承。审理中，黄某雄申请作为有独立请求权的第三人参加诉讼，并要求系争房屋产权归其所有。原告认为，继承法规定继承遗产应从被继承人死亡时开始，而原告自2010

年5月13日起从未表示放弃对张某珍遗产的继承权，其于2009年11月16日在法庭表示的意见不能作为放弃对张某珍遗产继承权的表示，且第三人也未对张某珍的生活尽到照顾义务。被告表示第三人已对张某珍的生活尽到照顾义务。第三人为证明其已对张某珍的生活尽到照顾义务，申请证人吴某忠出庭作证。证人吴某忠出庭作证称其与第三人系隔壁邻居，曾看到有一弱智老太住在第三人家中生活，据说是第三人的阿姨，但具体时间记不清了，大概是今年的4月至6月。对此，被告和第三人无异议，原告认为证人的证词含糊不清，不能作为证据。

上海市虹口区人民法院经审理认为，被继承人张某珍为精神发育迟滞者，为无民事行为能力人，其父母和丈夫早已死亡，又无子女，原、被告是其法定监护人，且必然成为张某珍遗产的第二顺序法定继承人。因此，原、被告于2009年11月16日在法庭上要求第三人承担扶养张某珍的义务，并放弃对张某珍遗产继承权的表示，可以视为其代张某珍与第三人签订遗赠扶养协议的行为。并且，在张某珍日常生活需他人照顾时，原、被告作为张某珍将来遗产的法定继承人明确表示拒绝承担照顾义务，并以放弃对张某珍遗产的继承权作为对价来换取由第三人担任张某珍的监护人并承担扶养义务，原、被告的该意思表示真实，于法不悖，现第三人已承担了扶养张某珍的义务，故第三人要求确认系争房屋归其所有，理由正当，依法予以支持。原告诉称第三人对张某珍的生活未尽到照顾义务，因未提供证据证明，法院不予采纳。依照继承法第十四条、第三十一条第一款，合同法第八条的规定，判决：

上海市华严路68弄1号202室房屋产权归第三人黄某雄所有。

宣判后，原告张某根不服一审判决，提起上诉。上诉称：被继承人张某珍、继承人张某根和张某娣均没有与第三人黄某雄签订过遗赠扶养协议；

张某珍作为无民事行为能力人，其所立的遗赠协议是无效的；张某根、张某娣作出放弃继承的意思表示均发生在张某珍死亡即继承开始之前，并且是以放弃继承权为代价以达到不履行扶养张某娣法定义务的目的，应当认定为无效；黄某雄在原审中提供的证人吴某忠之证言不能证明黄某雄履行了对张某珍的扶养义务；黄某雄在被继承人张某珍死亡后两个月内未作出是否接受遗赠的意思表示，其遗赠权利应视为放弃。要求：一、撤销原判决；二、改判系争房屋由张某根、张某娣共同继承。张某根为证明其主张，提供如下证据：一、张某珍的住院病史记录，证明因黄某雄拒绝抢救导致张某珍提前死亡，并且对张某珍的病情没有早诊断、早治疗；二、上海市虹口区江湾镇街道宝鸿居委会谈话笔录，证明张某珍一直居住在系争房屋内。

上海市第二中级人民法院经审理认为，继承开始后，按照法定继承办理；有遗嘱的，按照遗嘱继承或者遗赠办理；有遗赠扶养协议的，按照协议办理。被继承人张某珍系无民事行为能力人，张某根、张某娣作为其成年的兄弟姐妹，系法定的监护人，但法律并未规定成年的兄弟姐妹之间有相互扶养的义务，故张某根、张某娣将张某珍交由黄某雄监护及扶养，并同意由黄某雄继承张某珍所有遗产的行为并不违反法律规定。张某根、张某娣在庭审中作出了上述意思表示，黄某雄予以同意，各方当事人在庭审笔录上均签字确认，可以认为张某根、张某娣作为张某珍的监护人，为了张某珍的利益而代表张某珍与黄某雄签订了遗赠扶养协议，该协议符合法律规定，依法成立并生效。遗赠扶养协议与遗赠属不同的法律关系，不适用两个月内作出接受或者放弃受遗赠意思表示的法律规定。黄某雄在原审庭审中提供证人吴某忠到庭作证，而张某根在二审中所提供的宝鸿居委会的证明没有具体经办人的签字，且张某根明确表示在黄某雄成为监护人之后并未照顾过张某珍，故对张某根有关黄某雄未承担扶养张某珍义务的主张，二审法院不予采信。黄某雄履行了遗赠扶养协议中约定的对被继承人张某娣的扶养义务，应当取得对张某娣所有遗产的继承权。综上所述，原审认定事实清楚，判决并无不当。据此，判决驳回上诉，维持原判。

【办案依据】

《中华人民共和国继承法》（1985 年 4 月 10 日）

第三十一条　公民可以与扶养人签订遗赠扶养协议。按照协议，扶养人承担该公民生养死葬的义务，享有受遗赠的权利。

公民可以与集体所有制组织签订遗赠扶养协议。按照协议，集体所有制组织承担该公民生养死葬的义务，享有受遗赠的权利。

《最高人民法院关于贯彻执行〈中华人民共和国继承法〉若干问题的意见》（1985 年 9 月 11 日）

5. 被继承人生前与他人订有遗赠抚养协议，同时又立有遗嘱的，继承开始后，如果遗赠抚养协议与遗嘱没有抵触，遗产分别按协议和遗嘱处理；如果有抵触，按协议处理，与协议抵触的遗嘱全部或部分无效。

55. 集体组织对“五保户”实行“五保”时，双方有扶养协议的，按协议处理；没有抚养协议，死者有遗嘱继承人或法定继承人要求继承的，按遗嘱继承或法定继承处理，但集体组织有权要求扣回“五保”费用。

56. 扶养人或集体组织与公民订有遗赠扶养协议，扶养人或集体组织无正当理由不履行，致协议解除的，不能享有受遗赠的权利，其支付的供养费用一般不予补偿；遗赠人无正当理由不履行，致协议解除的，则应偿还扶养人或集体组织已支付的供养费用。

图书在版编目（CIP）数据

民事案件案由规定理解适用与案例指引. 婚姻家庭卷/
张小洁编著. —北京：中国法制出版社，2019. 2
ISBN 978-7-5093-8727-6

Ⅰ. ①民… Ⅱ. ①张… Ⅲ. ①民事诉讼-案例-中国
②婚姻家庭纠纷-案例-中国 Ⅳ. ①D925.105
②D923.905

中国版本图书馆 CIP 数据核字（2018）第 281769 号

策划编辑：陈　兴
责任编辑：谢　雯　韩璐玮（hanluwei666@163.com）　　封面设计：周黎明

民事案件案由规定理解适用与案例指引·婚姻家庭卷
MINSHI ANJIAN ANYOU GUIDING LIJIE SHIYONG YU ANLI ZHIYIN · HUNYIN JIATINGJUAN

编著/张小洁
经销/新华书店
印刷/三河市国英印务有限公司
开本/730 毫米×1030 毫米　16 开　　印张/ 19.25　字数/ 191 千
版次/2019 年 2 月第 1 版　　2019 年 2 月第 1 次印刷

中国法制出版社出版
书号 ISBN 978-7-5093-8727-6　　定价：59.00 元

北京西单横二条 2 号
邮政编码 100031　　传真：010-66031119
网址：http：//www.zgfzs.com　　**编辑部电话：010-66070084**
市场营销部电话：010-66033393　　**邮购部电话：010-66033288**

（如有印装质量问题，请与本社印务部联系调换。电话：010-66032926）